ADAC TourBooks

Die schönsten Motorrad-Touren

Deutschland

Von den Alpen bis zur Küste

ausgewählte Traumrouten

INHALTSVERZEICHNIS

INHALTSVERZEICHNIS

Das Leben ist eine Kurve

Im Jahr 1894 knatterte in Deutschland das erste Serienmotorrad der Welt über die noch nicht asphaltierten Straßen. Die Hildebrandt & Wolfmüller holte aus 1489 cm^3 Hubraum 2,5 PS Leistung und erreichte eine Spitzengeschwindigkeit von immerhin 45 km/h. Die Faszination, die das Motorradfahren auf viele Men-

schen ausübt, hat sich seither kaum verändert. Es sind die Sehnsucht nach grenzenloser Freiheit, die Abenteuerlust und eine in Deutschland quicklebendige Bikerkultur, die Piloten aller Bundesländer auf die Straßen locken. Aber Motorradfahren ist mehr als ein Hobby, es ist eine Grundhaltung: Das Leben ist wie eine Kurve, man muss beides nur richtig zu nehmen wissen!

Alles eine Frage der Technik

Bei so viel Motorradbegeisterung erscheint es kaum verwunderlich, dass Deutschland auch immer eines der führenden Herstellerländer von Motorrädern war. Schon in der ersten Hälfte des 20. Jahrhunderts boomte die Motorradindustrie. Die Nase vorn hatten damals die Städte Bielefeld und Nürnberg, hier

gab es die meisten Fabrikanten. In der Wirtschaftswunderzeit, nach dem Zweiten Weltkrieg, erlebte das deutsche Motorrad eine zweite Blüte. Legendäre Marken wie Horex, NSU oder Zündapp klingen wie Musik in den Ohren vieler alter Bikerhasen, und um die technischen Raffinessen einzelner Modelle kreist noch heute angeregt so manches Benzingespräch. Mit dem Siegeszug des Automobils gingen bei den Motorradbauern dann langsam die Lichter aus. Übrig blieben nur zwei Produzenten, beide aber von echtem Weltruf. Im Westen war es BMW, und im Osten waren es – bis zur Wende – die Motorenwerke Zschopau (MZ).

Hier trifft man sich

Wer auf Deutschlands Straßen unterwegs ist, begegnet immer wieder prächtigen Maschinen aus alten, glorreichen Tagen. Sie werden liebevoll hergerichtet, gepflegt und auf zahlreichen Oldtimerveranstaltungen voller Stolz präsentiert. Auch entdeckt man auf den Touren zahlreiche große und kleinere Motorradmuseen, in denen eine unglaubliche Fülle an populären wie seltenen Modellen steht.

Aber alte Klassiker hin oder her: Oftmals dienen Motorradmuseen auch schlichtweg nur als Treffpunkte. Hier tauscht man sich aus, bestaunt die Maschinen der Kollegen und findet neue Weggefährten, mit denen man sich zur

gemeinsamen Ausfahrt verabredet. Ein dichtes Netz von Bikertreffs überspannt die Republik, die sich an frequentierten Orten wie Gaststätten, landschaftlich reizvollen Punkten oder an so mancher Schaukurve etabliert haben.

Bikerparadies Deutschland

Deutschland bietet durch seine landschaftliche Vielfalt zahllose Tourenmög-

lichkeiten: vom Flachland im Norden bis hinauf zu den Pässen und Serpentinen in den bayerischen Alpen. Dazwischen erstrecken sich die nicht minder reizvollen Mittelgebirge und interessante Flussläufe wie das Mittelrheintal. Alles veritable Motorradreviere, die in ihrem unglaublichen Facettenreichtum jede Menge Fahrspaß bieten. Auf windungsreichen Asphaltbändern kann man die Kraft und Eleganz seiner Maschinen auskosten und zur Kurvenhatz blasen. Manch lauschiger Badesee und die Strände an den Küsten verlocken immer wieder zu einem Sprung ins Wasser. Und manch endlose, einsame Piste lässt den Alltagsstress buchstäblich vergessen.

Bilderbuch der Geschichte

Doch dieses ADAC TourBook führt nicht nur zu den attraktivsten Landschaften und Traumstrecken der Republik, als Reiseführer erschließt es Motorradfahrern auch das kulturelle Erbe Deutsch-

lands, das man auf jeder der Routen am Wegesrand bestaunen kann: Burgen und Schlösser, Klöster und Kirchen, prähistorische Kultstätten sowie Städte und Dörfer mit bewegter Geschichte.

Sterne des Südens

Unsere Entdeckungsreise durch die Republik beginnt im Süden. Im Südosten, um genau zu sein. Als temperamentvolles Warm-up präsentiert sich Route 1 entlang der Glasstraße durch den Bayerischen Wald bis zur beschaulichen Dreiflüssestadt Passau. Ein herrliches Kurvengewimmel zieht sich durch die urige Waldlandschaft, zu Füßen des Großen Arbers und am ältesten Nationalpark Deutschlands vorbei. Natur und Motorrad harmonieren in perfekter Symbiose. Schon bald folgen jedoch höhere Aufgaben: Von Berchtesgaden geht es hinauf zur atemberaubenden Roßfeldpanoramastraße und weiter auf der Deutschen Alpenstraße über eine Reihe erstklassiger Bergstrecken: Tatzelwurm, Sudelfeld, Kesselberg, Oberjoch- und Riedbergpass. Auch unserem Nachbarn Österreich statten wir bei der einen oder anderen Gelegenheit einen Besuch ab. Die Deutsche Alpenstraße, die uns auf den Routen 2 und 3 als Leitfaden dient, endet nach 450 km am Bodensee.

Kurven und Kuckucksuhren

Ferienstimmung kommt in einem der ältesten Urlaubsgebiete Deutschlands auf. Vom südlich angehauchten Freiburg aus erkunden wir den Schwarzwald. Route 4 führt über die legendäre Bergrennstrecke Schauinsland zu vielen, kaum weni-

ger intensiven Kurvenabenteuern im Südschwarzwald, Hotzenwald und Münstertal. So hinreißend schön ist der Schwarzwald, dass wir ihm sogar noch einer zweite Tour (Route 5) widmen, die in Freiburg beginnt und nordwärts durch das Höllental, das Glottertal und über die schnelle Schwarzwaldhochstraße nach Baden-Baden führt. Als Motorradrevier mit ganz eigenem Charme erweist sich der Pfälzerwald im Südwesten der Republik (Route 6). Die einheimischen Biker halten ihn für das schönste Fleckchen Erde überhaupt. Recht haben sie – wie auch wir festellen werden!

Kurvenräuber zieht es weiter in den geheimnisvollen Spessart (Route 7). Auf den Spuren finsterer Diebe und Wegelagerer schwingen wir durch dunklen, einsamen Tann zwischen Hessen und Franken und drehen dabei immer wieder mit Verzückung am Gasquirl.

Auf zu goldenen Ufern

Etwas beschaulicher gestaltet sich die Reise entlang der Tauber durch das Frankenland (Route 8) – eine Tour für echte Genießer durch einen der wohl romantischsten Landstriche Deutschlands. Mit der Fränkischen Schweiz

(Route 9) lockt uns dann im nördlichen Bayern wieder ein echtes Kurvenparadies, das noch dazu in eine höchst reizvolle Felsen- und Waldkulisse eingebettet ist und viele gemütliche Gasthäuser bietet. Gastfreundschaft und Lebensfreude versprüht auch das Rheinland allerorten. Der Mittelrhein zwischen Bonn und Bingen (Route 10) zählt zudem zum Weltkulturerbe und bietet neben Loreley und Burgenromantik auch wunderbare Abstecher ins umliegende Rheinische Schiefergebirge. Vor allem die Eifel (Route 11) ist eine ausgiebige Erkundung wert, lädt doch die berühmte Nordschleife des Nürburgrings zu einer Spritztour ein.

Hexen und Germanen

Bikern an Rhein und Ruhr dient das Sauerland als heimisches Revier (Route 12). In Windeseile geht es hinaus aus dem urbanen Moloch, um befreit im Grünen zu touren. Entspannt und gleichsam gespannt auf ein schon weit zurückliegendes Kapitel deutscher Geschichte reisen wir dann in den Teutoburger Wald (Route 13), wo einst Hermann die Römer in die Flucht schlug. Noch mehr Geschichte, diesmal deutsch-deutsche, erlebt man im Harz. Das Mittelgebirge spornt uns auf Route 14 zu einem regelrechten Hexentanz rund um den mächtigen Brocken an.

Eine umfassende Reise quer durch den Thüringer Wald (Route 15) führt uns als Nächstes zu den alten Wirkungsstätten deutscher Geistesgrößen in Eisenach, Gotha und Erfurt – bevor es uns weiter in Richtung Norden zieht. Auch hier kommen Biker voll auf ihre Kosten! Besonders reizvoll sind die herrlichen, schier endlosen Baumalleen. Eine echte Empfehlung ist die Route rund um den Nationalpark Müritz (Route 16).

Weiße Kreide, lila Heide

Von der Müritz ist es nicht mehr weit zur schillernden Ostsee. Über den fantastisch-ursprünglichen Darß cruisen wir zur Ferieninsel Rügen mit ihren berühmten Kreidefelsen (Route 17). Route 18 widmet sich neben Badefreuden ebenso ausführlich den Kurven der Holsteinischen Schweiz. Einen lila Traum erleben Biker in der Lüneburger Heide (Route 19), wenn sie im Spätsommer blüht. An der Nordseeküste, hinter den Deichen Ostfrieslands (Route 20), endet unsere große Deutschlandrundfahrt.

Wolfsblut und Eisenbarth

Auf der Glasstraße von Neunburg nach Passau

1

ROUTE 1 Bayerischer Wald – Wolfsblut und Eisenbarth

Ⓐ **Ausgangsort**
Neunburg (D-92431)

Ⓔ **Zielort**
Passau (D-94032)

225 km ★★★★ ★★★★

Straßentypen (in Prozent der Streckenlänge)

75 | 25

- Landstraße/asphaltierte Nebenstraße
- Bundesstraße/Schnellstraße

Diese Tour können Sie mit Route 2 und 9 kombinieren.

Tourismusverband Ostbayern
Luitpoldstraße 20
D-93047 Regensburg
Tel. 08 00/121 21 11
info@ostbayern-tourismus.de
www.ostbayern-tourismus.de

(→ *weitere Adressen siehe Seite 274*)

In kurvenreichem Auf und Ab führt die Deutsche Glasstraße mitten durch das Herz des Bayerischen Waldes, eines der größten zusammenhängenden Waldgebiete Mitteleuropas. Wir folgen den Spuren der Wölfe, die hier wieder leben, und entdecken in dem nahezu idealen Motorradrevier viele spannende Strecken. Gleichgesinnte treffen wir am Arbersee oder auf einem der zahlreichen historischen Feste, die man hier zu feiern hat.

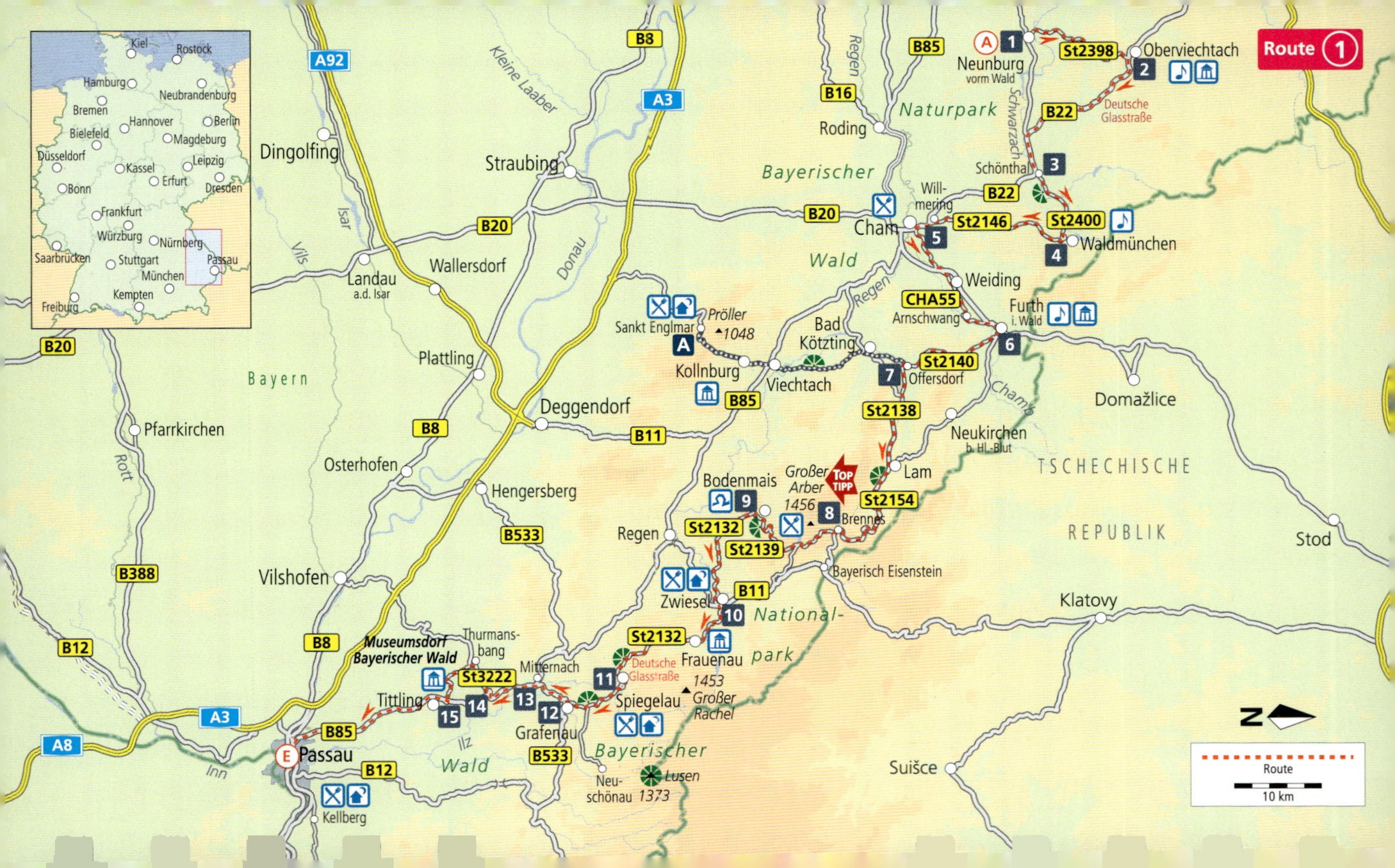

Route 1
Kiel
Rostock
Hamburg
Bremen
Neubrandenburg
Hannover
Berlin
Bielefeld
Magdeburg
Düsseldorf
Kassel
Leipzig
Erfurt
Dresden
Bonn
Frankfurt
Würzburg
Nürnberg
Saarbrücken
Stuttgart
Passau
München
Kempten
Freiburg
A92
B8
A3
Kleine Laaber
Dingolfing
Straubing
Isar
Vils
B20
Landau
a.d. Isar
Wallersdorf
Donau
Plattling
Deggendorf
B11
Osterhofen
Hengersberg
B533
Vilshofen
Pfarrkirchen
Rott
B388
B12
A8
Inn
Bayern
Roding
B16
Regen
B85
Naturpark
Bayerischer
Wald
Schwarzach
Neunburg
vorm Wald
St2398
Oberviechtach
B22
Deutsche
Glasstraße
Schönthal
Will-
mering
St2146
St2400
Cham
Waldmünchen
Weiding
CHA55
Arnschwang
Furth
i. Wald
Sankt Englmar
Pröller
1048
Bad
Kötzting
St2140
Offersdorf
Kollnburg
Viechtach
Domažlice
Chamb
St2138
Neukirchen
b. Hl.-Blut
Lam
TSCHECHISCHE
REPUBLIK
Bodenmais
Großer
Arber
1456
Top
Tipp
St2154
Brennes
Regen
St2132
St2139
Bayerisch Eisenstein
Zwiesel
Klatovy
Stod
National-
park
Frauenau
1453
Großer
Rachel
Spiegelau
Thurmans-
bang
Museumsdorf
Bayerischer Wald
St3222
Mitternach
Tittling
Grafenau
Ilz
Wald
B533
Bayerischer
Neu-
schönau
Lusen
1373
Passau
Kellberg
Suišce
Route
10 km

Tour-Stationen auf einen Blick

Tourlänge: 225 km

Nr.	Ort	PLZ	GPS-Koordinaten
A	Neunburg vorm Wald	D-92431	N 49 20.919 E 12 22.914
02	Oberviechtach	D-92526	N 49 27.088 E 12 25.055
03	Schönthal	D-93488	N 49 21.084 E 12 35.895
04	Waldmünchen	D-93449	N 49 22.609 E 12 42.158
05	Willmering	D-93497	N 49 14.562 E 12 40.303
-	Weiding	D-93495	N 49 15.755 E 12 45.909
06	Furth im Wald	D-93437	N 49 18.344 E 12 50.076
07	Offersdorf	D-93485	N 49 12.642 E 12 53.356
08	Brennes	D-94252	N 49 08.047 E 13 08.655
09	Bodenmais/Böhmhof	D-94249	N 49 03.089 E 13 06.550

Nr.	Ort	PLZ	GPS-Koordinaten
10	Zwiesel	D-94227	N 49 00.612 E 13 13.424
-	Frauenau	D-94258	N 48 59.370 E 13 18.055
11	Spiegelau	D-94518	N 48 54.697 E 13 21.968
12	Grafenau-Frauenberg	D-94481	N 48 51.398 E 13 23.040
13	Schönberg-Mitternach	D-94513	N 48 49.624 E 13 21.450
-	Thurmansbang	D-94169	N 48 45.679 E 13 19.315
15	Tittling	D-94104	N 48 44.083 E 13 22.329
E	Passau	D-94032	N 48 34.313 E 13 27.634

Die Tabelle enthält die wichtigsten Stationen der Route – ggf. wurden Orte weggelassen oder zur exakteren Navigation ergänzt; Referenzsystem der GPS-Koordinaten: WGS84

1
14 km
St2040
St2398

Ⓐ

Neunburg vorm Wald in nördlicher Richtung über Jobplatz und Scherrstraße (St2040) verlassen. Nach 1,5 km geradeaus auf die St2398 und 12,5 km bis nach Oberviechtach fahren.

Strecke: *Schwungvoll geht es durch eine Wiesen- und Auenlandschaft.*

Event-Tipp: Oberviechtach ist die Geburtsstadt des berühmten Doktor Eisenbarth (1663–1727). Ihm zu Ehren wird jeden Sommer im Juni ein Volksstück inszeniert, das die Vita des Wanderarztes nacherzählt. Sein Patentrezept? Lachen! (www.doktor-eisenbarth.de)

Info: Das Doktor-Eisenbarth-Museum informiert genauer über den kuriosen, oftmals verspotteten Arzt und seine Heilmethoden.

Doktor-Eisenbarth- und Stadtmuseum, Mühlweg 7, 92526 Oberviechtach, Tel. 096 71/ 307 16, www.oberviechtach.de, Mai–Okt. Di+Do 10–12, 14–16 Uhr, So 14–17 Uhr.

Wunderheiler Eisenbarth bei der Arbeit – zu sehen im Stadtmuseum Oberviechtach.

2
21 km
B22

In Oberviechtach rechts auf die B22 abbiegen und der Bundesstraße 21 km bis Schönthal folgen.

Strecke: *Über die gut beschilderte Deutsche Glasstraße. Sie wurde 1997 als Ferienstraße eröffnet und führt auf gut 300 km durch die Geschichte der jahrhundertealten Glasbläserkunst des Bayerischen Waldes.*

3
9 km
St2400

In Schönthal links abbiegen, auf der St2400 durch den Ort und 9 km bis nach Waldmünchen fahren.

Strecke: *Die feine Kurvenhatz durch das weite Tal der Schwarzach zaubert uns ein freudiges Lachen unter den Helm.*

Event-Tipp: Alljährlich im Sommer grinst der gefürchtete Hauptmann Trenck von lebensgroßen Plakaten in Waldmünchen. Franz Freiherr von der Trenck hatte 1742 mit seinen Panduren Waldmünchen bedroht und nur gegen die Zahlung von 50 Dukaten vor der Plünderung verschont. Für seine Greueltaten und seine Bestechlichkeit verurteilte man ihn 1746 zum Tode, begnadigte ihn dann jedoch. 1749 starb er schließlich in dunklem Kerker. Jedes Jahr im Juli und August lassen die Waldmünchner Bürger den berüchtigten Oberst in ihren Trenckfestspielen auferstehen und niedergehen (www.trenckfestspiele.de).

Blick auf das idyllisch gelegene Waldmünchen.

4
18 km
St2146

Im Kreisverkehr in Waldmünchen die 1. Ausfahrt auf die Bahnhofstraße nehmen. Nach 100 m rechts, dem Verlauf der St2146 durch die Stadt folgen und 18 km in Richtung Cham bis Willmering.

Strecke: *Schwungvoll durch den Naturpark Bayerischer Wald.*

Lebendige Geschichte: die Trenckfestspiele.

5
19 km
B22
CHA55
B20

In Willmering links auf die B22, nach 2 km bei Cham wieder abfahren und rechts auf die CHA55. Jetzt 17 km über Weiding und Arnschwang bis Furth im Wald – auf der B20 in den Ort.

Strecke: *Auf der Umgehungstraße um Cham herum. Weiter geht es auf echter Motorradpiste, die sich schöner fährt, als die belebte B20.*

Info: Freunde historischer Architektur sollten unbedingt das Chamer Zentrum ansteuern. Sie kommen in diesem Städtchen ganz besonders auf ihre Kosten. Das stilvolle Rathaus und der fußballfeldgroße Marktplatz mit seinen aus überraschend vielen, versteckten Löchern wasserspeienden Brunnen lohnen eine ausgiebige Erkundung zu Fuß. Parken kann man sein liebstes Stück einfach in einer der zahlreichen Seitengassen rund um den Stadtkern. Fotografen sollten unbedingt Chams bunte Stadttore im Nachmittagssonnenschein besuchen; ganz besonders reizvoll ist das rote Biertor (www.cham.de).

Restaurant-Tipp: Vom Chamer Stadtbummel kann man sich am besten im Wirtshaus Wasserwirtschaft erholen. Es liegt idyllisch am Regen und wartet mit eigenem Biergarten und Anlegesteg auf.

Wasserwirtschaft, Oberer Regenanger 3, 93413 Cham, Tel. 099 71/86 24 24, www.wasserwirtschaft-cham.de

Das farbenprächtige Biertor in Cham.

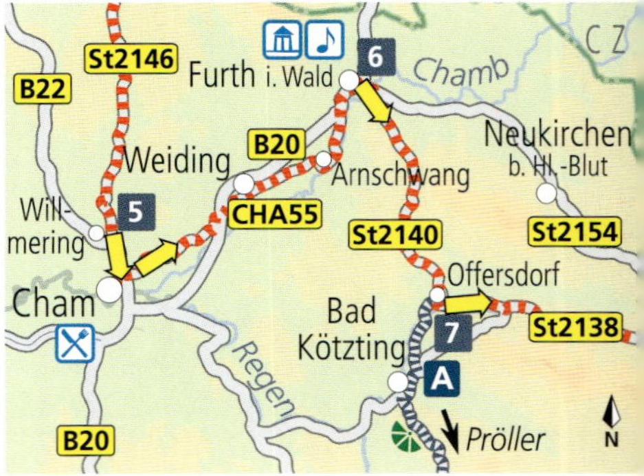

6
13 km
St2154
St2161
St2140

In Furth geradeaus auf der Grabitzer Straße (St2154) und 1,5 km durch die Stadt und über den Chamb. Jetzt rechts in die Kötztinger Straße (St2161, St2140) und 11,5 km bis Offersdorf.

***Strecke:** Wir überqueren den Fluss Chamb. Am Wegesrand begegnen uns oft auffällige, mit frischen Blumen verzierte Totenbretter.*

Info: Der Brauch, mit Totenbrettern den Verstorbenen zu gedenken, geht auf das Mittelalter zurück. Damals wurden die Toten noch nicht in Särgen, sondern in einfachen Leinensäcken beerdigt. Auf kunstvoll geschnitzten und bemalten Holzlatten trug man sie zu Grabe. Diese Totenbretter wurden anschließend an den Lieblingsplätzen der Verstorbenen aufgestellt – in Erinnerung und als Seelenheimat.

Info: Das Erste Deutsche Drachenmuseum befindet sich im Landestormuseum in Furth – ein Erlebnis nicht nur für Fantasy-Fans!
Landestormuseum, Schlossplatz 4, 93437 Furth, Tel. 099 73/509 40, www.drachenmuseum.de

Event-Tipp: Ein Riesenspektakel ist der traditionelle Drachenstich in den ersten zwei Augustwochen. Beim Volksschauspiel und Historienzug rollt ein 18 Meter langes Ungetüm feuerspeiend über den Marktplatz von Furth im Wald (www.drachenstich.de).

Totenbretter am Straßenrand – im Bayerischen Wald findet man sie immer wieder.

Mehr als eine riesige Puppe: Im Innern gleicht der Further Drache einem Hightech-Roboter.

7
29 km
–
St2138
St2154

Hinter Offersdorf links, nach 3 km geradeaus auf die St2138/St2154 und 26 km bis Brennes.

Strecke: *Von Motorradfahrern heiß geliebte Panoramastraße parallel zur tschechischen Grenze mit vielen reizvollen Kurven.*

8
15 km
St2137
St2139

In Brennes rechts, 5 km auf der St2137 am Arbersee vorbei. Jetzt rechts auf die St2139 und 10 km bis Bodenmais – auf der Umgehungsstraße um den Ort.

Strecke: *An sonnigen Wochenenden herrscht lebhafter Ausflugsverkehr.*

TOP TIPP **Info:** Bereits aus der Ferne ist die höchste Erhebung des Bayerischen Waldes an seiner markanten Silhouette zu erkennen. Unter dem 1456 m hohen Großen Arber liegt der Arbersee, der wohl meistbesuchte See in der Region. Das gilt auch für Motorradfahrer, denn der Arbersee ist der Bikertreff im Bayerischen Wald schlechthin.

Restaurant-Tipp: Bei schönem Wetter treffen sich auf der Sonnenterrasse des Arberseehauses Hunderte Biker. Oder erquicken sich an der neuen BikerBar mit Leberkäse und den neuesten Biker-Videos.

Arberseehaus, Arberseestraße 42, 94252 Bayerisch Eisenstein,
Tel. 099 25/90 20 03, www.arbersee.com

A Kurvenjagd über den Pröller

Strecke: *Von Offersdorf 30 km über Bad Kötzting und Viechtach bis nach St. Englmar fahren. Die abwechslungsreiche, kurvige Bergstrecke über den 1048 m hohen Pröller erfreut sich bei sportlichen Piloten großer Beliebtheit.*

Info: In Kollnburg kann man bei Willi Schmid eine umfangreiche Zündapp-Sammlung und weitere Raritäten besichtigen. Besuch bitte anmelden.

Motorradsammlung Schmid,
Sedlhofer Straße 20, 94262 Kollnburg,
Tel. 099 42/94 12 14.

Restaurant- und Hotel-Tipp: Im Romantikhotel Gut Schmelmerhof in St. Englmar sind Motorradfahrer und ihre Maschinen bestens untergebracht.

Hotel Gut Schmelmerhof, Rettenbach 24,
94379 St. Englmar, Tel. 099 65/18 90,
www.gut-schmelmerhof.de €€

9

12 km

St2132

Hinter Bodenmais beim Böhmhof links auf die St2132 und der Straße 12 km bis Zwiesel folgen.

Info: »Glück auf« heißt es im Silberbergwerk von Bodenmais nur noch für die Besucher. Ein Gramm Gold und 15 Gramm Silber pro Tonne bewegtem Stein waren hier einst der Lohn für harte Knochenarbeit. Heute nutzt man das inzwischen staubfreie und gesunde Klima untertage zur Behandlung von Bronchitis und Asthma. Aber auch für Besucher ohne Zipperlein lohnt es sich, in die im 17. Jahrhundert gegrabenen Schächte hinabzusteigen. Von den 20 km langen Stollen sind noch gut 1000 m im Rahmen einer einstündigen Führung begehbar.

Historisches Besucherbergwerk Bodenmais, Silberberg 28, 94249 Bodenmais, Tel. 099 24/304, www.silberberg-online.de, Apr.–Juni, Sept., Okt. Mo–So 10–16 Uhr, Juli+Aug. Mo–So 10–16.45 Uhr.

Restaurant- und Hotel-Tipp: Eine gute Anlaufstelle für Motorradfahrer ist das Hotel Zur Waldbahn in Zwiesel – ein traditionelles Hotel-Restaurant mit Hallenbad und Sauna. Der Seniorchef des Hauses ist selbst begeisterter BMW-Oldtimer-Fan, gibt gern Tipps und bietet auch geführte Touren an. Ein Trockenraum, Werkzeug sowie sichere Abstellplätze für die Maschinen sind vorhanden.

Hotel Zur Waldbahn, Bahnhofsplatz 2, 94227 Zwiesel, Tel. 099 22/85 70, www.zurwaldbahn.de €€

Das Zentrum von Zwiesel gleicht im Sommer einer blumengeschmückten Genussmeile.

10
22 km
St2132

In Zwiesel links in die Regener Straße (St2132) und bergauf durch den Ort. Nach knapp 1 km rechts in die Frauenauer Straße. Auf der St2132 bleiben und 21 km über Frauenau bis Spiegelau fahren.

Strecke: *Auf der Glasstraße zum Nationalpark Bayerischer Wald mit herrlichem Blick auf den Großen Rachel (1453 m).*

Info: In der Glashütte Freiherr von Poschinger in Frauenau, mit über 430 Jahren die älteste noch arbeitende Hütte der Welt, können wir uns in die wahrlich glühenden Geheimnisse der Glasbläserkunst einweihen lassen. Aus Quarz, Pottasche und der Hitze mächtiger Kohlefeuer wurde im Bayerischen Wald das einst ausschließlich vornehmen Familien vorbehaltene Glas hergestellt. Die Glasproduktion entwickelte sich aber rasch zu einem der wichtigsten Industriezweige des »Armenhauses Deutschlands«, wie der Bayerische Wald wegen seiner Abgeschiedenheit, seines rauen Klimas und des kargen Auskommens seiner Bewohner lange bezeichnet wurde.

Freiherr von Poschinger Glasmanufaktur, Moosauhütte 14, 94258 Frauenau,
Tel. 099 26/940 10, www.poschinger.de

Zerbrechliche Tradition: Der Bayerische Wald ist berühmt für seine Glasbläserkunst.

11
8 km
St2132

In Spiegelau im Kreisverkehr die 2. Ausfahrt nehmen und 8 km – weiterhin auf der St2132 – bis nach Grafenau-Frauenberg fahren.

Strecke: *Kaum Verkehr und nur wenige Autos beanspruchen die Pisten vor uns. Hier kann man eine flottere Gangart wählen und bergauf und bergab durch die herrliche Landschaft düsen.*

Restaurant- und Hotel-Tipp: Franzl, der Wirt des Bikerhotels Waldfrieden in Spiegelau, hat sein Hobby zum Beruf gemacht und weiß, was Biker wollen. Entsprechend gut aufgehoben fühlt man sich im Waldfrieden. Von der Garage bis zum Hochdruckreiniger ist alles vorhanden. Eine ausgiebige Runde mit dem Chef ist natürlich Teil der günstigen, vier- oder achttägigen Angebotspakete für Motorradfahrer. Bei den »Motordays« im Juni treffen sich Piloten aller Marken im Hotel Waldfrieden zu Grillabend, gemeinsamer Tour und Bikerparty.

Bikerhotel Waldfrieden, Waldschmidstraße 10, 94518 Spiegelau,
Tel. 085 53/979 96 60, bikerhotel-spiegelau.de €

12
5 km
B533

In Grafenau-Frauenberg im Kreisverkehr über die 1. Ausfahrt rechts auf die B533 und 5 km bis zur Einmündung in die B85 bei Mitternach.

Tipp: Nationalpark

Strecke: *Von Spiegelau führt die Nationalparkbasisstraße durchs Naturschutzgebiet zum Tierfreigehege Neuschönau.*

Info: Der Nationalpark Bayerischer Wald wurde 1970 als erster deutscher Nationalpark gegründet. Den aussichtsreichen Lusen, mit 1373 m zweithöchster Gipfel im Park, erreicht man in einem zweistündigen Anstieg über die extrem steile »Himmelsleiter« vom Waldparkplatz hinter Waldhäuser (Zufahrt von 9–16 Uhr gesperrt). Den Weg sollten aber nur wirklich kletterfeste Biker in Angriff nehmen. Auf dem riesigen Tierfreigelände bei Neuschönau tummeln sich Wölfe, Bären, Wisente, Luchse, Otter und viele Greifvögel. Parkplätze gibt es am Infozentrum des Nationalparks (www.nationalpark-bayerischer-wald.de).

13
7 km
B85

Jetzt links auf die B85 in Richtung Passau und 7 km bis zum Abzweig nach Thurmansbang fahren.

14
10 km
St3222
–

Rechts auf die St3222 und 2 km durch Saldenburg, dann links und 3 km nach Thurmansbang. Hier links Richtung Tittling und 5 km zurück zur B85.

Strecke: *Angenehme Auszeit von der Bundesstraße; der Schlenker führt uns zum Museumsdorf Bayerischer Wald.*

Info: Im Museumsdorf Bayerischer Wald am Dreiburgensee in Oisching wurden auf einer Fläche von 20 ha über 150 historische Bauwerke von 1580 bis 1850 im Originalzustand wieder aufgebaut. Bauernhöfe mit Stallungen, Sägewerk, Dorfschmiede, die obligatorische Kapelle und die älteste Volksschule Deutschlands stehen zur Besichtigung. Ausgeschmückt mit Mobiliar und Hausrat, Kleidern, landwirtschaftlichen Geräten und Werkzeugen, bietet das Museumsdorf einen Einblick in das harte und entbehrungsreiche Leben der »Waldler«. Ein Abstecher, der sich nicht nur für geschichtsinteressierte Biker lohnt.

Museumsdorf Bayerischer Wald, Am Dreiburgensee, 94104 Tittling, Tel. 085 04/84 82, www.museumsdorf.com, Ostern–Okt. Mo–So 9–17 Uhr.

15
23 km
B85

Vor Tittling über die Schlaufe zweimal links auf die B85 auffahren und der Bundesstraße 23 km bis nach Passau folgen – Endstation der Tour.

Strecke: *Über die Bier- und Burgenstraße schwingen wir südwärts mitten hinein in die historische Altstadt von Passau. An zentralen Punkten mit großzügig bemessenen und kostenlosen Motorrad-Parkplätzen bestückt, fällt es leicht, ein legales Abstellplätzchen fürs Bike zu finden.*

Info: Auf eine mehr als zweitausendjährige Vergangenheit blickt die Dreiflüssestadt Passau zurück. Schon die Kelten siedelten hier am Zusammenfluss von Donau, Inn und Ilz. Natürlich hinterließen auch die Römer ihre Spuren, und bereits 739 wurde die Stadt Bischofssitz und strahlte daraufhin mit entsprechend klösterlichem Glanz und Ruhm. Im Jahr 1225 erhielt Passau die Stadtrechte, und im Lauf der Jahrhunderte hat sich eine sehenswerte und spannende Mixtur aus Tradition und jungem, studentischem Flair entwickelt, die Passau einen ganz eigenen Charakter verleiht und die Stadt zu einem echten Glanzlicht im Südosten unserer Republik macht (www.passau.de).

Ⓔ

Das bayerische Venedig: Passau, am Zusammenfluss von Donau, Inn und Ilz.

Tipp: Zum Kirchenwirt

Restaurant- und Hotel-Tipp: Oberhalb von Passau im Bergdorf Kellberg wartet der hübsche Landgasthof Zum Kirchenwirt auf seine Gäste. Für Biker gibt es sauber eingerichtete Zimmer, ein üppiges Freizeitangebot und eine zeitgemäß leichte, aber auch bodenständig-bayerische Küche.

Zum Kirchenwirt, St.-Blasius-Straße 1, 94136 Kellberg, Tel. 085 01/81 16, www.kirchenwirt-kellberg.de €

Sterne des Südens

Deutsche Alpenstraße Ost

2

Ⓐ **Ausgangsort**
Berchtesg. (D-83471)

Ⓔ **Zielort**
Bad Tölz (D-83646)

225 km ★★★★★ ★★★★★

Straßentypen (in Prozent der Streckenlänge)

10	90

■ Landstraße/asphaltierte Nebenstraße
■ Bundesstraße/Schnellstraße

Diese Tour können Sie mit Route 1 und 3 kombinieren.

Touristikverein Deutsche Alpenstraße
Radolfzeller Straße 15
D-81243 München
Tel. 089/829 21 80
deutschealpenstrasse@oberbayern.de
www.deutsche-alpenstrasse.de

(➔ *weitere Adressen siehe Seite 274*)

Einen schöneren Prolog kann man sich kaum wünschen: Unser Höhenflug auf der Deutsche Alpenstraße beginnt mit der unglaublichen Panoramastrecke des Roßfeldrings über Berchtesgaden. Die dann folgenden 450 km halten, was der Auftakt verspricht: Berge, Kurven, Abenteuer! Dafür sollte man sich mindestens zwei Tage Zeit nehmen. Weitere Höhepunkte der ersten Etappe sind Tatzelwurm, und Sudelfeld sowie die Strecke durchs Mangfallgebirge.

Route 2
Bayern
Kiel
Rostock
Hamburg
Neubrandenburg
Bremen
Hannover
Berlin
Bielefeld
Magdeburg
Düsseldorf
Kassel
Leipzig
Erfurt
Bonn
Dresden
Frankfurt
Würzburg
Nürnberg
Saarbrücken
Stuttgart
Passau
München
Kempten
Freiburg
B304
B299
B20
Traunreut
Tachinger See
Waginger See
Seeon-Seebruck
Oberndorf
Attel
Inn
Alz
B15
Glonn
Bad Endorf
Traun
Salzach
Chiemsee
Bruckmühl
Bad Aibling
Rosenheim
Traunstein
Freilassing
Mangfall
Simsee
Prien
B304
A1
A8
Kolbermoor
Bernau
Siegsdorf
A8
SALZBURG
Miesbach
B472
B305
B306
Inzell
B20
Bad Tölz
Hausham
Raubling
Aschau i. Chiemgau
Ruhpolding
Bad Reichenhall
B21
B472
Gmund
St2076
Schliersee
A93
Brannenburg
B307
Weißbach
B305
Tegernsee
B307
Schliersee
Wendelstein 1838
B305
Schneizlreuth
B20
Lenggries
Bad Wiessee
Tegernsee
B307
Weitsee
Deutsche Alpenstraße
Saalach
Berchtesgaden
Oberau-Wildmoos
Isar
Rottach-Egern
Bayrischzell
Niederaudorf
Kössen
Reit im Winkl
B21
1123 Sudelfeldpass
Tatzelwurm
Oberaudorf
Walchsee
Seegatterl
B305
B999
B13
Kreuth
172
Walchsee
Großache
Schwarzbach
Roßfeldhöhenring
Deutsche Alpenstraße
B307
Kiefersfelden
Ramsau
Schönau
941
Achenpass
Kufstein
178
NP
Königssee
Kaisergebirge
B307
Sylvensteinsee
181
A10
Vorderriß
Achensee
Rofangebirge
178
St. Johann i. Tirol
311
Berchtesgaden
161
Inn
Hinterriß
Karwendelgebirge
Achensee
Großer Ahornboden
Wörgl
ÖSTERREICH
Saalfelden a. Steinernen Meer
171
Kitzbühel
N
Jenbach
A12
Isarursprung
Eng
Kitzbüheler Alpen
Saalach
Route
10 km
Top Tipp
Top Tipp

Tour-Stationen auf einen Blick

Tourlänge: 225 km

Nr.	Ort	PLZ	GPS-Koordinaten
A	**Berchtesgaden**	D-83471	N 47 38.400 E 13 00.964
02	**Oberau-Wildmoos**	D-83471	N 47 39.533 E 13 04.503
03	**Einmündung B319**	-	N 47 37.867 E 13 03.309
04	**Berchtesgaden**	D-83471	N 47 37.824 E 13 00.355
05	**Schönau**	D-83471	N 47 35.586 E 12 59.219
06	**Einmündung B305**	-	N 47 36.851 E 12 57.133
07	**Abzweig Inzell**	-	N 47 42.441 E 12 47.798
08	**Inzell**	D-83334	N 47 44.953 E 12 44.912
09	**Ruhpolding**	D-83324	N 47 44.337 E 12 39.533
10	**Reit im Winkl**	D-83242	N 47 40.624 E 12 28.137

Nr.	Ort	PLZ	GPS-Koordinaten
11	**Oberaudorf**	D-83080	N 47 39.026 E 12 10.366
12	**Tatzelwurm**	D-83080	N 47 40.511 E 12 05.012
13	**Bayrischzell**	D-83735	N 47 40.282 E 12 00.924
14	**Hausham**	D-83734	N 47 45.051 E 11 50.042
15	**Gmund**	D-83703	N 47 44.514 E 11 44.257
16	**Kreuth**	D-83708	N 47 38.639 E 11 44.707
17	**Abzweig B307**	-	N 47 34.919 E 11 38.047
18	**Sylvensteinsee**	-	N 47 35.216 E 11 32.800
E	**Bad Tölz**	D-83646	N 47 44.978 E 11 33.851

Die Tabelle enthält die wichtigsten Stationen der Route – ggf. wurden Orte weggelassen oder zur exakteren Navigation ergänzt; Referenzsystem der GPS-Koordinaten: WGS84

1
6 km
B305
B319

Ⓐ

Berchtesgaden auf der B305 in Richtung Salzburg verlassen. Nach 2,5 km rechts auf die B319 und 3,5 km über Unterau bis nach Oberau-Wildmoos.

Strecke: *Mit Schwung zur Nordauffahrt der Roßfeldpanoramastraße.*

2
15 km
B999

In Oberau-Wildmoos geradeaus und weiter auf dem Roßfeldring (B999) bleiben, dann 15 km über die Panoramastraße bis zur Einmündung in die B319.

TOP TIPP ***Strecke:*** *Der Roßfeldhöhenring ist die höchste durchgehende Straße in Deutschland und besticht durch seine spannenden Steigungen und Gefälle sowie enge Kurven. Motorradfahrer sollten trotz des guten Belags einen Gang zurückschalten: Wer nicht am frühen Morgen am Kassenhäuschen steht, teilt sich die herrliche Aussicht mit vielen Autos, Bussen und Radfahrern, die sich nur gemächlich vorwärts bewegen.*

Info: Die Maut (Mautstelle hinter dem Gasthof Pechhäusl) kann wegen der grandiosen Ausblicke als Eintrittsgeld angesehen werden. Die Scheitelstrecke (1543 m) verbindet die Parkplätze Hennenköpfl und Ahornbüchsenkopf. Vom Hennenköpfl aus erreicht man zu Fuß in wenigen Minuten den Aussichtspunkt Roßfeldkreuz.

Tipp: Bikertreff Roßfeldstraße

Info: Treffpunkt für Biker ist der große Parkplatz am Scheitelpunkt der Strecke. An Wochenenden findet man hier immer jemanden für eine Spritztour.

Event-Tipp: Nostalgische Flitzer und ihre Piloten treffen sich einmal im Jahr auf dem Roßfeld, um bei der Roßfeld-Historic-Oldtimerrallye ihre Kräfte zu messen (www.rossfeld-historic.de).

Frühmorgens gehört der grandiose Roßfeldring noch den Motorradfahrern allein.

3
5 km
B319

An der B319 links und der Bundesstraße 5 km zurück nach Berchtesgaden folgen.

Strecke: *Extrem starkes Gefälle (24 %), aber gut ausgebaut.*

Info: Nach 1933 machte Adolf Hitler den Berghof am Obersalzberg zu seiner Schaltzentrale. Die Dokumentation Obersalzberg am Hintereck (B319) informiert über die Geschichte der Region zur NS-Zeit.

Dokumentation Obersalzberg, Salzbergstraße 41, 83471 Berchtesgaden, Tel. 086 52/94 79 60, www.obersalzberg.de

4
5 km
B305
B20

In Berchtesgaden links auf die B305 und knapp 1 km auf der Bundesstraße durch Berchtesgaden bis zum Kreisverkehr. Hier die 4. Ausfahrt auf die B20 nehmen und 4 km bis Schönau fahren.

Strecke: *Eher unspektakuläre Zufahrt zum Königssee. Um an den See, der im Nationalpark Berchtesgaden liegt, zu gelangen, muss man das Motorrad auf dem kostenpflichtigen Parkplatz in Schönau abstellen.*

Info: Eine Bootsfahrt bietet die schnellste Möglichkeit, den beeindruckenden Königssee zu erkunden. Per Boot erreicht man auch die Wallfahrtskapelle St. Bartholomä am Westufer (www.seenschiffahrt.de).

Wie eine Insel der Frömmigkeit leuchtet St. Bartholomä im fjordartigen Königssee.

5
5 km
–

In Schönau vor dem großen Parkplatz rechts abbiegen, nach gut 1 km links in die Waldhauserstraße und 4 km bis zur Einmündung in die B305.

Strecke: *Stop-and-go durch Orte und Wohngebiete.*

Restaurant- und Hotel-Tipp: Voll und ganz auf Biker eingestellt ist das mit ADAC-Qualitätssiegel ausgezeichnete Hotel Hanauerlehen in Schönau am Königssee. Auf der Terrasse des Hotel-Cafés werden Kaffee, selbst gebackener Kuchen und Brotzeiten serviert.

Hotel Hanauerlehen, Hanauer Weg 6, 83471 Schönau, Tel. 086 52/39 70, www.hanauerlehen.de €

Tipp: Alpengasthof Weißbach

Restaurant- und Hotel-Tipp: Im Alpengasthof Weißbach unweit von Schneizlreuth sind Biker gern gesehene Gäste. Die Zimmer des vom ADAC zertifizierten Hauses bieten Panorama-Bergblicke, und für warme Tage gibt's auch eine hübsche Sonnenterrasse.

Gasthof Weißbach, Berchtesgadener Straße 17, 83458 Schneizlreuth, Tel. 086 65/988 60, www.alpengasthof.de €€

6
21 km
B305

Jetzt links auf die B305 und der Bundesstraße 21 km über Ramsau und Schneizlreuth bis zur Gabelung Reichenhall/Inzell folgen.

Strecke: *Durch das waldreiche Schwarzbachtal hinab ins Saalachtal.*

Info: Malerisch ruht das Kircherl St. Sebastian (1512) über der Ramsauer Ache und unter der Reiteralpe – ein sehr beliebtes Fotomotiv. Allerdings hat sich die schmale Dorfstraße in Ramsau längst in eine pulsierende Verkehrsader verwandelt (www.ramsau.de).

Beliebtes Postkartenmotiv: die pittoreske Kirche St. Sebastian über der Ramsauer Ache.

7
8 km
B305

An der Gabelung in Richtung Reit im Winkl auffahren und der B305 weitere 8 km bis Inzell folgen.

Event-Tipp: Sportliches Ereignis und quirliges Volksfest zugleich sind die Eisspeedway-Rennen in Inzell, die meist Ende März auf dem Inzeller Kunsteis-Oval ausgetragen werden. Schon seit 40 Jahren gibt es dieses Spektakel, bei dem die waghalsigsten Spike-Akrobaten aus der ganzen Welt bei hoher Geschwindigkeit und in extremen Schräglagen ihre Kräfte messen (www.dmv-lg-suedbayern.de).

Sonnenaufgang bei Reit im Winkl.

8
9 km
B305

Kurz vor Inzell links abbiegen, um auf der B305 zu bleiben, und 9 km in Richtung Ruhpolding fahren.

Strecke: *In flotten Schwüngen geht es unter weiß-blauem Himmel durch die herrlichen Wiesen und Wälder des Alpenvorlands.*

9
21 km
B305

An der T-Kreuzung südlich von Ruhpolding links, weiterhin auf der B305 bleiben und 21 km über Seegatterl bis Reit im Winkl fahren.

Strecke: *Traumetappe auf der Deutschen Alpenstraße, an Weitsee und Mittersee vorbei, mit herrlichem Blick auf die Berge.*

10
26 km
–
172
–

In Reit im Winkl rechts in Richtung Kufstein/Kössen fahren, um den Ortskern herum und 26 km – in Österreich auf der 172 – bis Oberaudorf.

Strecke: *In Reit im Winkl verlassen wir die Alpenstraße und wählen, um ins Inntal zu gelangen, die Abkürzung über Österreich.*

Info: Das beliebte Wintersportzentrum Reit im Winkl bezaubert im Sommer mit bemalten, blumengeschmückten Hausfassaden. Vor den Toren des Ortes kann man im kristallklaren Weitsee baden.

Typisch bayerische Gemütlichkeit erlebt man beim Ochsenwirt in Oberaudorf.

11
10 km
St2089
–

In Oberaudorf rechts auf die St2089 und 2 km Richtung Niederaudorf bis zum Abzweig Tatzelwurm. Hier links, 8 km den Tatzelwurm hinauf.

Strecke: *Über den legendären Tatzelwurm, eine kehrenreiche Abenteuerstraße, die immer wieder durch winzige, charmante Dörfer führt.*

Restaurant- und Hotel-Tipp: Im Gasthof Feuriger Tatzlwurm, in einer Kurve gleich unterhalb der Tatzelwurm-Höhe, treffen sich Motorradfahrer gern. Die Zimmer sind exklusiv und liebevoll eingerichtet.
Gasthof Feuriger Tatzlwurm, Tatzelwurmstraße 1, 83080 Oberaudorf, Tel. 080 34/300 80, www.tatzlwurm.de €€

Tipp: Ochsenwirt Oberaudorf

Restaurant- und Hotel-Tipp: Der urige Ochsenwirt in Oberaudorf ist bekannt für seine raffinierte bayerische Küche und bietet auch Gästezimmer.

Gasthof Ochsenwirt, Carl-Hagen-Straße 14, 83080 Oberaudorf, Tel. 080 33/307 90, www.ochsenwirt.com €

12
12 km
B307

An der T-Kreuzung zur B307 links abbiegen und 12 km über das Sudelfeld nach Bayrischzell fahren.

TOP TIPP ***Strecke:*** *Wieder auf der Deutschen Alpenstraße. Über den Sudelfeldpass (1123 m) und das Sudelfeld geht es in zahllosen Kurven bergab. Die fröhliche Kurvenhatz wird jedoch durch Bitumenflicken und Tempolimit eingeschränkt, als Treffpunkt erfreut sich das Sudelfeld aber nach wie vor ungebrochener Beliebtheit bei den Bikern.*

Restaurant-Tipp: Simones Bikertreff im Unteren Sudelfeld ist ein bekannter und belebter Tummelplatz für Motorradfahrer. An schönen Wochenenden finden sie sich hier zu Hunderten ein. Gelobt werden die Leberknödelsuppe und die leckeren Kuchen der Wirtin.
Simones Bikertreff, Unteres Sudelfeld 7, 83735 Bayrischzell, Tel. 080 23/333.

Info: Der Wendelstein (1838 m) kann gleich zweifach bequem erreicht werden: Von Brannenburg schnauft eine Zahnradbahn hinauf und von Bayrischzell-Osterhofen schwebt eine Seilbahn Richtung Gipfel. In luftiger Höhe wurde ein Panoramaweg angelegt, der eine tolle Rundumsicht bietet. Wem es in solcher Höhe schwindelt, kann in die eiskalte Wendelstein-Höhle, die 200 m weit begehbar ist, hinabsteigen.

Das Sudelfeld ist eine der beliebtesten Motorradstrecken der Deutschen Alpenstraße.

13
18 km
B307

In Bayrischzell geradeaus, auf der B307 bleiben und der Bundesstraße 18 km über Schliersee bis nach Hausham folgen.

Strecke: *Zügig durchs schöne Leitzachtal und am Schliersee entlang.*

Info: Der liebliche Schliersee ist fest in der Hand des Gastgewerbes, aber alles wirkt hier eine Spur kleiner, ruhiger, natürlicher und herzlicher als am nahe gelegenen, berühmten Pendant Tegernsee.

Event-Tipp: Das Schlierseer Bauerntheater zieht das Publikum in Scharen an. Wer seine Bayerisch-Kenntnisse testen möchte, kann Karten im örtlichen Schreibwarenhandel oder im Internet kaufen.

Schlierseer Bauerntheater, Xaver-Terofal-Platz 1, 83727 Schliersee, Vorverkauf Tel. 080 26/47 07, www.schlierseer-bauerntheater.de

Simones Bikertreff, früher Café Kotz, am Unteren Sudelfeld lockt Biker aller Couleur an.

14
8 km
St2076

In Hausham links in die Schlierseer Straße (St2076), die Bahngleise queren und rechts halten. Nach 700 m links in die Tegernsee Straße abbiegen und 8 km in Richtung Gmund fahren.

Strecke: *Gemütliches Touren durch das Tegernseer Land.*

15

13 km

B307

In Gmund am Tegernsee links auf die B307. Jetzt der Bundesstraße 13 km über Tegernsee und Rottach-Egern bis nach Kreuth folgen.

Strecke: *Belebte Bundesstraße mit Ausblicken auf den Tegernsee.*

Info: Der Tegernsee ist ein beliebtes Naherholungsgebiet – entsprechend überlaufen sind im Sommer die Uferstraßen. Doch die spitzen Kirchtürme und die traditionell erbauten, mit Lüftlmalerei verzierten Häuser, die sich herrlich in die Bergkulisse einfügen, entschädigen für den Stress. Vor allem in Rottach-Egern mischt sich heute bayerisches Lokalkolorit mit mondänem Flair. Der Ort bietet eine große Zahl an Nobelboutiquen und -herbergen. Dabei ließen sich einst Schriftsteller wie Ludwig Thoma und auch Ludwig Ganghofer von der einzigartigen, unberührten Landschaft inspirieren. Ihren Geschichten folgten die herrschaftlichen Sommerfrischler und bald darauf der normale Tourist. Am See und an der gotischen Pfarrkirche St. Laurentius spürt man aber noch heute einen Hauch von Ursprünglichkeit.

Restaurant-Tipp: Im Herzoglichen Bräustüberl in Tegernsee wird altbayerische Lebensart und Gemütlichkeit gepflegt, und der Obatzde mit frischer Breze schmeckt hier fantastisch.

Herzogliches Bräustüberl, Schlossplatz 1, 83684 Tegernsee, Tel. 080 22/41 41, www.braustuberl.de

16
14 km
B307
181

Geradeaus durch Kreuth und 14 km über den Achenpass nach Österreich (hier auf der 181) fahren – bis zum Abzweig der B307.

Strecke: *Wundervolle Kurven durch das Mangfallgebirge – die Strecke ist ein Teilstück der Deutschen Alpenstraße. Der nur 941 m hohe, gut ausgebaute und waldreiche Achenpass geht locker von der Gashand und stellt technisch keine Herausforderung dar. Der höchste Punkt der Passstraße liegt noch deutlich vor der deutsch-österreichischen Grenze.*

Info: Einstmals waren es gekrönte Häupter, die im beschaulichen Wildbad Kreuth ihr Heil suchten, heute tagt hier im Winter die CSU-Prominenz. Im Frühjahr und Sommer zeigt sich die Landschaft aber von ihrer lieblichen Seite. Einen Blick lohnt die Kreuther St.-Leonhard-Kirche (1184) am Fuß des Leonhardsteins (www.kreuth.de).

17
7 km
B307

Am Abzweig hinter der Grenze rechts auf die B307 Richtung Deutschland abbiegen, dann 7 km bis zur Staumauer des Sylvensteinsees.

Strecke: *In weiten Schwüngen hinab ins Isartal. Schnell rückt der östliche Seitenarm des Sylvensteinspeichers ins Blickfeld.*

Man muss schon auf die Schilder achten, um den Scheitel des Achenpasses wahrzunehmen.

18
22 km
B13

Hinter der Staumauer geradeaus auf die B13 fahren und der Bundesstraße 22 km über Lenggries bis nach Bad Tölz folgen.

Info: Die Entdeckung gesundheitsfördernden Quellwassers bescherte Bad Tölz im 19. Jahrhundert eine wirtschaftliche Blütezeit. Heute verbindet das Erlebnisbad Alpamare mit seinen gigantischen Wasserrutschen entspannte Wellness und erlebnisreichen Badespaß. Aber auch ohne Bäderkultur ging es dem heiteren Städtchen Bad Tölz eigentlich schon immer recht gut, denn der Ort profitierte von seiner günstigen Lage an der Salzstraße und an der Isar mit ihrer Flößerei.

Alpamare, Ludwigstraße 14, 83646 Bad Tölz, Tel. 080 41/50 99 99, www.alpamare.de

Restaurant- und Hotel-Tipp: Mitten in der Altstadt von Bad Tölz liegt das Posthotel Kolberbräu. Die Außenterrasse des Hauses mit Blick auf die Alpen befindet sich direkt in der Marktstraße. Trotzdem sind die Zimmer, die teilweise mit Balkonen ausgestattet sind, relativ ruhig. Hier parkt man gern sein Motorrad und lässt sich vom Küchenchef mit regionalen und internationalen Gerichten verwöhnen. Für die Nacht kommt das Bike natürlich in die hauseigene Garage.

Posthotel Kolberbräu, Marktstraße 29, 83646 Bad Tölz, Tel. 080 41/768 80, www.kolberbraeu.de €€

E

A Großer Ahornboden

Strecke: *An der Sylvensteinstaumauer links, dann 10 km auf der B307 bis Vorderriß. Jetzt 25 km geradeaus auf kleiner Straße durchs Rißtal bis ins österreichische Eng. Ab Hinterriß Mautpflicht.*

Info: In die grandiose Alpenlandschaft des Großen Ahornbodens führt eine feine Piste mit herrlichen Kurven. An Sommerwochenenden ist es hier manchmal etwas überlaufen.

Restaurant- und Hotel-Tipp: Der Alpengasthof Eng am Ende der Mautstrecke ist ein beliebter Bikertreff. Übernachten kann man in hübschen Komfortzimmern, in heimeligen Dachzimmern oder auf Lagerbetten. In der neuen Erholungsoase lässt es sich wunderbar entspannen.

Gasthof Eng, Eng 1/2, A-6125 Hinterriß, Tel. 00 43/(0)542/51 31, www.eng.at €

Kurvenjagd zum Bodensee

Deutsche Alpenstraße West

3

Ⓐ **Ausgangsort**
Bad Tölz (D-83646)

Ⓔ **Zielort**
Lindau (D-88131)

277 km | ★★★★★ | ★★★★★

Straßentypen (in Prozent der Streckenlänge)

Landstraße/asphaltierte Nebenstraße	Bundesstraße/Schnellstraße
20	80

Diese Tour können Sie mit Route 2 kombinieren.

Allgäu Marketing
Allgäuer Straße 1
D-87435 Kempten
Tel. 08 00/257 36 78
info@allgaeu.info
www.allgaeu.info

(➔ *weitere Adressen siehe Seite 274*)

Die zweite Etappe auf der Deutschen Alpenstraße führt uns vom Isartal durchs Werdenfelser Land ins Allgäu und endet am Bodensee. Fahrerische Höhepunkte sind ganz klar die Kurvenorgien am Kesselberg, Oberjochpass und am Riedbergpass. Doch erst im Zusammenspiel mit der traumhaften Berglandschaft, den traditionsreichen Orten und der Gastfreundschaft der Menschen entfaltet diese Tour ihren ganz besonderen, einzigartigen Zauber.

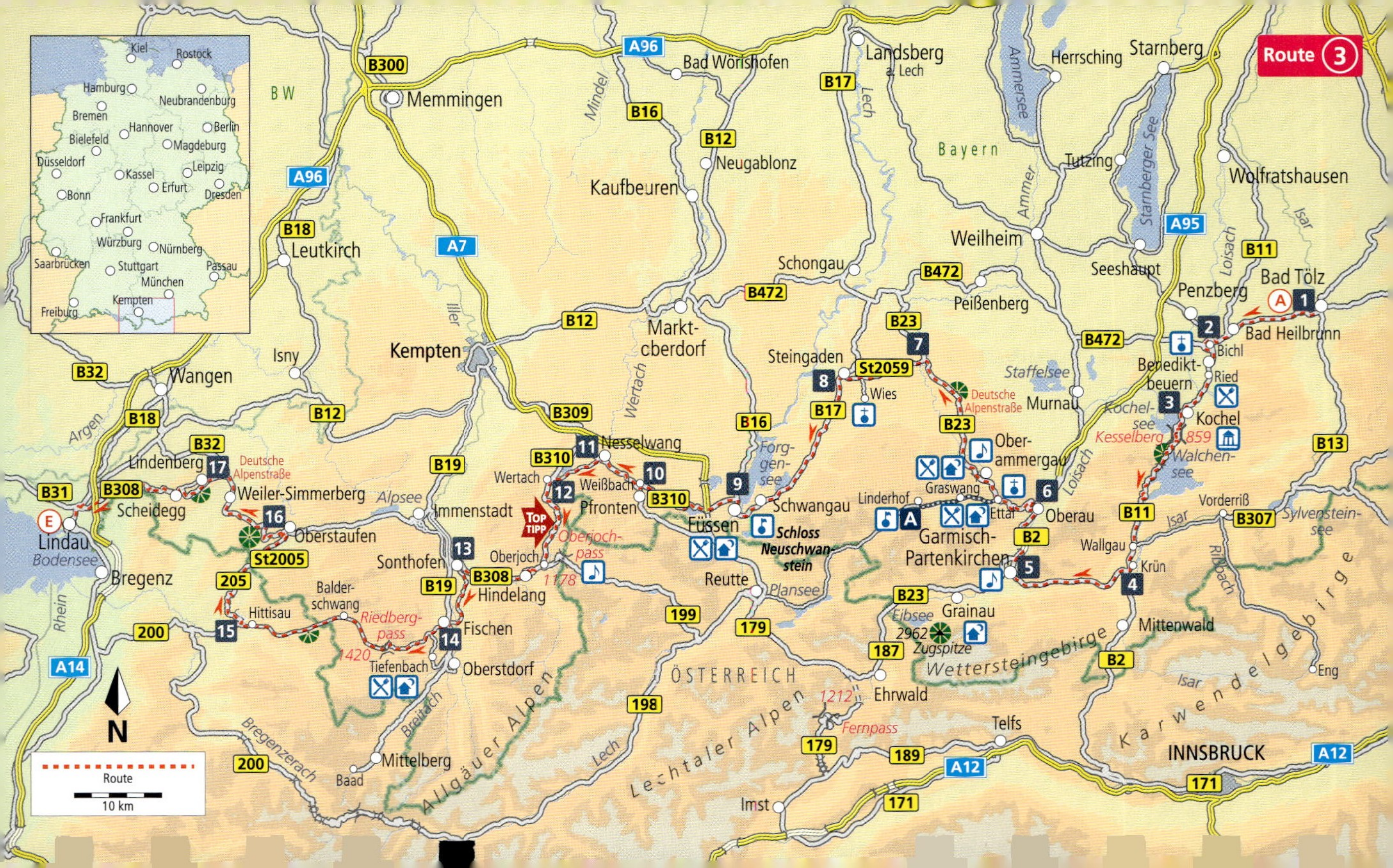
Route 3
Memmingen
Bad Wörishofen
Landsberg a. Lech
Herrsching
Starnberg
Ammersee
Starnberger See
Tutzing
Wolfratshausen
Weilheim
Seeshaupt
Penzberg
Bad Tölz
Bad Heilbrunn
Bichl
Benediktbeuern
Ried
Kochel
Kochelsee
Kesselberg 859
Walchensee
Staffelsee
Murnau
Peißenberg
Schongau
Kaufbeuren
Neugablonz
Marktoberdorf
Kempten
Leutkirch
Isny
Wangen
Lindenberg
Weiler-Simmerberg
Scheidegg
Lindau
Bodensee
Bregenz
Oberstaufen
Immenstadt
Alpsee
Sonthofen
Hindelang
Oberjoch
Oberjochpass
1178
Fischen
Oberstdorf
Tiefenbach
Balderschwang
Riedbergpass
1420
Hittisau
Nesselwang
Wertach
Weißbach
Pfronten
Füssen
Schwangau
Schloss Neuschwanstein
Forggensee
Reutte
Plansee
Steingaden
Wies
Oberammergau
Linderhof
Graswang
Ettal
Oberau
Garmisch-Partenkirchen
Grainau
Eibsee
2962 Zugspitze
Wettersteingebirge
Mittenwald
Krün
Wallgau
Vorderriß
Sylvensteinsee
Eng
Karwendelgebirge
INNSBRUCK
Telfs
Imst
Ehrwald
Fernpass
1212
Lechtaler Alpen
Allgäuer Alpen
ÖSTERREICH
Mittelberg
Baad
Deutsche Alpenstraße
Top Tipp
BW
Bayern
Mindel
Lech
Iller
Wertach
Ammer
Loisach
Isar
Rißbach
Argen
Rhein
Breitach
Bregenzerach
A96
A7
A95
A14
A12
B300
B17
B16
B12
B18
B472
B23
St2059
B32
B309
B310
B308
B31
B19
St2005
205
200
199
198
179
187
189
171
B2
B11
B13
B307
A
E
1
2
3
4
5
6
7
8
9
10
11
12
13
14
15
16
17
Kiel
Rostock
Hamburg
Neubrandenburg
Bremen
Hannover
Berlin
Bielefeld
Magdeburg
Düsseldorf
Kassel
Leipzig
Erfurt
Bonn
Dresden
Frankfurt
Würzburg
Nürnberg
Saarbrücken
Stuttgart
Passau
München
Kempten
Freiburg
N
Route
10 km

Tour-Stationen auf einen Blick

Tourlänge: 277 km

Nr.	Ort	PLZ	GPS-Koordinaten
A	Bad Tölz	D-83646	N 47 45.235 E 11 33.455
02	Bichl	D-83673	N 47 43.266 E 11 23.983
03	Kochel	D-82431	N 47 39.325 E 11 21.800
04	Krün	D-82494	N 47 29.971 E 11 16.269
05	Garmisch-Partenk.	D-82467	N 47 29.784 E 11 06.158
06	Oberau	D-82488	N 47 33.563 E 11 08.060
07	Echelsbacher Brücke	D-82435	N 47 42.633 E 10 58.400
08	Steingaden	D-86989	N 47 42.177 E 10 51.669
09	Füssen	D-87629	N 47 34.324 E 10 42.107
10	Weißbach	D-87459	N 47 35.773 E 10 33.152

Nr.	Ort	PLZ	GPS-Koordinaten
11	Nesselwang	D-87484	N 47 37.352 E 10 29.605
12	Wertach	D-87497	N 47 36.074 E 10 25.201
13	Sonthofen	D-87527	N 47 30.584 E 10 17.624
14	Fischen	D-87538	N 47 27.616 E 10 15.971
15	Hittisau	A-6952	N 47 27.589 E 09 57.358
16	Oberstaufen	D-87534	N 47 33.014 E 10 00.943
17	Lindenberg	D-88161	N 47 35.569 E 09 51.655
E	Lindau	D-88131	N 47 33.278 E 09 42.272

Die Tabelle enthält die wichtigsten Stationen der Route – ggf. wurden Orte weggelassen oder zur exakteren Navigation ergänzt; Referenzsystem der GPS-Koordinaten: WGS84

1
15 km
B472

Ⓐ

Bad Tölz westwärts auf der B472 verlassen und 15 km über Bad Heilbrunn bis zum Abzweig nach Innsbruck/Kochel bei Bichl fahren.

Strecke: *Am Fuß des Zwieselbergs entlang, hinter dem bereits die stolze, 1801 m hohe Benediktenwand in den Himmel ragt.*

2
9 km
B11

Am Abzweig bei Bichl links auf die B11 und 9 km über Benediktbeuern bis Kochel am See.

Info: Das 739 gegründete Kloster Benediktbeuern gilt als die Keimzelle klösterlicher Kultur in Bayern. Sehenswert sind die schönen stuckierten und freskierten Säle. Die Klosterbibliothek beherbergte einst die Carmina Burana, eine Sammlung von Vagantenliedern aus dem 13. Jahrhundert, die sich heute in der Bayerischen Staatsbibliothek in München befindet (www.kloster-benediktbeuern.de).

Restaurant-Tipp: Im Alpengasthof Rabenkopf in Ried serviert man – anders als der Name vermuten lässt – schmackhafte altböhmische Hausmannskost und Spezialitäten aus der Wiener Küche.
Alpengasthof Rabenkopf, Kocheler Straße 23, 82431 Ried bei Kochel, Tel. 088 57/208, www.rabenkopf.de €

3
26 km
B11

In Kochel links halten, weiterhin der B11 folgen und 26 km über den Kesselberg bis zur B2 bei Krün.

Strecke: *Die berühmte Kesselbergstrecke vom Kochel- zum Walchensee ist rund 9 km lang. In vielen deftigen Kehren windet sie sich zur Passhöhe (859 m) hinauf, und immer wieder gibt es Aussichtspunkte mit Blick über den Kochelsee und das Alpenvorland. Vor allem freitags tummeln sich hier die Biker. Es gilt Tempo 60 und Überholverbot. An Wochenenden ist die Strecke in Richtung Walchensee für Motorräder gesperrt.*

Info: Sehr sehenswert ist das Franz Marc Museum in Kochel. Hier sind bedeutende Werke des deutschen Expressionisten und Mitbegründers der Künstlergruppe »Der blaue Reiter« ausgestellt. Am Kochelsee hat Marc gelebt und gemalt – ein wahrhaft idyllischer Ort, auch wenn die Wassertemperatur selbst im Sommer selten zum Baden einlädt.

Franz Marc Museum, Franz-Marc-Park 8–10, 82431 Kochel, Tel. 088 51/92 48 80, www.franz-marc-museum.de, Apr.–Okt. Di–So 10–18 Uhr, Nov.–März Di–So 10–17 Uhr.

4
15 km
B2

Hinter Krün rechts auf die B2 auffahren und 15 km auf der Bundesstraße bis Garmisch-Partenkirchen.

Strecke: *Reizvolle Fahrt durchs Werdenfelser Land, leider viel Verkehr.*

Spannende Schräglagen, fantastische Aussicht: Am Walchensee kommt enormer Fahrspaß auf.

5
9 km
B2

Geradeaus durch Garmisch-Partenkirchen und der B2 weitere 9 km bis Oberau folgen.

Strecke: *Schnellstraße durchs Tal der Loisach, teilweise im Tunnel.*

Info: Die schindelgedeckten Gebirgshäuser in Garmisch-Partenkirchen schwelgen in ihrer Herrlichkeit. Trotz Schickimicki versprühen beide Ortskerne noch Dorfidylle, die vom schönen Blick auf die Zugspitze gekrönt wird. Mit der Zahnradbahn geht es zum Gipfel, von dem man in 2962 m Höhe an klaren Tagen einen grandiosen Blick hat.

Bayerische Zugspitzbahn Bergbahn AG, Olympiastraße 27, 82467 Garmisch-Partenkirchen, Tel. 088 21/79 70, www.zugspitze.de

Hotel-Tipp: Im Hotel Haus Hammersbach in Grainau bei Garmisch-Partenkirchen verbindet sich eleganter Landhausstil mit bayerischer Gemütlichkeit. Das mit ADAC-Qualitätssiegel ausgezeichnete Haus ist perfekt auf die Bedürfnisse von Motorradreisenden zugeschnitten.

Hotel Haus Hammersbach, Kreuzeckweg 2–6, 82491 Grainau, Tel. 088 21/98 30, www.haus-hammersbach.de €€

Event-Tipp: Im Juli strömen Zigtausend Motorrad-Fans, darunter auch viele Prominente, nach Garmisch-Partenkirchen zum BMW-Treffen, um drei Tage lang zu feiern. Gern genutzt wird die Möglichkeit, ganz neue Modelle auf Herz und Nieren zu testen (www.bmw-motorrad.de).

6
27 km
B23

In Oberau links auf die B23 abbiegen, dann 27 km hinauf nach Ettal und über Oberammergau bis zur Echelsbacher Brücke fahren.

Strecke: *Kurvenreiche Straße bergan, dann geht es zügig weiter auf der Bundesstraße durchs liebliche Ammertal.*

Info: Eindrucksvoll erhebt sich das Benediktinerkloster Ettal über dem kleinen Ort Ettal. 1130 gegründet, wurde der gotische Zentralbau im 18. Jahrhundert barockisiert. Eine echte Augenweide ist das unglaublich detailreiche Kuppelfresko im Rundbau (www.kloster-ettal.de).

Restaurant- und Hotel-Tipp: Im Klosterhotel Ettal kann man gut nächtigen und im Bräustüberl mit Einheimischen ein Bier trinken.
Klosterhotel Ludwig der Bayer, Kaiser-Ludwig-Platz 10–12, 82488 Ettal, Tel. 088 22/91 50, www.ludwig-der-bayer.de €€

Event-Tipp: Oberammergau wurde durch seine Passionsspiele weltweit bekannt. Zum Dank für die Errettung aus der Pestnot um 1643 wird die Leidensgeschichte Christi alle zehn Jahre von Laiendarstellern aus dem schönen Alpendorf auf die Bühne gebracht. Dann geht es rund im Ort und in der Region, und auch für all jene, die nur der schönen Landschaft und Motorradpisten wegen angereist sind, wird die Hotelsuche schwierig. Die nächsten Passionsspiele finden 2020 statt.

A Schloss Linderhof

Strecke: *Hinter Ettal links (St2060), 10 km über Graswang bis Linderhof.*

Info: Das zauberhafte Schloss Linderhof ließ der bayerische Märchenkönig Ludwig II. 1874–1878 errichten. Der Prachtbau mit seinem weitläufigen Park und kuriosen architektonischen Perlen ist eine Besichtigung wert.
Schloss Linderhof, Linderhof 12, 82488 Ettal, Tel. 088 22/92 03 49, www.schlosslinderhof.de

Restaurant- und Hotel-Tipp: Beim schön gelegenen Fischerwirt in Graswang finden Biker rustikal eingerichtete Gästezimmer. In der Gaststube kann man sich mit Brotzeitschmankerln oder frischen Saiblingen stärken.
Gasthaus Fischerwirt, Linderhofer Straße 15, 82488 Ettal-Graswang, Tel. 088 22/63 52, www.zum-fischerwirt.de €€

7
9 km
St2059

Unmittelbar hinter der Echelsbacher Brücke links auf die St2059 und 9 km bis Steingaden.

Strecke: *Schwungvoll durch den malerischen Pfaffenwinkel.*

Info: Die Wieskirche (1745–1754) in der Nähe von Steingaden strotzt nur so vor Pracht. Einzigartig sind nicht nur das opulente Dekor aus Stuck, Marmor und Gold in ihrem Innern, sondern auch die Licht- und Raumwirkung. Die Kirche wurde 1983 in die Liste des UNESCO-Welterbes aufgenommen (www.wieskirche.de).

8
22 km
B17
B16

In Steingaden links auf die B17 abbiegen, 22 km durch den Ort und auf der Bundesstraße bis nach Füssen fahren – auf der B16 in die Stadt hinein.

Strecke: *Gut ausgebaute Bundesstraße mit viel Verkehr am Wochenende. Romantische Straße und Deutsche Alpenstraße führen hier entlang.*

Restaurant- und Hotel-Tipp: Im vom ADAC als Motorradhotel zertifizierten Wellnesshotel Sommer am Forggensee in Füssen kann man sich von der Kurvenhatz erholen und die Allgäuer Küche genießen.

Hotel Sommer, Weidachstraße 74, 87629 Füssen, Tel. 083 62/914 70, www.hotel-sommer.de €€€

Tipp: Schloss Neuschwanstein

Info: Majestätisch erhebt sich Schloss Neuschwanstein über Hohenschwangau bei Füssen. Ludwig II. ließ es nach dem Vorbild der Wartburg auf einem Felsen errichten. Der Zauber des Märchenschlosses ist bis heute ungebrochen und lockt jährlich Millionen Besucher aus der ganzen Welt an.

Schlossverwaltung, Neuschwansteinstraße 20, 87645 Hohenschwangau, Tel. 083 62/810 35, www.neuschwanstein.de

9
15 km
B16
B310

In Füssen rechts in die Augsburger Straße (B16) und 1,5 km bis zum Abzweig nach Ulm/Pfronten fahren. Hier links auf die B310 abbiegen und der Bundesstraße 13,5 km bis Weißbach folgen.

Strecke: *Am Weißensee vorbei durchs saftig-grüne Allgäu.*

Info: Auf eine 2000-jährige Vergangenheit blickt das Städtchen Pfronten zurück. Die Geschichte der Landgemeinde ist geprägt von hartem, bäuerlichem Leben und einer günstigen Lage nahe wichtiger Handelswege. So kam es, dass die Pfrontener Fuhrwerker ihre Waren sogar bis nach Venedig auslieferten (www.pfronten.de).

10
6 km
B309/
B310

In Weißbach an der T-Kreuzung zur B309/B310 rechts abbiegen und 6 km bis Nesselwang.

11
6 km
–

Am Ortsausgang Nesselwang links in die Reichenbacher Straße und 6 km Richtung Wertach bis zur Einmündung in die B310 fahren.

Strecke: *Kleine Nebenstraße anstelle der überlasteten Bundesstraßen.*

Eines der schönsten Motive aus dem großen Alpen-Bilderbuch: Nesselwang im Allgäu.

12
24 km
B310
B308

Jetzt links auf die B310 und 24 km – ab Oberjoch auf der B308 – über Hindelang Richtung Sonthofen.

TOP TIPP

Strecke: *Traumhafte Achterbahnfahrt über die einzigartige Oberjoch-Passstraße. Hinter Oberjoch geht es rasant den herrlichen Kurvenbandwurm bergab. Ein kurzer Abstecher zur 1178 m hohen Passhöhe versüßt diese Traumetappe natürlich noch zusätzlich.*

Event-Tipp: Motorradfahrer vergöttern die 106 Kurven der Oberjoch-Passstraße. Schon in den 1920er-Jahren war die knapp 8 km lange Strecke Austragungsort für spektakuläre Rennen, die jedes Jahr im Oktober als »Jochpass Memorial« wieder aufleben. Auch interessante Motorrad-Oldtimer sind dann am Start (www.jochpass.com).

13
8 km
–

Am Ortseingang von Sonthofen links in Richtung Stadtmitte, gleich wieder links in die Strausbergstraße und rechts in den Talweg. Jetzt 8 km über Margarethen und Altstädten nach Fischen.

Strecke: *Auf der Nebenstraße über die Dörfer des Allgäus. So vermeidet man den starken Verkehr auf den Bundesstraßen.*

14
29 km
B19
–

In Fischen links auf die B19, dann nach 200 m gleich wieder rechts Richtung Österreich abbiegen und 29 km über Balderschwang nach Hittisau.

Strecke: *Kurvenreiche Strecke über den Riedbergpass (1420 m), Teilstück der Deutschen Alpenstraße. Leider auf 40 km/h begrenzt. Gute Gelegenheit, die wundervolle Landschaft bei offenem Visier zu genießen.*

Hotel-Tipp: Das vom ADAC geprüfte und als motorradfreundlicher Betrieb ausgezeichnete Alpenhotel Tiefenbach bei Oberstdorf liegt nur wenige Kilometer südlich von Fischen und hält für Biker besondere Angebote mit Halbpension bereit. Zur Begrüßung gibt es einen Drink, für unterwegs ein Lunchpaket samt hoteleigener Tourenkarte. Die Maschinen werden trocken und sicher in der Garage abgestellt.

Alpenhotel Tiefenbach, Falkenstraße 15, 87561 Tiefenbach bei Oberstdorf,
Tel. 083 22/70 20, www.alpenhotel-tiefenbach.de €€€

15
17 km
205
St2005

In Hittisau rechts auf die 205, dann 17 km auf der österreichischen Bundesstraße bis zur deutschen Grenze und weiter auf der St2005 bis Oberstaufen.

Strecke: *Wir werden der Deutschen Alpenstraße kurz untreu und fahren auf kurvenreicher Piste durch die Ausläufer des Bregenzerwalds.*

Schaukelpartie über den Riedbergpass, den höchsten deutschen Pass, nach Österreich.

16
21 km
B308

In Oberstaufen nach der Unterführung links auf die B308 auffahren und 21 km bis zur T-Kreuzung hinter Lindenberg fahren.

***Strecke:** Flotte Fahrt durch lang gezogene Kurven der Bundesstraße. Wir befinden uns jetzt wieder auf der Deutschen Alpenstraße.*

Info: Nicht verpassen sollte man den Rastplatz Paradies kurz hinter Oberstaufen. Der Name ist Programm: An klaren Tagen blickt man weit über den Bregenzerwald und bis zum Säntis in die Schweiz.

17
15 km
B308

An der T-Kreuzung hinter Lindenberg links, auf der B308 bleiben und der Bundesstraße 15 km über Scheidegg in Richtung Lindau folgen.

***Strecke:** Wunderschöner Abschluss der Deutschen Alpenstraße mit herrlichen Kurven und überwältigenden Ausblicken.*

Info: Rund 1000 m hoch, in schönster Panoramalage, liegt der Kneippkurort Scheidegg. Von hier blickt man auf den Bodensee und die unzähligen Gipfel der Alpen. Kurz hinter Scheidegg, bei Rickenbach, rauschen die Scheidegger Wasserfälle in die Tiefe. Vom Parkplatz an der B308 sind sie über einen Spazierweg zu erreichen.

Durchs grüne Allgäu schwingt die Deutsche Alpenstraße sanft Richtung Bodensee aus.

18
4 km
B12

Hinter der A96 am Golfclub rechts und über die Auffahrt rechts auf die B12, dann 4 km bis Lindau.

***Strecke:** Hinein nach Lindau; durch viel Verkehr schlängeln wir uns Richtung Hafen zum Ufer des Bodensees.*

Info: Lindaus denkmalgeschützte Altstadt mit dem reich bemalten Rathaus ist der Stolz aller Einheimischen. Ein Boxenstopp in der Stadt ist Pflicht. Wer das Wasser liebt, sollte den Hafen und seine Umgebung erkunden und von hier den Blick aufs Schwäbische Meer genießen. Die Hafeneinfahrt mit dem 33 m hohen Leuchtturm ist das Wahrzeichen der Stadt. Der Turm wurde 1856 in Betrieb genommen und ist einer der wenigen Leuchttürme mit Turmuhr (www.lindau.de).

Hotel-Tipp: Im Insel-Hotel in Lindau freut man sich besonders über Gäste, die die Leidenschaft für das Motorradfahren mit der Gastgeberfamilie teilen. Das Haus liegt auf der Lindauer Insel, Motorradstellplätze sind kostenlos. Neben dem Biken sind Bücher ein weiteres Steckenpferd der Betreiber. Es gibt eine Bibliothek und einmal jährlich ein festliches Menü samt Lesung, den »Lindauer Literaturschmaus«.

E Insel Hotel Garni, Maximilianstraße 42, 88131 Lindau, Tel. 083 82/50 17, www.insel-hotel-lindau.de €€

Endstation der Deutschen Alpenstraße am Leuchtturm im Lindauer Hafen.

Höhen und Tiefen

Schauinsland, Münstertal, Hotzenwald

4

ROUTE 4

Ⓐ **Ausgangsort**
Freiburg (D-79098)

Ⓔ **Zielort**
Freiburg (D-79098)

281 km ★★★★ ★★★★★

Straßentypen (in Prozent der Streckenlänge)

75 | 25

■ Landstraße/asphaltierte Nebenstraße
■ Bundesstraße/Schnellstraße

Diese Tour können Sie mit Route 5 kombinieren.

Ferienregion Münstertal Staufen
Wasen 47
D-79244 Münstertal
Tel. 076 36/707 30
touristinfo@muenstertal-staufen.de
www.muenstertal-staufen.de

(→ *weitere Adressen siehe Seite 275*)

Der Südschwarzwald ist ein Paradies für Motorradfahrer und zählt sicherlich zu den attraktivsten Revieren Deutschlands. Herrliche Bikerpisten gibt es im Überfluss. Steil bergauf führt diese Tour in den Hochschwarzwald, zum Feldberg, Hochblauen und natürlich zum legendären Schauinsland. Aber auch im Hotzenwald und im schönen Münstertal kommen kurvensüchtige Piloten voll auf ihre Kosten. Da staunen selbst verwöhnte Alpenspezialisten!

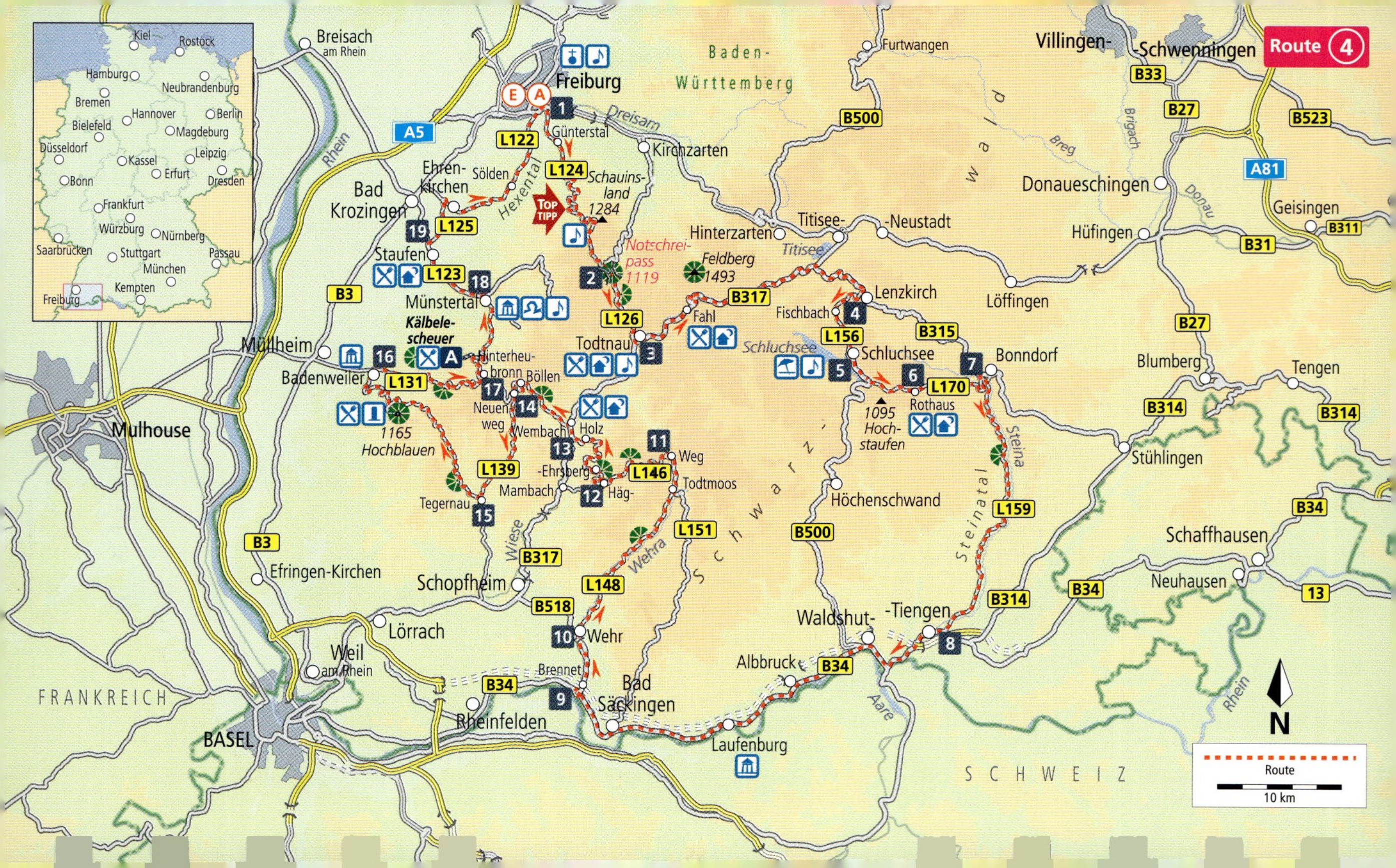
Route 4
Freiburg
Breisach am Rhein
Baden-Württemberg
Villingen-Schwenningen
Furtwangen
B33
B27
B523
B500
A5
Dreisam
Günterstal
Kirchzarten
L122
L124
Schauinsland 1284
Ehrenkirchen
Sölden
Hexental
Top Tipp
Bad Krozingen
L125
Staufen
L123
Münstertal
Kälbelescheuer
Notschreipass 1119
Feldberg 1493
Hinterzarten
Titisee-Neustadt
Titisee
Donaueschingen
A81
Hüfingen
Geisingen
B311
B31
Löffingen
Lenzkirch
Fischbach
B317
B315
L126
Todtnau
Fahl
Schluchsee
L156
Bonndorf
Blumberg
Tengen
B3
Müllheim
Badenweiler
L131
Hinterheubronn
Böllen
Neuenweg
Wembach
Holz
1165 Hochblauen
L139
Tegernau
Mambach
Ehrsberg
Häg
L146
Weg
Todtmoos
L170
Rothaus
1095 Hochstaufen
B314
Stühlingen
Steina
Steinatal
Höchenschwand
L159
Mulhouse
L151
Wehra
Wiese
B317
Schwarzwald
B500
B3
Efringen-Kirchen
Schopfheim
L148
B518
Lörrach
Wehr
Waldshut-Tiengen
Schaffhausen
Neuhausen
B34
13
Weil am Rhein
Brennet
B34
Bad Säckingen
Albbruck
Aare
Rhein
FRANKREICH
BASEL
Rheinfelden
Laufenburg
SCHWEIZ
N
Route
10 km
Kiel
Rostock
Hamburg
Neubrandenburg
Bremen
Berlin
Hannover
Bielefeld
Magdeburg
Düsseldorf
Kassel
Leipzig
Erfurt
Dresden
Bonn
Frankfurt
Würzburg
Nürnberg
Saarbrücken
Stuttgart
Passau
München
Kempten
Freiburg
E
A
1
2
3
4
5
6
7
8
9
10
11
12
13
14
15
16
17
18
19

Tour-Stationen auf einen Blick

Tourlänge: 281 km

Nr.	Ort	PLZ	GPS-Koordinaten
Ⓐ	Freiburg	D-79098	N 47 59.259 E 07 50.863
02	Notschreipass	D-79254	N 47 52.587 E 07 54.578
03	Todtnau	D-79674	N 47 49.632 E 07 56.592
04	Lenzkirch	D-79853	N 47 52.099 E 08 11.873
05	Schluchsee	D-79859	N 47 49.166 E 08 10.467
06	Rothaus	D-79865	N 47 47.725 E 08 14.784
07	Bonndorf	D-79848	N 47 48.416 E 08 18.724
08	Waldshut-Tiengen	D-79761	N 47 38.101 E 08 17.483
09	Brennet	D-79664	N 47 35.157 E 07 54.526
10	Wehr	D-79664	N 47 36.730 E 07 54.610

Nr.	Ort	PLZ	GPS-Koordinaten
11	Todtmoos-Weg	D-79682	N 47 45.143 E 07 59.307
12	Häg	D-79685	N 47 43.908 E 07 55.116
-	Ehrsberg	D-79685	N 47 44.611 E 07 54.326
13	Wembach	D-79677	N 47 46.403 E 07 53.172
14	Neuenweg	D-79692	N 47 47.613 E 07 49.635
15	Tegernau	D-79692	N 47 43.172 E 07 47.624
16	Badenweiler	D-79410	N 47 48.105 E 07 40.250
17	Hinterheubronn	D-79692	N 47 48.240 E 07 47.316
19	Staufen	D-79219	N 47 53.500 E 07 43.669
Ⓔ	Freiburg	D-79098	N 47 59.948 E 07 50.616

Die Tabelle enthält die wichtigsten Stationen der Route – ggf. wurden Orte weggelassen oder zur exakteren Navigation ergänzt; Referenzsystem der GPS-Koordinaten: WGS84

1
22 km
L124

Ⓐ

Freiburg auf der L124 Richtung Süden verlassen und 22 km über Günterstal und den Schauinsland bis zum Notschreipass fahren.

TOP TIPP *Strecke: Ehemalige Bergrennstrecke mit zwölf Prozent Steigung, 800 m Höhenunterschied und insgesamt 175 Kurven! Achtung: Gesperrt für Motorräder an Wochenenden und Feiertagen.*

Info: Die Fahrt auf den Schauinsland, den 1284 m hohen Hausberg Freiburgs, ist eine Pflichtübung für jeden Biker, der in der Region unterwegs ist. Von 1925 bis 1984 wurden am Schauinsland 38 Rennen um den »Internationalen ADAC-Bergpreis« ausgetragen. Die Schauinsland-Strecke galt einst als schwierigste Bergrennstrecke Europas.

Oben angekommen, bieten sich nach ein paar restlichen Höhenmetern zu Fuß herrliche Aussichten auf das Freiburger Land und die Rheinebene im Dunst eines jungen Tages.

Event-Tipp: Einheimische Piloten verfluchen das Wochenende, weil dann das tägliche Training auf der kurven- und waldreichen Lieblingspiste ausfallen muss. Aufgrund der Sperrung hat sich der Freitag als Motorradtag auf dem Schauinsland etabliert. Man trifft sich auf der Holzschlägermatte zwischen Horben-Bohrer und Schauinsland.

Tipp: Freiburg

Info: Freiburgs Altstadt sollte man besuchen. Es gibt genügend Parkplätze, und man kann unbeschwert zum Bummeln losziehen. Beliebt ist der Bauernmarkt rund um das Münster, ein wahres Meisterwerk deutscher Gotik mit 161 m hohem Turm (www.freiburg.de).

Event-Tipp: Beim Freiburger Zeltmusikfestival (ZMF) Anfang Juli zeigen Klassik- und Rockstars zwei Wochen lang ihr Können (www.zmf.de).

Märchenhafte Ausblicke im Schwarzwald.

2
8 km
L126

Auf dem Notschreipass an der Einmündung auf die L126 rechts und 8 km bis nach Todtnau.

Strecke: *Nicht ganz so spektakulär wie der Schauinsland, aber dennoch eine herrlich zu fahrende Etappe mit toller Aussicht.*

Info: Eine rasante Freizeit-Attraktion des Luftkurorts Todtnau ist der 3 km lange Hasenhorn-Coaster, die längste Sommerrodelbahn Deutschlands (www.hasenhorn-rodelbahn.de).

Restaurant- und Hotel-Tipp: Direkt am Hasenhorn-Coaster liegt die Pfeffermühle, eine beliebte, geradlinige Motorrad-Kneipe. Hier stärkt man sich mit Spaghetti Carbonara oder führt beim Sonntagsbrunch (10–12 Uhr) auf der Sonnenterrasse anregende Benzingespräche. Wirt Andy ist selbst Biker, liebt die Rolling Stones und glänzt durch seine profunden Whisky-Kenntnisse. Vermietet werden auch zwei Ferienwohnungen für 5 und 8 Personen, Garage inklusive.
Biker-Kneipe Pfeffermühle, Lindenstraße 6, 79674 Todtnau, Tel. 076 71/427, www.motorraderlebnis-schwarzwald.de €

Event-Tipp: Jedes Jahr an Christi Himmelfahrt laden das Touristenbüro und der MC Todtnau zum Black-Forest-Motorbike-Weekend mit geführten Ausfahrten, Livemusik, einer Biker-Party sowie einem Motorradgottesdienst. Das Event ist sehr beliebt, deshalb spätestens bis Dezember anmelden (www.motorrad-schwarzwald.de).

3
27 km
B317

In Todtnau links in die Schönauer Straße (B317) abbiegen und 27 km bis nach Lenzkirch.

Strecke: *Kurvig vorbei am höchsten Schwarzwaldgipfel, bis der Titisee ins Blickfeld rückt. Die Passhöhe am Feldberg liegt bei 1200 m.*

Info: Der berühmte Feldberg ist mit 1493 m der höchste Gipfel des Schwarzwalds. Die letzten 175 Hm bis zum Vorgipfel kann man auch bequem mit der Feldbergbahn überbrücken und dann einen wirklich fantastischen Rundumblick genießen.

4
9 km
L156

In Lenzkirch rechts in die Grabenstraße (L156) und 9 km über Fischbach bis Schluchsee fahren.

Info: Mit bunter Fachwerkpracht empfängt Lenzkirch seine Besucher. Der Ort liegt nur etwas nördlich des geheimnisvollen Schluchsees. Der mit 8 km Länge, 1,5 km Breite und 60 m Tiefe größte Schwarzwaldsee wird durch eine gewaltige, 35 m hohe Mauer aufgestaut. Er ist gut zugänglich und bietet mit seinen vielen Buchten, Liegewiesen und Strandbädern im Sommer ideale Bademöglichkeiten.

Event-Tipp: Jeden Sonntagmorgen Biker-Treff am Parkplatz beim See, links gegenüber der Staumauer.

Tipp: Gasthof Lawine

Info: Der Gasthof Lawine in Fahl, am Fuß des Feldbergs, bietet alles, was Biker glücklich macht: Garage, Schrauberecke, Trockenraum und einen Biergarten. Auch der Chef des Hauses hat Benzin im Blut und verrät gern seine besten Touren-Tipps.

Lawine Hotel Restaurant, 79674 Todtnau-Fahl, Tel. 076 76/933 30, www.lawine.de €€

Blick vom Feldberg hinab zum Feldsee, einem durch Gletscher entstandenen Karsee.

5
7 km
B500
L170

In Schluchsee links auf die B500, nach 3 km in Seebrugg links auf die L170 und 4 km bis Rothaus.

Strecke: *Auf der Bundesstraße fahren wir am malerischen Schluchsee entlang, dann auf kleinen Straßen durch Täler und über Höhen*

Info: Die Badische Staatsbrauerei Rothaus – wie der Name verrät heute in Besitz des Landes Baden-Württemberg – wurde 1791 vom Abt des Benediktinerklosters Sankt Blasien gegründet. Angeblich, um den Schwarzwäldern das Schnapstrinken abzugewöhnen. Das bekannteste Rothaus-Bier ist das Tannenzäpfle-Pils (www.rothaus.de).

Restaurant- und Hotel-Tipp: Ein idealer Ausgangspunkt für die Tour ist der Brauerei-Gasthof Rothaus, direkt neben der Brauerei. Das 3-Sterne-Hotel ist beliebter Biker-Treff mit eigenem Biergarten hinterm Haus. Brauerei-Führungen werden vom Hotel aus organisiert.
Brauerei-Gasthof Rothaus, Rothaus 2, 79865 Grafenhausen, Tel. 077 48/522 96 00, www.brauereigasthof-rothaus.de, tgl. durchgehend geöffnet €€

6
8 km
L170

In Rothaus auf der L170 Richtung Bonndorf bleiben und 8 km geradeaus bis zum Abzweig nach Waldshut-Tiengen fahren.

Strecke: *Zügig zu fahrende Landstraße.*

Die Badische Staatsbrauerei Rothaus kann auch im Rahmen einer Führung besichtigt werden.

7
25 km
L159

Kurz vor dem Hotel Steinasäge scharf rechts auf die L159, dann 25 km bis Waldshut-Tiengen.

Strecke: *Das anfangs weitläufige Steinatal verengt sich zusehends, und die Kurven werden entsprechend anspruchsvoller.*

8
37 km
B34

In Tiengen rechts auf die B34 abbiegen und der Bundesstraße 37 km über Waldshut, Laufenburg und Bad Säckingen bis nach Wehr-Brennet folgen.

Strecke: *Kilometermachen auf der viel befahrenen Bundesstraße durch das Tal des Hochrheins, entlang der Grenze zur Schweiz.*

Info: Im Frieden von Lunéville (1801) erklärte Napoleon den Rhein zur neuen Staatsgrenze, und das pittoreske Laufenburg wurde geteilt. Noch heute gibt es einen badischen und einen schweizerischen Stadtteil, die durch die Laufenbrücke miteinander verbunden sind. In Bad Säckingen, bekannt durch den Roman »Der Trompeter von Säckingen«, trifft man immer wieder auf das Trompeten-Motiv, ein Trompetenmuseum gibt es auch. Einzigartig ist die 200 m lange Holzbrücke aus dem Jahr 1571 über den Hochrhein.

Trompetenmuseum, Trompeterschloss, 79702 Bad Säckingen, Tel. 077 61/22 17, www.trompetenmuseum.de, Di, Do, So 14–17 Uhr, Mai–Sept. auch Mi 14–17 Uhr.

Durch die malerische Altstadt von Laufenburg.

9
4 km
B518

In Brennet links von der B34 abfahren, über den Zubringer auf die B518 und 4 km bis Wehr.

Strecke: *In sanften Schwüngen durch dicht besiedeltes Gebiet.*

10
22 km
L148
L151

In Wehr links auf die Öflinger Straße (L148) und 2 km geradeaus durch die Stadt. Im Kreisel die 1. Ausfahrt nehmen und 20 km über Todtmoos (ab hier L151) bis nach Todtmoos-Weg fahren.

Strecke: *In engen Kehren durch das schöne Wehratal, eines der spektakulärsten Täler des Hotzenwalds, wie der südlichste Teil des Südschwarzwalds genannt wird. Los geht der feurige Kurvenzauber hinter dem Tunnel nach dem Stausee.*

11
9 km
L146

In Todtmoos-Weg links auf die L146 (Zeller Straße) abbiegen, 9 km in Richtung Mambach bis Häg.

Strecke: *Auf einer knackigen Kurvenpiste durch Wald und Tal. Ein paar Kehren sind hier das Salz in der Suppe.*

12
12 km
–

In Häg rechts den Berg hinauf und 12 km auf kleiner Straße über die Orte Ehrsberg, Hinterstadel, Holz und Künaberg bis zur B317 fahren.

Strecke: *Eine der schönsten Panoramastrecken im gesamten Schwarzwald. Ein schmales Sträßchen führt steil hoch nach Ehrsberg. Die Straße klebt förmlich am Hang und zieht sich weitläufig um die Täler.*

Restaurant- und Hotel-Tipp: Am Ende der Panoramastrecke in Holz verarbeiten wir die Fahreindrücke im Holzer Kreuz, einem urgemütlichen, 300 Jahre alten Berggasthof in aussichtsreicher Halbhöhenlage. Spezialität ist das selbst gebackene Brot zum Schwarzwälder Speck. Übernachten kann man in Gästezimmern und Ferienwohnungen.
Gasthaus Holzer Kreuz, Holz 9, 79677 Fröhnd-Holz, Tel. 076 73/286, www.holzerkreuz.de, Mo–Mi und Sa ab 14, Fr ab 17, So ab 10 Uhr €

13
9 km
B317
L131

An der Einmündung in die B317 rechts und 0,5 km bis Wembach. Hier links auf die L131 und 8,5 km über Böllen bis Neuenweg.

Strecke: *Die Auffahrt nach Böllen ist kurvig, und es gibt viel zu sehen. Glücksgefühle garantiert danach die flotte, steile Abfahrt.*

Klein, sehr aussichtsreich und weitgehend unbekannt: die Panoramastrecke über Ehrsberg.

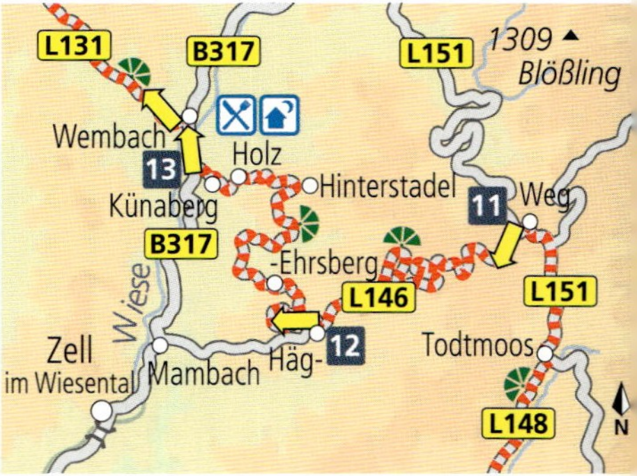

14
10 km
L139

In Neuenweg links in die Wiesentalstraße (L139) und 10 km bis nach Tegernau fahren.

Strecke: *Wenig befahrene, aber kurvenreiche Straße, die man ganz entspannt unter die Räder nehmen kann.*

15
18 km
L140

In Zentrum von Tegernau rechts auf die L140 abbiegen und 18 km bis nach Badenweiler.

Strecke: *Hier kommen Schräglagenfreunde voll auf ihre Kosten. Unzählige Kurven, eine übersichtliche Streckenführung, wenig Verkehr und passabler Belag sorgen für gute Laune. Schöne Passagen bergab, denn Badenweiler liegt bereits im Oberrheingraben.*

Info: Die Römer brachten nicht nur den Wein an den Rhein, sondern auch ihre Badekultur. Im Jahr 75 n. Chr. entstand in Badenweiler ein Thermalbad, das heute als größte und bedeutendste Thermenruine nördlich der Alpen gilt. Bereits 1784 freigelegt, wurde sie vor einigen Jahren zu einem pfiffigen, absolut sehenswerten Museum ausgebaut.
Römische Badruine Badenweiler, Im Kurpark Badenweiler, 79410 Badenweiler, www.badenweiler.de, Apr.–Okt. Mo–So 10–19 Uhr, Nov.–März Mo–So 10–17 Uhr.

Tipp: Hochblauen

Info: Lohnend ist der kurze Abstecher zum Hochblauen (1165 m), dem südlichsten der Schwarzwaldkolosse. Vom Aussichtsturm erschließt sich die Schönheit des Dreiländerecks. Gemütlich vespern kann man auf der Terrasse des Berghauses Hochblauen.
Berghaus Hochblauen, Hochblauenstraße 1, 79410 Badenweiler, Tel. 076 32/388, www.berghotel-hochblauen.de

Kurvenreiche Abfahrt vom Hochblauen.

16
15 km
–
L131

Am Ortsanfang von Badenweiler rechts in die Kanderner Straße und 2,5 km durch die Stadtmitte zur L131 fahren. Hier rechts in Richtung Schönau, 12,5 km bis zum Abzweig in Hinterheubronn.

Strecke: *Hier haben Motorradfahrer alle Hände voll zu tun: Kurvenhatz bergan von der Rheinebene hinauf in den Wald.*

17
10 km
L130/
L131

Am Berggasthof Haldenhof in Heubronn links und 10 km der L130/131 bis Münstertal folgen.

Strecke: *Durch dunklen Wald kurvenreich hinab ins Münstertal.*

Info: Wie lebte bzw. überlebte man Anfang des 19. Jahrhunderts auf einem Bauernhof im Schwarzwald? Die schweiß- und mitunter tränenreichen Abenteuer einer fünfköpfigen Familie wurden 2001 in der Doku-Fernsehserie »Schwarzwaldhaus 1902« ausgestrahlt. Als Schauplatz diente damals der Kaltwasserhof bei Untermünstertal. Das 250 Jahre alte Haus wurde nach Drehschluss nicht wieder zurückgebaut und kann am Wochenende besichtigt werden.

Heimatmuseum »Schwarzwaldhaus 1902«, Kaltwasserhof, 79244 Münstertal, Tel. 076 36/78 89 41, www.schwarzwaldhaus-muenstertal.de, Sa+So 14–17 Uhr.

A Kälbelescheuer

Restaurant-Tipp: Über eine kleine Straße, die von der L131 abzweigt, erreicht man den Gasthof Kälbelescheuer. Vor allem Lokalmatadore schätzen die fantastische Lage der Almwirtschaft mit toller Aussicht.

Gaststätte Kälbelescheuer, Kälbelescheuer 1, 79244 Münstertal, Tel. 076 36/78 88 87, März–Okt. Di–So 11–20 Uhr, Nov.–Feb. nur Sa+So 11–20 Uhr.

Tipp: Fest im Teufelsgrund

Event-Tipp: Neben dem »Schwarzwaldhaus« in Münstertal befindet sich das Besucher-Bergwerk Teufelsgrund. Mitte August laden die Steiger zum Bergwerksfest ein. Neben Markgräfler Gastfreundschaft werden Führungen durchs Bergwerk, eine Mineralienausstellung und eine Oldtimerschau geboten (www.muenstertal-staufen.de).

18
7 km
L123

In Münstertal links auf die L123 und 7 km durchs Münstertal nach Staufen fahren – durch den Ort.

Strecke: *Mit entspannter Gashand durchs herrliche Münstertal.*

Info: Im idyllischen Weinort Staufen soll sich im Jahr 1539 eine unheimliche Begebenheit zugetragen haben. Es stank nach Schwefel, als man die verstümmelte Leiche des Dr. Johannes Faustus im Zimmer 5 des Gasthauses Zum Löwen vorfand. Der Alchimist hatte versucht, Gold herzustellen. Da musste wohl der Teufel höchstpersönlich seine Finger im Spiel gehabt haben. Goethe machte das Schicksal des Dr. Faustus in seiner Tragödie »Faust« (1808) später weltberühmt.

Restaurant- und Hotel-Tipp: In Faustens Zimmer können Unerschrockene noch heute nächtigen. In gehobenem Ambiente bietet der Löwen in Staufen zudem badische Spezialitäten und eine große Weinauswahl.
Gasthaus Zum Löwen, Rathausgasse 8, 79219 Staufen, Tel. 076 33/908 93 90, www.fauststube-im-loewen.de €€

19
18 km
L125
L122

An der Kreuzung hinter Staufen geradeaus, 4 km auf der L125 nach Ehrenkirchen. Hier rechts auf die L122 und 14 km über Sölden zurück nach Freiburg.

E

Strecke: *Lockeres Cruisen durch das landschaftlich schöne Hexental.*

Nordschwarzwald

5

Hitzefrei!

Von Freiburg nach Baden-Baden

Ⓐ **Ausgangsort**
Freiburg (D-79098)

Ⓔ **Zielort**
Baden-Baden (D-76350)

230 km ★★★★ ★★★★

Straßentypen (in Prozent der Streckenlänge)

30 | 70

- Landstraße/asphaltierte Nebenstraße
- Bundesstraße/Schnellstraße

Diese Tour können Sie mit Route 4 und 6 kombinieren.

Schwarzwald Tourismus
Ludwigstraße 23
D-79104 Freiburg
Tel. 07 61/89 64 60
mail@schwarzwald-tourismus.info
www.schwarzwald-tourismus.info

(➔ *weitere Adressen siehe Seite 275*)

Wilder, regnerischer und noch grüner – so lässt sich der Nordschwarzwald beschreiben. Aus der Hitze des Sommers tauchen wir ein in eine angenehme Kühle, die Bikern aber rasante Abenteuer bietet. Mal geht es auf einsamen Pfaden steil bergan, mal genießt man die herrliche Aussicht, dann wieder jagen wir durch die schnellen Kurven gut ausgebauter Bundesstraßen, von denen die Schwarzwaldhochstraße wohl die bekannteste ist.

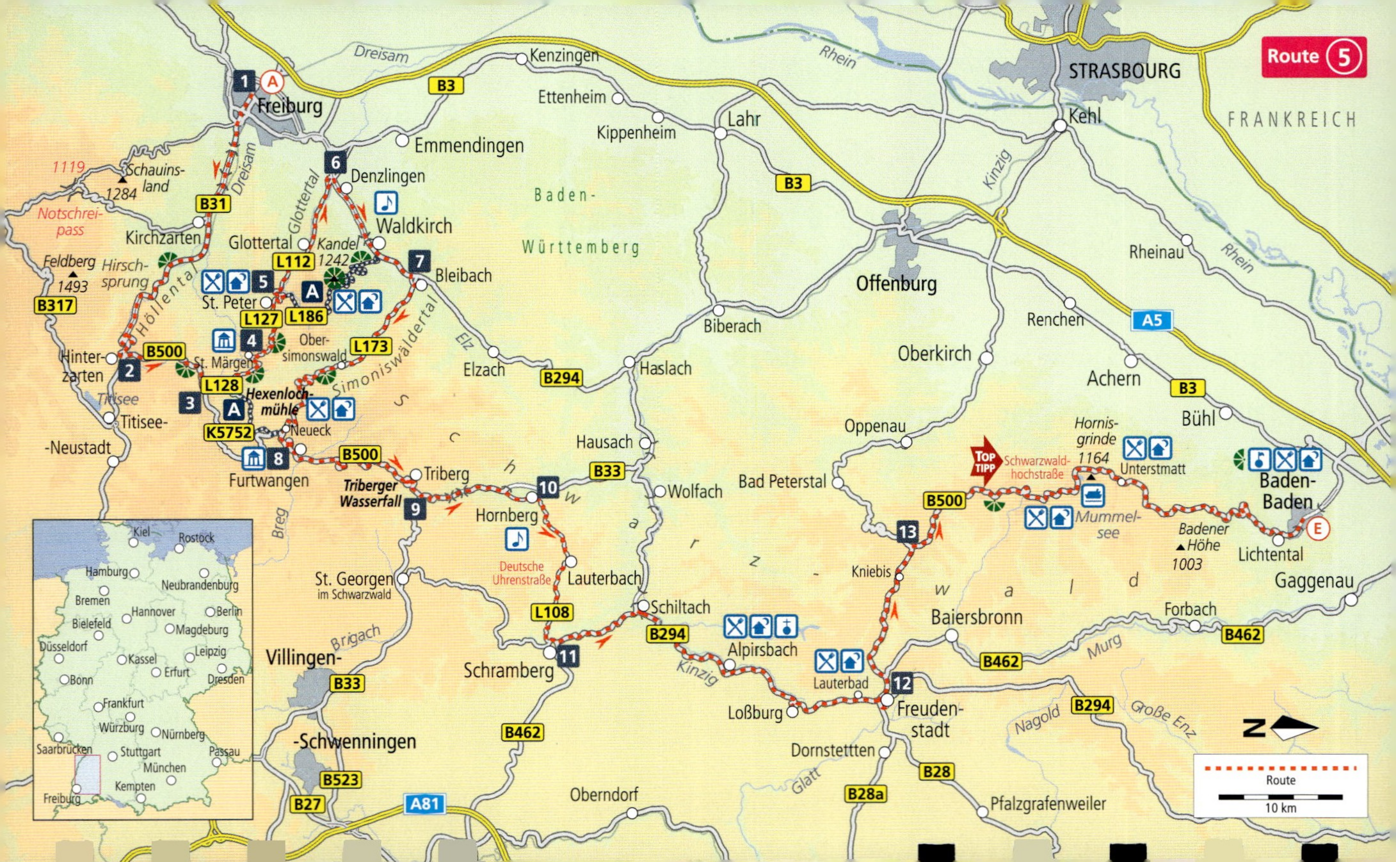

Route 5
STRASBOURG
FRANKREICH
Rhein
Dreisam
Kenzingen
B3
Freiburg
Ettenheim
Kippenheim
Lahr
Kehl
Emmendingen
Schauins-
land
1284
1119
Notschrei-
pass
B31
Denzlingen
Waldkirch
Baden-
Württemberg
Kinzig
Kirchzarten
Glottertal
Kandel
1242
Bleibach
Feldberg
1493
Hirsch-
sprung
Höllental
St. Peter
L112
L127
L186
Offenburg
Rheinau
B317
Biberach
Renchen
A5
Hinter-
zarten
B500
Ober-
simonswald
L173
Simonswäldertal
Elz
Elzach
B294
Haslach
Oberkirch
Achern
St. Märgen
L128
Titisee
Titisee-
-Neustadt
Hexenloch-
mühle
K5752
Neueck
Hausach
Oppenau
Bühl
Hornis-
grinde
1164
Top Tipp
Schwarzwald-
hochstraße
Unterstmatt
Baden-
Baden
Furtwangen
Triberg
Triberger
Wasserfall
B33
Wolfach
Bad Peterstal
Hornberg
Mummel-
see
Badener
Höhe
1003
Lichtental
Breg
Deutsche
Uhrenstraße
Lauterbach
Kniebis
St. Georgen
im Schwarzwald
Schiltach
Baiersbronn
Gaggenau
Forbach
Schwarzwald
L108
Alpirsbach
B462
Murg
Villingen-
-Schwenningen
Brigach
Schramberg
Kinzig
Lauterbad
Loßburg
Freuden-
stadt
Nagold
Große Enz
B523
B27
A81
Oberndorf
Dornstetttten
B28
B28a
Glatt
Pfalzgrafenweiler
N
Route
10 km
Kiel
Rostock
Hamburg
Neubrandenburg
Bremen
Hannover
Berlin
Bielefeld
Magdeburg
Düsseldorf
Kassel
Leipzig
Erfurt
Dresden
Bonn
Frankfurt
Würzburg
Nürnberg
Saarbrücken
Stuttgart
Passau
München
Kempten
Freiburg
1
2
3
4
5
6
7
8
9
10
11
12
13
A
E

Tour-Stationen auf einen Blick

Tourlänge: 230 km

Nr.	Ort	PLZ	GPS-Koordinaten
A	Freiburg	D-79098	N 47 59.293 E 07 51.800
02	Hinterzarten	D-79856	N 47 54.920 E 08 05.779
03	Abzweig St. Märgen	-	N 47 58.390 E 08 07.505
04	St. Märgen	D-79274	N 48 00.498 E 08 05.590
05	St. Peter	D-79271	N 48 01.292 E 08 01.938
06	Denzlingen	D-79211	N 48 03.720 E 07 53.987
07	Bleibach	D-79261	N 48 07.276 E 07 59.960
08	Furtwangen	D-78120	N 48 03.214 E 08 12.308
09	Triberg	D-78098	N 48 08.341 E 08 14.378
10	Hornberg	D-78132	N 48 12.843 E 08 13.939

Nr.	Ort	PLZ	GPS-Koordinaten
11	Schramberg	D-78713	N 48 13.424 E 08 23.223
12	Freudenstadt	D-72250	N 48 27.715 E 08 26.076
13	B500 Kniebis	-	N 48 28.810 E 08 16.548
E	Baden-Baden	D-76350	N 48 45.586 E 08 14.394

Die Tabelle enthält die wichtigsten Stationen der Route – ggf. wurden Orte weggelassen oder zur exakteren Navigation ergänzt; Referenzsystem der GPS-Koordinaten: WGS84

1
24 km
B31

Ⓐ

Von Freiburg auf der Schwarzwaldstraße (B31) stadtauswärts in Richtung Titisee/Neustadt, 24 km bis zum Abzweig der B500 bei Hinterzarten fahren.

Strecke: *Auf der verkehrsreichen, im Tunnel geführten Schnellstraße aus der Stadt hinaus. Ab Kirchzarten wird die vierspurige Strecke zu einer normalen Bundesstraße, die ins Höllental führt. Von hier windet sich die B31 über den atemberaubenden Höllsteig zur Schwarzwaldhöhe empor.*

Info: Das Höllental ist eines der beeindruckendsten Schwarzwaldtäler. Am Hirschsprung ist es nur wenige Meter breit, die Felswände indes ragen bis zu 130 m hoch empor. Vom Parkplatz an der B31 blickt man auf den 2,50 m hohen Bronzehirsch über der Klamm.

Auf einsamen Straßen geht es zu den Schwarzwaldhöhen, vorbei an typischen Bauernhäusern.

2
9 km
B500

Hinterm Höllsteig bei Hinterzarten rechts abfahren und links auf die B500 in Richtung Triberg, dann 9 km bis zum Abzweig nach St. Märgen am Thurner.

Strecke: *Mit Schwung über die gut ausgebaute Schwarzwald-Panoramastraße mit vielen Aussichtspunkten. Auch weiterhin folgen wir der 50 km langen Panoramastrecke, die von Hinterzarten über St. Peter und Glottertal bis Waldkirch führt (www.schwarzwald-panoramastrasse.de).*

3
6 km
L128

Auf freier Strecke hinterm Thurnerwirtshaus links und 6 km auf der L128 nach St. Märgen fahren.

Strecke: *Wir bleiben auf der Schwarzwald-Panoramastraße, die ihrem Namen alle Ehre macht. Herrliche Kurvenführung in dieser Etappe!*

Info: St. Märgen spielte einst für die Schwarzwälder Uhrenproduktion eine wichtige Rolle. Die Uhrensammlung im Klostermuseum St. Märgen dokumentiert den weltweiten Siegeszug der Schwarzwalduhr und beleuchtet auch sozial- und kulturgeschichtliche Aspekte.
Klostermuseum St. Märgen, Rathausplatz 1, 79274 St. Märgen, Tel. 076 69/91 18 17, www.kloster-museum.de, Mai–Okt. Mi, Do 10–13, 14–17 Uhr, ganzjährig So 10–13 Uhr.

4
7 km
L127

In St. Märgen rechts in die Glottertalstraße und 7 km auf der L127 nach St. Peter fahren.

Strecke: *Eine Straße, wie sie sportliche Fahrer lieben: Kurve folgt auf Kurve, und ihre engen Radien sorgen für reichlich Adrenalin!*

Restaurant- und Hotel-Tipp: Der Gasthof Hirschen in St. Peter ist ein freundliches Hotel, das alles bietet, was Biker brauchen. Der Chef des Hauses ist selbst gern mit dem Motorrad unterwegs und gibt Tipps.
Hotel und Gasthof Hirschen, Bertholdsplatz 1, 79271 St. Peter, Tel. 07 66/02 04, www.gasthof-hirschen.de €€

A Über den Kandel

Strecke: *Hinter St. Peter beim Sägewerk rechts auf die L186 abbiegen und 22 km auf der Schwarzwald-Panoramastraße über den Kandel bis Waldkirch fahren. Anspruchsvolle Auf- und vor allem Abfahrt mit steilen Kurven.*

Info: Der Kandel ist einer der schönsten Panoramaberge der Region und mit 1242 m der höchste Gipfel des Mittleren Schwarzwalds. Bei schönem Wetter hat man von hier oben einen überwältigenden Blick zu den Vogesen und bis zu den Schweizer Alpen.

Restaurant- und Hotel-Tipp: Das Berggasthaus Kandelhof unterhalb des Gipfels bietet eine gemütliche Gaststube mit Biergarten und Fernblick. Zimmer teilweise mit Etagendusche.
Kandelhof, 79271 Kandel-St. Peter, Tel. 076 81/67 51, www.kandelhof.de €

5
13 km
L112

Geradeaus an St. Peter vorbei auf die L112 und 13 km durch Glottertal bis nach Denzlingen.

Strecke: *Kurvig und schwungvoll geht es hinab ins Glottertal.*

Info: Im idyllischen Glottertal kommt man den Außendrehorten der wohl erfolgreichsten deutschen TV-Serie aller Zeiten ganz nah. Die vermeintlich echte »Schwarzwaldklinik« heißt in Wirklichkeit Klinik Glotterbad und ist als anerkannte Reha-Fachklinik nicht auf Dr. Brinkmann-Fans eingerichtet. Eine Besichtigung ist nicht möglich.

6
11 km
B294

Vor Denzlingen links abbiegen und auf die B294 in Richtung Waldkirch auffahren. Der Bundesstraße 11 km bis zur Abfahrt Bleibach folgen.

Strecke: *Umgehungsstraße, die teils im Tunnel um Waldkirch führt. Wer in den Ort will, muss die B294 über die zweite Ausfahrt verlassen.*

Event-Tipp: Alle drei Jahre Mitte Juli feiert Waldkirch sein historisches Marktplatzfest mit Landsknechtlager, Fechtgruppen, Feuerspuckern und Fahnenwerfern. Ein Erlebnis für alle Sinne – 2012 wieder. Auch sonst bietet die Waldkircher Altstadt mannigfaltige Argumente für einen Boxenstopp (www.historisches-marktplatzfest.de).

Voller Inbrunst feiern die Waldkircher alle drei Jahre ihr historisches Marktplatzfest.

7
25 km
L173

In Bleibach abfahren, rechts auf die L173 und 25 km bis Furtwangen – auf der B500 in den Ort hinein.

Strecke: *Herrliches Touren durch das sonnige Simonswäldertal. Hinter Obersimonswald geht es – auf ausgezeichnetem Belag – steil und verschlungen bergauf in die Höhenlagen des Schwarzwalds.*

8
16 km
B500

In Furtwangen rechts in die Grieshaberstraße, dem Verlauf der B500 durch die Stadt folgen und 16 km bis Triberg fahren – durch den Ort.

Strecke: *Die Kurven der Schwarzwälder Bundesstraßen besitzen durchaus Rennstreckenpotenzial, sind aber mit Bedacht zu genießen!*

Info: Zwischen 850 und 1150 m hoch liegt Furtwangen und ist damit die höchste Stadt Baden-Württembergs. Auch sie verdankt ihr Wachstum und ihren Wohlstand der Uhrenindustrie – und erinnert sich mit dem Deutschen Uhrenmuseum und der mit 5000 Exemplaren größten Uhrensammlung des Landes gern seiner Geschichte.

Deutsches Uhrenmuseum, Robert-Gerwig-Platz 1, 78120 Furtwangen,
Tel. 077 23/920 28 00, www.deutsches-uhrenmuseum.de,
Apr.–Okt. Mo–So 9–18 Uhr, Nov.–März Mo–So 10–17 Uhr.

A Hexenlochmühle

Strecke: *In Neueck (vor Furtwangen) rechts auf die B500, gleich wieder rechts (K5752), 8 km bis zur Hexenlochmühle.*

Restaurant- und Hotel-Tipp: Die Hexenlochmühle ist seit vielen Jahren ein beliebter Bikertreff, nicht zuletzt, weil sie an einer reizvollen Motorradstrecke liegt. Die Sägemühle aus dem Jahr 1825 ist noch heute in Betrieb.

Hexenlochmühle, Hexenlochstraße 13+14,
78120 Furtwangen-Neukirch, Tel. 077 23/73 22,
www.hexenlochmuehle.de

9
9 km
B33

In Triberg an der Einmündung in die B33 links abbiegen und der Bundesstraße 9 km bis Hornberg folgen – über die 1. Abfahrt in den Ort hinein.

Info: Triberg am Übergang zum Nordschwarzwald setzt ganz auf Kuckucksuhren. Im Zentrum des Ortes kann man sie in allen erdenklichen Größen kaufen. Doch der Ort hat noch ein touristisches Highlight zu bieten: Deutschlands höchsten Wasserfall mit 163 m Fallhöhe. Vom ausgeschilderten Parkplatz an der Hauptstraße stapft man zu Fuß zum Eingang. Ein Blick auf das Naturschauspiel kostet eine geringe Gebühr – dafür ist der Wasserfall abends hübsch beleuchtet.

10
14 km
L108

In Hornberg rechts in die Bahnhofstraße (L108) und 14 km bis Schramberg fahren.

Strecke: *Kurvenreicher Surf auf der Deutschen Uhrenstraße.*

Event-Tipp: »Es geht aus wie das Hornberger Schießen«, heißt es, wenn eine Sache mit viel Aufwand betrieben wird und ohne Ergebnis endet. Alljährlich im Sommer erinnern die Hornberger selbstironisch auf ihrer Freilichtbühne im Storenwald an den Ursprung dieses bekannten Sprichworts (www.freilichtbuehne-hornberg.de).

11
34 km
B462
B462/
B294

In Schramberg links in die Schillerstraße, 500 m bis zur B462. Hier links, der Bundesstraße 33,5 km über Schiltach (hier rechts, jetzt B462/B294) und Alpirsbach in Richtung Freudenstadt folgen.

Strecke: *Abwechslungsreiche Bundesstraße, die uns in und durch das Kinzigtal führt. Gut ausgebaut, flott zu fahren, manchmal viel Verkehr.*

Info: In Alpirsbach sollte man unbedingt einen Blick hinter die Kulissen einer der ältesten und bekanntesten Brauereien Deutschlands werfen. Wie in vergangenen Tagen gewinnt man hier das so wichtige Brauwasser aus eigenen Quellen. Im Braubiergarten können Besucher alle Produkte der Brauerei frisch und unverfälscht genießen. Auch das im romanischen Stil erbaute Kloster kann besichtigt werden.

Alpirsbacher Klosterbräu, Marktplatz 1, 72275 Alpirsbach, Tel. 074 44/670, www.alpirsbacher.de, Führungen durch das Brauerei-Museum: Mo–So 14.30 Uhr.

Hotel-Tipp: Für sparsame Tourenfahrer ist die Jugendherberge Alpirsbach eine ideale Unterkunft. Herbergsvater und Biker Konrad Stockhausen zeigt seinen Gästen gern die besten Strecken. Für Motorradfahrer hat er eigentlich immer ein Zimmer mit Garagenplatz frei.

Jugendherberge Alpirsbach, Reinerzauer Steige 80, 72275 Alpirsbach, Tel. 074 44/24 77, www.jugendherberge-alpirsbach.de €

Das Alpirsbacher Kloster ist ein romanisches Kleinod und zugleich Hort der Braukunst.

12
15 km
B28

An der Kreuzung mit der B28 bei Freudenstadt abfahren, rechts auf die B28 und der Bundesstraße 15 km durch Freudenstadt (hier links) bis zum Abzweig der B500 hinter Kniebis folgen.

Strecke: *Bundesstraße mit schnellen, lang gezogenen Kurven.*

Info: Herzog Friedrich von Württemberg erteilte 1599 den Befehl, eine »Planstadt der Renaissance« nach dem geometrischen Vorbild eines Mühlespiels zu bauen. Im Mittelpunkt sollte ein mächtiges Residenzschloss stehen. Obgleich das bereits Geschaffene in einem großen Brand 1632 zur Hälfte vernichtet wurde, ist das heutige Freudenstadt noch immer eine städtebauliche Perle. Geschäftsarkaden, Biergärten, Cafés und viele Restaurants bieten ein perfektes Umfeld, um einen Motorradtag makellos ausklingen zu lassen.

Restaurant- und Hotel-Tipp: Das Hotel Grüner Wald in Freudenstadt-Lauterbad bietet mit Hallenbad, Blockhaus-Sauna, Nackenmassagen, Solarium und Carport alles für einen komfortablen Schwarzwaldaufenthalt. Das Restaurant mit internationaler Küche und elsässischem Einschlag rundet das Angebot ab.

Wellnesshotel Grüner Wald, Kinzigtalstraße 23, 72250 Freudenstadt-Lauterbad, Tel. 074 41/86 05 40, www.wellnesshotel-gruenerwald.de €€€

13
47 km
B500

Jetzt rechts auf die B500 und 47 km über die Schwarzwaldhochstraße nach Baden-Baden.

TOP TIPP ***Strecke:*** *Gut ausgebaute und windungsreiche Panoramastraße, auf der sich Fahrfreude und fantastische Aussichtspunkte die Waage halten. An klaren Tagen kann man bis zu den Vogesen blicken.*

Info: Direkt an der Schwarzwaldhochstraße, unterhalb der 1164 m hohen Hornisgrinde, funkelt der rabenschwarze Mummelsee, einer der beliebtesten Boxenstopps der gesamten Strecke. Biker treffen sich an sonnigen Wochenenden im Mummelsee-Restaurant (hier kann man auch übernachten) und am Imbissstand oder drehen eine Runde mit dem Boot. Gut 800 m lang ist der Uferweg um den See, in dessen Tiefen Nixen, Zwerge und als Mummeln bezeichnete Fabelwesen hausen sollen und der bis heute nichts von seiner Magie verloren hat.

Berghotel Mummelsee, Schwarzwaldhochstraße 11, 77889 Seebach, Tel. 078 42/992 86, www.mummelsee.de €€

Restaurant- und Hotel-Tipp: Das freundliche Gasthaus Zur großen Tanne in Unterstmatt liegt direkt an der B500 und ist für alle Nordschwarzwald-Fahrer ein beliebter Treffpunkt. Regelmäßig finden Veranstaltungen für Biker statt. Übernachtungen sind auch möglich.

Gasthaus Zur großen Tanne, Unterstmatt 1, 77815 Bühl-Unterstmatt, Tel. 072 26/254, www.zurgrossentanne.jimdo.com €€

E

An sonnigen Tagen wirkt der Mummelsee nicht ganz so düster und geheimnisvoll.

Tipp: Altes Schloss Hohenbaden

Restaurant- und Hotel-Tipp: Von der eindrucksvollen Schlossruine bietet sich eine der schönsten Aussichten auf Baden-Baden und das Rheintal. Mit empfehlenswerter Gaststätte (auch Fremdenzimmer). Zufahrt von Baden-Baden nach Ebersteinburg.

Altes Schloss Hohenbaden, Alter Schlossweg 10, 76532 Baden-Baden, Tel. 072 21/269 48, www.schloss-hohenbaden.de €

Pfälzer Aufschlag

Deutsche Weinstraße, Johanniskreuz, Dahner Felsenland

6

Ⓐ **Ausgangsort**
Bad Dürkheim (D-67098)

Ⓔ **Zielort**
B. Bergzabern (D-76887)

198 km ★★★★ ★★★★

Straßentypen (in Prozent der Streckenlänge)

Landstraße/asphaltierte Nebenstraße	Bundesstraße/Schnellstraße
35	65

■ Landstraße/asphaltierte Nebenstraße
■ Bundesstraße/Schnellstraße

Diese Tour können Sie mit Route 5 kombinieren.

Pfalz Touristik e. V.
Martin-Luther-Straße 69
D-67433 Neustadt / Weinstraße
Tel. 063 21/391 60
info@pfalz-touristik.de
www.pfalz-touristik.de

(➔ *weitere Adressen siehe Seite 275*)

Die Pfälzer haben alles gern etwas größer, schneller und toller. Ihr Weinglas fasst einen halben Liter, und die Fußrasten sind auf jeden Fall bis zur Halterung abgeschliffen. »Pfälzer Aufschlag« nennt man diesen Hang zur Übertreibung. Ungelogen aber gibt es im Pfälzerwald die herrlichsten Motorradpisten und die schönsten Kurvenkombinationen. Die sind natürlich das Thema beim Bikertreff am Johanniskreuz – mit Pfälzer Aufschlag, versteht sich.

Route 6
Otterbach
A
Kaiserslautern
Hochspeyer
Landstuhl
Waldmohr
Homburg
Rheinland-
Pfalz
SL
Zweibrücken
Bad Dürkheim
A
1
Ludwigshafen
MANNHEIM
2
Frankenstein
Deidesheim
Naturpark
Neustadt
a.d. Weinstraße
Lambrecht
3
Speyerbach
6
Elmstein
Breitenstein
Elmsteiner Tal
Hambach
5
4
Maikammer
Edenkoben
Speyer
Rhein
B W
Top Tipp
Johanniskreuz
7
Waldfischbach-
Burgalben
Leimen
Pfälzerwald
Rodalben
Merzalben
8
Pirmasens
9
Hinter-
weidenthal
Hauenstein
Teufels-
tisch
12
Annweiler
Sarnstall
Burg Trifels
14
Lug
Landau
i.d. Pfalz
Vinningen
10
Trulben
Eppenbrunn
Deutsche
Schuhstraße
Saarbach
11
Salzwoog
Dahn
Schindhard
Fischbach
bei Dahn
Vorder-
weidenthal
13
Erlenbach
Lauter
15
Klingenmünster
Deutsche
Weinstraße
E
Bad
Bergzabern
Herxheim
Kandel
FRANKREICH
Route
10 km
N
A6
A61
A62
A63
A65
A8
B423
B48
B37
B270
B39
B9
L500
L499
L512
L514
L515
B272
L497
L496
L482
B10
L484
L478
L487
B427
L490
B38
Kiel
Rostock
Hamburg
Neubrandenburg
Bremen
Hannover
Berlin
Bielefeld
Magdeburg
Düsseldorf
Kassel
Leipzig
Bonn
Erfurt
Dresden
Frankfurt
Würzburg
Nürnberg
Saarbrücken
Stuttgart
Passau
München
Kempten
Freiburg

Tour-Stationen auf einen Blick

Tourlänge: 198 km

Nr.	Ort	PLZ	GPS-Koordinaten
Ⓐ	Bad Dürkheim	D-67098	N 49 27.484 E 08 09.591
02	Frankenstein	D-67468	N 49 26.270 E 07 58.784
03	Neustadt	D-67434	N 49 20.948 E 08 08.323
04	Maikammer	D-67487	N 49 18.428 E 08 07.643
05	Einmündung L514	-	N 49 19.088 E 08 03.916
06	Breitenstein	D-67466	N 49 20.709 E 08 00.070
07	Johanniskreuz	D-67705	N 49 20.093 E 07 49.641
08	Merzalben	D-66978	N 49 14.049 E 07 41.588
09	Pirmasens	D-66953	N 49 12.288 E 07 36.260
10	Vinningen	D-66957	N 49 09.097 E 07 33.960
11	Fischbach bei Dahn	D-66996	N 49 05.213 E 07 40.900
12	Salzwoog	D-66969	N 49 10.642 E 07 44.837
13	Erlenbach bei Dahn	D-76891	N 49 07.161 E 07 52.027
14	Annweiler	D-76848	N 49 12.192 E 07 57.039
15	Klingenmünster	D-76889	N 49 09.395 E 08 00.785
Ⓔ	Bad Bergzabern	D-76887	N 49 06.200 E 08 00.119

Die Tabelle enthält die wichtigsten Stationen der Route – ggf. wurden Orte weggelassen oder zur exakteren Navigation ergänzt; Referenzsystem der GPS-Koordinaten: WGS84

1
17 km
B37

Ⓐ

Bad Dürkheim westwärts auf der B37 in Richtung Kaiserslautern verlassen und der Bundesstraße 17 km bis nach Frankenstein folgen.

Strecke: *Schnell lassen wir die Vororte von Bad Dürkheim hinter uns und wärmen uns auf beschwingter Bundesstraße auf, die sich in weiten, schnellen Kurven in den Pfälzerwald hinein schlängelt.*

Info: Bad Dürkheim hat sich als Stadt der Salinen und des größten Weinfasses der Welt einen Namen gemacht. 1,7 Millionen Liter Wein passen hinein. Zumindest in der Theorie, denn in Verwendung ist das Fass noch nie gewesen. Dafür beherbergt die Touristenattraktion ein gut besuchtes Weinlokal, dreht sich doch in Bad Dürkheim alles um den Rebensaft. Er wächst an den Hängen der südlichen Weinstraße in weltberühmter Qualität. Gleich neben dem kolossalen Fass steht die längste Saline Deutschlands und dient von Mai bis September als kostenloses Freiluft-Inhalatorium (www.bad-duerkheim.de).

Restaurant- und Hotel-Tipp: Eine gemütliche Bleibe bietet die Marktschänke im Zentrum von Bad Dürkheim. Im Restaurant serviert man neben Pfälzer Gerichten auch elsässischen Flammkuchen.

Marktschänke, Marktgasse 1, 67098 Bad Dürkheim, Tel. 063 22/952 60, www.bd-marktschaenke.de €€

Prolog in den sonnigen Weinbergen der Pfalz, danach gibt es dann Kurven satt im Wald.

2
19 km
B39

In Frankenstein links auf die B39 und 19 km über Lambrecht bis Neustadt an der Weinstraße.

Strecke: *Belebte Bundesstraße mit vielen, teils knackigen Kurven. Es gibt zahlreiche Ortsdurchfahrten, dazwischen aber immer wieder auch längere freie Passagen durch den Wald.*

3
7 km
B39
L512

In Neustadt rechts in die Talstraße (B39), nach 250 m rechts in die Schillerstraße (L512) und knapp 7 km über Hambach nach Maikammer.

Strecke: *Durch die Wingerte entlang der Deutschen Weinstraße.*

Info: Inmitten von Weinbergen erhebt sich das Hambacher Schloss. Hier ereignete sich das berühmte Hambacher Fest: Angetrieben durch den von der Pariser Julirevolution ausgehenden Freiheitsgedanken versammelten sich am 27. Mai 1832 nahezu 30 000 Menschen auf dem Schloss, lehnten sich gegen Unterdrückung und Zensur auf und ebneten den Weg in Richtung Demokratie und nationaler Einheit. Die Farben des Hambacher Festes – Schwarz, Rot und Gold – wurden später zu den Nationalfarben der Bundesrepublik. Die ständige Ausstellung im Hambacher Schloss thematisiert die Geburtsstunde der Demokratie in Deutschland (www.hambacher-schloss.de).

Wiege der Demokratie: das Hambacher Schloss.

Tipp: Maifest in Maikammer

Event-Tipp: Nicht mehr wegzudenken aus dem Veranstaltungskalender der Gemeinde ist das alljährliche Maifest in Maikammer, bei dem sich von Christi Himmelfahrt bis zum darauf folgenden Sonntag der historische Ortskern in eine quirlige und lebensfrohe Weinfestmeile verwandelt. Eine ideale Gelegenheit, um Wein, Küche und Tradition der Gegend kennen und lieben zu lernen (www.maikammer.de).

4
9 km
L512
L515

In Maikammer nach dem Kreisel zweimal rechts und auf der Weinstraße Nord (L512) in den Ort. Nach 200 m rechts in die Hartmannstraße (L515) und knapp 9 km bis zur Einmündung in die L514.

Strecke: *Kurvenreich geht es durch dunklen Tann über den Kalmit, den mit 673 m höchsten Berg an der Weinstraße.*

Restaurant- und Hotel-Tipp: Der Gutshof Ziegelhütte in Edenkoben, wenige Kilometer südlich von Maikammer, hat ein Herz für Biker, fährt der Chef doch eine Triumph. Es gibt eine Garage, einen Hochdruckreiniger und im Notfall sogar einen Pannenservice. Im Restaurant und auf der Terrasse serviert man Pfälzer Kost und Pfälzer Weine.

Gutshof Ziegelhütte, Luitpoldstraße 79, 67480 Edenkoben, Tel. 063 23/949 80, www.ziegelhuette-online.de €€

5
9 km
L514

Auf freier Strecke rechts auf die L514 und 9 km bis zur Einmündung in die L499 bei Breitenstein.

Strecke: *Durch teils zackige Kurvenkombinationen geht es tief in den Pfälzerwald hinein. So macht Motorradfahren Spaß!*

Das Motorradmuseum von Heinz Luthringshauser in Otterbach ist jeden Umweg wert.

6
17 km
L499

In Breitenstein links auf die L499 und 17 km über Elmstein bis zum Weiler Johanniskreuz fahren.

Strecke: *Durch das Elmsteiner Tal entlang des Speyerbachs. Die kurvige Straße ist gut ausgebaut und lässt sich hervorragend und flott fahren. Auch landschaftlich zeigt sich das Tal von seiner schönsten und grünsten Seite. Achtung: Von April bis Oktober ist der Abschnitt zwischen Lambrecht und Johanniskreuz an Wochenenden leider gesperrt.*

Info: Das Elmsteiner Tal ist Dauerbrenner und Reizthema am Bikertreff Johanniskreuz. Bereits seit 1994 existiert die Streckensperrung zwischen Lambrecht und Johanniskreuz, die vielen Bikern ein Dorn im Auge ist. Begründet wurde sie seinerzeit mit hohen Unfallzahlen, die nach Angaben der Polizei seit Einführung des Fahrverbots deutlich zurückgegangen sind. Trotzdem kommt es in der Region immer wieder zu Protesten von Motorradfahrern gegen die Streckensperrung.

An Wochenenden müssen Biker die Strecke notgedrungen entweder umfahren oder mit dem Kuckucksbähnel erkunden. Schon seit 1909 schnaufen Dampflokomotiven durch das Elmsteiner Tal, einst transportierten sie Holz, später auch Personen. Seit 1981 dient das Bähnle als Museumseisenbahn (www.eisenbahnmuseum-neustadt.de).

A Motorradmuseum Otterbach

Strecke: *Von Johanniskreuz 13 km über die L500 bis zur B270. Hier rechts, auf der Bundesstraße 16 km bis Otterbach.*

Info: In Otterbach schlummern 80 Jahre Motorradgeschichte hinter gotisch-sakralen Fenstern. Im Motorradmuseum des 1997 verstorbenen Rennfahrers Luthringshauser glänzen Adler, BMW, Horex, NSU, Opel und Zündapp Lenker an Lenker neben exotischen Fabrikaten. Untermalt von Abbildungen, Urkunden und Erinnerungsstücken wird mit berechtigtem Stolz die Geschichte Heinz Luthringshausers erzählt: deutscher Meister und Vize-Meister in der Seitenwagenklasse, Sieger der legendären Tourist Trophy.

Motorradmuseum Luthringshauser, Otterstraße 18, 67731 Otterbach, Tel. 0 63 01/23 67, www. motorradmuseum-heinz-luthringshauser.com, Apr.–Okt., So 10–12.30 und 13.30–17 Uhr.

7

21 km

B48
L496

In Johanniskreuz links auf die B48. Nach 3 km rechts auf die L496 Richtung Pirmasens abbiegen und 18 km bis zur T-Kreuzung hinter Merzalben.

Strecke: *Eine herrliche Motorradstrecke. Sich Zeit nehmen, cruisen, treiben lassen und genießen – hier geht das wunderbar!*

TOP TIPP **Info:** Der Bikertreff am Johanniskreuz ist absolute Pflichtstation auf jeder Pfälzerwald-Tour. Rasch ist der Erstkontakt hergestellt, die Fragen nach dem Woher und Wohin vermischen sich mit unzähligen Tipps und »Unbedingt dorthin«-Ratschlägen. Bis zu 1000 Motorradfahrer kommen hier an schönen Tagen zum Benzingespräch, Erfahrungsaustausch und zu gemeinsamen Ausfahrten über die kurvenreichen Strecken der Pfalz zusammen.

Event-Tipp: Beinahe berüchtigt sind die alljährlichen Weihnachtsfeiern am Mittag des 24. Dezember. Dann treffen sich am Johanniskreuz beinharte und unverfrorene Biker zum fröhlichen Fest.

Restaurant- und Hotel-Tipp: Im Hotel Johanniskreuz kann man nicht nur deftig essen, hier findet sich auch ein preiswertes Nachtquartier.

Hotel-Restaurant Johanniskreuz, Johanniskreuz 4, 67705 Trippstadt-Johanniskreuz, Tel. 063 06/13 07, www.hotel-johanniskreuz.de €

Hochbetrieb am Parkplatz Johanniskreuz – und das jeden Tag, an dem man Motorrad fährt.

8

10 km

L497
L482

An der T-Kreuzung auf freier Strecke rechts auf die L497 fahren, 5 km bis Rodalben. Hier zweimal links auf die L482 und 5 km bis nach Pirmasens fahren.

Strecke: *In weiten Bögen zur Hauptstadt des Pfälzerwalds.*

Info: »Bärmesens«, wie die einstige Schuhmetropole im Pfälzer Dialekt ausgesprochen wird, ist das wirtschaftliche Zentrum der Südpfalz. Eine Vielzahl an Museen und Galerien erzählt von der wechselvollen Stadtgeschichte im Grenzland zu unseren französischen Nachbarn. Am sehenswerten Exerzierplatz direkt vor dem Rathaus kann man die Maschinen parken für einen Rundgang durch die quirlige Fußgängerzone. Natürlich dominiert das Thema Schuhe die Schaufenster und Verkaufsräume, aber auch zahlreiche Cafés, Bistros und Kneipen verlocken zu einer ausgiebigen Rast (www.pirmasens.de).

9

8 km

L486
L484

Im Zentrum Pirmasens links in die Schloßstraße (L486), nach 1,5 km links in die Landauer Straße und gleich wieder rechts in die Bitscher Straße (L484), dann 6,5 km in Richtung Vinningen.

Strecke: *Geradeaus am Rand des Pfälzerwalds entlang.*

Der Exerzierplatz im Zentrum von Pirmasens.

10
21 km
L478

An der Kreuzung vor Vinningen geradeaus auf die L478 und 21 km über Trulben und Eppenbrunn in Richtung Fischbach bei Dahn fahren.

Strecke: *Wir tauchen ein in die angenehm schattigen Wälder der Südpfalz. Die Straße folgt dem heftig mäandernden Lauf des Saarbachs und beschert uns so höchstes Fahrvergnügen inmitten herrlicher Natur. Die Etappe führt über die weniger bekannte Deutsche Schuhstraße.*

Info: Im Jahr 1992 ernannte die UNESCO den Naturpark Pfälzerwald zusammen mit den Nordvogesen zum Biosphärenreservat. Zugleich als Würdigung des Geschaffenen und Auftrag an die Zukunft soll in diesem Naturraum das harmonische Zusammenleben von Mensch und Natur erprobt und gefördert werden. Das Biosphärenhaus in Fischbach bei Dahn bietet für Jung und Alt die Möglichkeit, das ganz persönliche Wissen über Umwelt und Natur aufzufrischen bzw. zu ergänzen. Highlight ist der 270 m lange und 35 m hohe Baumwipfelpfad mit mehreren Hängebrücken und einer 40 m langen Baumrutsche.

Biosphärenhaus Pfälzerwald / Nordvogesen, Am Königsbruch 1,
66996 Fischbach bei Dahn, Tel. 063 93/921 00, www.biosphaerenhaus.de

Unerwartet futuristisch empfängt das Biosphärenhaus in Fischbach seine Besucher.

11
15 km
L487
L486

An der Einmündung in die L487 vor Fischbach links und 15 km bis zur B427 bei Hinterweidenthal fahren – ab Salzwoog auf der L486.

***Strecke:** Gottverlassene Straße durch den einsamen, hier fast unbesiedelten Pfälzerwald. Spannende Kurvenkombinationen halten uns in Atem und sorgen dafür, dass keine Langeweile aufkommt.*

Info: In Hinterweidenthal, nur wenige Kilometer nördlich von Salzwoog, steht das landschaftliche Wahrzeichen des Pfälzerwalds, der Teufelstisch. Der 11 m hohe Fels trägt eine 3 m mächtige Steinplatte als Hut. An der B427 in Hinterweidenthal ist die Attraktion ausgeschildert und vom Parkplatz in wenigen Minuten zu Fuß zu erreichen.

12
13 km
B427

An der B427 rechts und 13 km über Dahn bis zur Kreuzung mit der L490 bei Erlenbach.

***Strecke:** Landschaftlich überaus reizvoller Surf durch das Dahner Felsenland, wobei das Fahrvergnügen keineswegs zu kurz kommt.*

Info: Das beschauliche Dahn wird beschützt von einem ehemals mächtigen Ring aus vier Burgen: Altdahn, Grafendahn und Transtein sowie die teilrestaurierte Burgruine Neudahn stehen im Landesbesitz und können besichtigt werden (www.dahn.de).

Tipp: Bärenbrunnerhof

Restaurant- und Hotel-Tipp: Der wunderschön nordöstlich von Schindhard gelegene Bärenbrunnerhof setzt voll auf Bio-Kost. Es werden selbst gebackene Kuchen und fair gehandelter Kaffee angeboten. Auch eine hübsche Ferienwohnung wird vermietet.

Gasthaus/Ferienwohnung Bärenbrunnerhof, 66996 Schindhard, Tel. 063 91/40 95 01, www.baerenbrunnerhof.de €€

Eigentümliche Felsformationen aus Sandstein sind typisch für das Dahner Felsenland.

13
15 km
L490

Jetzt auf freier Strecke links auf die L490 abbiegen und 14 km über Vorderweidenthal und Lug bis Sarnstall. Hier rechts und 1 km bis Annweiler.

Strecke: *Wir schaukeln in spritzigen Rechts-links-Kombinationen kreuz und quer durch das Biosphärenreservat Pfälzerwald.*

Info: Das von außen unscheinbare Deutsche Schuhmuseum in Hauenstein (von Lug 4 km) erweist sich als ein wahres Schmuckstück. In der weltweit größten Sammlung prominenter Fußbekleidungen entdeckt man Schuhe von Gerhard Schröder; die von Thomas Gottschalk sind noch größer als erwartet, Joschka Fischer spendete nur einen, und denen von Steffi Graf haftet noch der rote Ruhm von Wimbledon an.

Deutsches Schuhmuseum, Turnstraße 5, 76846 Hauenstein, Tel. 063 92/91 51 65, www.deutsches-schuhmuseum.de, März–Nov. Mo–So 10–17 Uhr, Dez.–Feb. Mo–Fr 13–16 Uhr, Sa+So 10–16 Uhr.

Mit seinem herrlich restaurierten Fachwerk lohnt der Ort Annweiler eine kurze Erkundung zu Fuß. Vor allem in der Gerber- und Wassergasse atmet jeder Stein Geschichte. Hugenotten, die wegen ihres Glaubens verfolgt wurden, siedelten als Gerber entlang des für ihre Zunft wichtigen Bachlaufs, der durch den Ort fließt. Sie verhalfen Annweiler im Mittelalter zu gewissem Wohlstand (www.annweiler.de).

So hat es angefangen: Anschauungsunterricht im Deutschen Schuhmuseum in Hauenstein.

14
10 km
B48

Im Kreisel am Ortseingang von Annweiler die 1. Ausfahrt auf die B48 nehmen und 10 km bis zur Deutschen Weinstraße bei Klingenmünster.

***Strecke:** Noch eine der exquisiten Motorradpisten des Pfälzerwalds. Die Bundesstraße führt in weiten, schnellen Kurven durch ein abwechslungsreiches Gemisch aus dichtem Wald und hügeligem Rebenland.*

Restaurant- und Hotel-Tipp: Im gemütlichen Hotel Scharfeneck in Annweiler kann man in geschmackvollen Zimmern übernachten und schmackhafte Küche aus Deutschland und vom Balkan genießen.

Hotel Scharfeneck, Altenstraße 17, 76855 Annweiler am Trifels, Tel. 063 46/83 92, www.hotel-scharfeneck.de €€

15
7 km
B48

An der T-Kreuzung rechts fahren, weiterhin der B48 folgen und 7 km bis nach Bad Bergzabern.

***Strecke:** Zum Abschluss Sonne tanken auf der Deutschen Weinstraße.*

Info: Als »Garten Eden« der Südpfalz bezeichnet sich das sehenswerte Winzerstädtchen Bad Bergzabern. Die historische Altstadt bietet eine gelungene Mixtur aus prächtigem Fachwerk und aufwendig verzierten, mittelalterlichen Backsteinfassaden (www.bad-bergzabern.de).

Tipp: Burg Trifels

Info: Anebos, Scharfenberg und Trifels: Gleich drei Burgen überragen das alte Reichsstädtchen Annweiler. Burg Trifels thront aussichtsreich auf einem 494 m hohen, dreifach gespaltenen Felsen, der ihr den Namen gab. Sie war die Lieblingsburg Kaiser Barbarossas. Die Staufer bauten die Trifels zur prall gefüllten Schatzkammer aus, in der die sogenannten Reichskleinodien Kaiserkrone, Kreuz und Schwert, die wichtigsten Symbole des Heiligen Römischen Reiches Deutscher Nation, aufbewahrt wurden. Heute sind Nachbildungen der Schätze zu besichtigen. Die Trifels diente auch als Staatsgefängnis, berühmtester Insasse war der englische König Richard Löwenherz.

Burg Trifels, Trifelsstraße 72, 76855 Annweiler, Tel. 063 46/84 79, www.trifelsland.de, Ostern–Sept. Mo–So 9–17 Uhr.

7 Zum Räuberwald

Bayerischer Untermain, Odenwald und Naturpark Spessart

Ⓐ **Ausgangsort**
Wertheim (D-97877)

Ⓔ **Zielort**
Wertheim (D-97877)

170 km ★★★ ★★★★

Straßentypen (in Prozent der Streckenlänge)

85 | 15

■ Landstraße/asphaltierte Nebenstraße
■ Bundesstraße/Schnellstraße

Diese Tour können Sie mit Route 8 kombinieren.

Touristinfo Spessart-Mainland
Bayernstraße 18
D-63739 Aschaffenburg
Tel. 060 21/39 42 71
info@spessart-mainland.de
www.spessart-touristinfo.de

(→ *weitere Adressen siehe Seite 275*)

Eine abwechslungsreiche Tour durch die weiten Waldgebiete des Spessarts und über die oft rauen Höhenzüge des Odenwalds. Die Streckenbeschaffenheit ist eher bescheiden – hier sind Könner gefragt. Anfänger und Wiedereinsteiger sollten es ruhiger angehen, dann bietet der Spessart auch ihnen ein einzigartiges Fahrerlebnis. Beim »Engländer«, wo sich zwei der schönsten Motorradstrecken kreuzen, treffen sich Profis wie Amateure.

Route 7
Villa Haselburg
Naturpark
Odenwald
Hessen
Bad König
Michelstadt
Höchst im Odenwald
Rimhorn
Lützelbach
Lützelbacher Schlösschen
Seckmauern
Vielbrunn
Ohrnbach
Wörth am Main
Laudenbach
Klingenberg am Main
Mechenhard
Aschaffenburg
Bayern
Mud
Amorbach
Weilbach
Miltenberg
Bürgstadt
Eschau
Heimbuchenthal
Mespelbrunn
Hessenthal
Neuhammer
Dammbach
Wildensee
Aubach
Altenbuch
Mondfeld
Baden-Württemberg
Hardheim
Wertheim
Kreuzwertheim
Reicholzheim
Tauber
Main
Marktheidenfeld
Hafenlohr
Naturpark
Bayerischer Spessart
Lichtenau
Weibersbrunn
Rothenbuch
Neuhütten
Habichsthal
Frammersbach
Lohr
Jakobsthal
Zum Engländer
TOP TIPP
Spessart-Höhenstraße
Schöllkrippen
Wiesen
Naturpark Hessischer Spessart
Kinzig
Jossa
B45
B47
B26
B8
B426
B469
B27
B276
L3106
L3318
L3259
L2310
L506
St2308
St2317
St2315
St2305
A3
A45
A66
N
Route
10 km
Kiel
Rostock
Hamburg
Neubrandenburg
Bremen
Berlin
Hannover
Bielefeld
Magdeburg
Düsseldorf
Leipzig
Kassel
Erfurt
Bonn
Dresden
Frankfurt
Würzburg
Nürnberg
Saarbrücken
Stuttgart
Passau
München
Kempten
Freiburg

Tour-Stationen auf einen Blick

Tourlänge: 170 km

Nr.	Ort	PLZ	GPS-Koordinaten
A	Wertheim	D-97877	N 49 45.669 E 09 31.023
02	Miltenberg	D-63897	N 49 42.708 E 09 13.065
03	Weilbach	D-63937	N 49 40.117 E 09 12.545
04	Bad König	D-64732	N 49 44.938 E 09 00.120
05	Höchst	D-64739	N 49 47.678 E 09 00.021
06	Lützelbach	D-64750	N 49 47.640 E 09 03.182
07	Seckmauern	D-64750	N 49 47.326 E 09 07.201
08	Klingenberg	D-63911	N 49 47.066 E 09 10.447
09	Mechenhard	D-63906	N 49 47.745 E 09 12.127
10	Eschau	D-63863	N 49 49.295 E 09 15.324

Nr.	Ort	PLZ	GPS-Koordinaten
11	Altenbuch	D-97901	N 49 49.684 E 09 24.048
-	Neuhammer	D-63874	N 49 51.724 E 09 17.313
13	Hessenthal	D-63875	N 49 55.921 E 09 17.760
14	Weibersbrunn	D-63879	N 49 55.851 E 09 21.958
15	Kreuzung Rothenbuch	-	N 49 56.265 E 09 24.299
16	Hafenlohr	D-97840	N 49 52.119 E 09 36.217
E	Wertheim	D-97877	N 49 45.669 E 09 31.023

Die Tabelle enthält die wichtigsten Stationen der Route – ggf. wurden Orte weggelassen oder zur exakteren Navigation ergänzt; Referenzsystem der GPS-Koordinaten: WGS84

1
33 km
L2310

Ⓐ

Wertheim westwärts auf der Packhofstraße (L2310) verlassen. Nach 1 km vor der Brücke rechts halten und 32 km mainabwärts über Mondfeld und Bürgstadt bis zur B469 hinter Miltenberg.

Strecke: *Fahrt durch kleine, ursprüngliche Dörfer und Städtchen im dicht besiedelten Maintal. Dem Verkehr zu entkommen ist schwierig, auch auf der Strecke am anderen Mainufer (St2315) ist viel los.*

Info: Seit dem Dreißigjährigen Krieg ist Burg Wertheim, die aus dem 12. Jahrhundert stammt und das hübsche Städtchen an der Mündung der Tauber in den Main überragt, nur noch eine Ruine. Doch der knapp zehnminütige Aufstieg von der Altstadt zur riesigen Festungsanlage lohnt sich. Oben in der Burgschenke kann man nicht nur ein deftiges zweites Frühstück genießen, sondern hat zudem einen herrlichen Blick über Wertheim und seine beiden Flusstäler. Wer die Zeit hat, sollte auch das Wertheimer Glasmuseum besuchen. Hier dreht sich alles um den durchsichtigen Werkstoff und die Geschichte seiner Herstellung und Verarbeitung von der Antike bis zur Gegenwart.

Burg Wertheim, Schlossgasse 11, 97877 Wertheim, Tel. 093 42/91 32 38, www.burg-wertheim.de

Glasmuseum, Mühlenstraße 24, 97877 Wertheim, Tel. 093 42/68 66, www.glas-museum-wertheim.de, Apr.–Okt. Mo 15–17, Di–Do 10–17, Fr–So 13–18 Uhr.

Beeindruckendes Gemäuer: Burg Wertheim, hoch über der Mündung der Tauber in den Main.

2
5 km
B469

Hinter Miltenberg rechts zur B469 abfahren, dann links auf die Bundesstraße und 5 km bis Weilbach.

Info: Wie Wertheim besticht auch Miltenberg durch schmuckes Fachwerk und mittelalterliches Flair. Ein Ort der Ruhe und Entspannung ist die Mildenburg mit ihrem schönen Burghof. Vom 27 m hohen Bergfried hat man eine schwindelerregende Perspektive auf die Stadt.
Öffnungszeiten Burghof: Mai–Okt. Di–Do 13.30–18 Uhr, Fr–So 11.30–18 Uhr.

Restaurant-Tipp: Station machen sollte man im »Riesen« in Miltenberg, der sich mit dem Freiburger »Roten Bären« um den Rang des ältesten Gasthauses in Deutschland streitet. Im Jahr 1411 ging im Traditionslokal der Betrieb los, seither versiegte der Zapfhahn nie.
Gasthaus Zum Riesen, Hauptstraße 99, 63897 Miltenberg, Tel. 093 71/98 99 48, www.riesen-miltenberg.de

Event-Tipp: Ende August/Anfang September wird in Miltenberg das größte Volksfest am Bayerischen Untermain gefeiert – die Michaelismesse mit Musik, Wein und bester Laune (www.michaelismesse.de).

3
20 km
L3318

In Weilbach rechts in die Weckbacher Straße und 20 km auf der L3318 über Vielbrunn bis Bad König.

Strecke: *Flotter, kurvenreicher Fahrspaß durchs schöne Ohrenbachtal.*

Fluss der Franken: Auf den Main und reizvolle Aussichtspunkte trifft man allerorten.

4
5 km
B45
–

In Bad König an der Einmündung in die B45 rechts und 4 km bis zum nächsten Kreisel. Hier die 1. Ausfahrt auf die Erbacher Straße nehmen und 1 km nach Höchst fahren.

Info: Bad König ist ein noch recht junger Kurort. Erst 1902 stieß man bei Brunnenarbeiten auf die Thermalquelle, die im Städtchen auch die Tourismus-Einnahmen zum Sprudeln brachte (www.badkoenig.net).

Nebelzauber westlich von Bad König.

5
6 km
L3106

Den Kreisverkehr am Ortseingang von Höchst über die 1. Ausfahrt verlassen und 6 km auf der L3106 über Rimhorn bis zur T-Kreuzung bei Lützelbach.

6
6 km
L3259

Hier rechts auf die L3259 abbiegen und 6 km über Lützelbach bis Seckmauern fahren.

Strecke: *Schöner Bergabschwung zurück ins Maintal.*

Info: Hinter Lützelbach kreuzen wir den römischen Neckar-Odenwald-Limes. Vom einstigen Grenzwall sind noch spärliche Reste eines Kastells, das sogenannte »Lützelbacher Schlösschen«, zu finden.

Tipp: Römische Villa Haselburg

Strecke: *Die Ausgrabungsstätte liegt an der L3106 zwischen Höchst und Brensbach südlich von Hummetroth.*

Info: Von der Römischen Villa, einst ein Gutshof nahe dem Limes, sind die Grundmauern erhalten geblieben. Auch Teile einer 10 m hohen Jupitersäule wurden ausgegraben. Das Areal ist frei zugänglich (www.haselburg.de).

7
5 km
St3259

In Seckmauern links, weiterhin auf der St3259 bleiben, 5 km über Wörth Richtung Klingenberg.

Info: Wörth war dank seiner günstigen Lage zwischen Odenwald und Spessart einst wichtiger Umschlagplatz für Holz. Doch die Stämme wurden nicht nur verkauft und verschifft, sondern auch vor Ort für den Schiffsbau verwendet. Bis 1918 wurden in Wörth in mehreren Werften Holzschiffe produziert. Über dieses spannende Kapitel der Stadtgeschichte informiert das Wörther Schifffahrts- und Schiffbaumuseum.

Schifffahrts- und Schiffbaumuseum, Rathausstraße 72, 63939 Wörth, Tel. 093 72/729 70, www.woerth-am-main.de, Sa+So 14–17 Uhr.

8
4 km
–

Am Kreisverkehr in Klingenberg die 3. Ausfahrt auf die Bahnhofstraße nehmen und 1 km über die Mainbrücke in den Ort. An der Bergwerkstraße rechts fahren und 3 km bis Mechenhard.

Strecke: *Aus dem Maintal bergauf in den Spessart.*

Info: Der Klingenberger Spätburgunder ist berühmt. Im Weingut der Stadt lässt sich günstig ein Fläschchen des feinen Tropfens erwerben.

Weingut der Stadt Klingenberg, Wilhelmstraße 107, 63911 Klingenberg, Tel. 093 72/24 38, www.weingut-klingenberg.de

Von den Weinterrassen über der Stadt offenbart sich der schönste Blick auf Klingenberg.

9
5 km
–

Bei Mechenhard rechts abbiegen und 5 km bis nach Eschau – geradeaus in den Ort hinein.

10
13 km
–

An der Wildenseer Straße in Eschau rechts fahren und 13 km über Wildensee bis Altenbuch.

Strecke: *Bei Eschau beginnt der erste richtige Spessart-Trail. In langen Kurven schlängelt sich die Straße durch dunklen Wald, der sich später lichtet, um der lieblichen Auenlandschaft des Aubachs Platz zu machen.*

Info: Still, einsam und dünn besiedelt ist der Spessart noch heute. Kein Wunder, dass das Gebiet früher als Rückzugsort dunkler Gesellen galt und Stoff für so manche Schauergeschichte lieferte.

11
19 km
–
St2317
St2308

In Altenbuch links auf die Hauptstraße und 7 km bis zur nächsten T-Kreuzung bei Dammbach. Jetzt links auf die St2317 und 5 km bis Neuhammer, hier rechts (St2308) und weitere 7 km bis Mespelbrunn.

Strecke: *Ab Altenbuch geht es in wilden Kurvenkombinationen hinauf zur Schnecken-Höhe. Hier darf man etwas kräftiger am Quirl drehen.*

12
2 km
St2308

Geradeaus durch Mespelbrunn und 2 km auf der St2308 bis zum Ortsteil Hessenthal fahren.

Info: Das Wasserschloss Mespelbrunn ist Inbegriff fränkischer Schlossromantik. Das märchenhafte, im 15. Jahrhundert angelegte und später im Stil der Renaissance ausgebaute Traumgebilde überstand aufgrund seiner versteckten Lage alle Kriege unbeschadet. Die Anlage ist übrigens Originalschauplatz des berühmten Filmklassikers »Ein Wirtshaus im Spessart«, den Regielegende Kurt Hoffmann in den 1950er-Jahren nach der Vorlage des romantischen Schriftstellers Wilhelm Hauff auf die Leinwand brachte. Eine der Hauptrollen, die der burschikosen Comtesse Franziska, wurde damals von Lieselotte Pulver gespielt.

Schloss Mespelbrunn, 63875 Mespelbrunn, Tel. 060 92/269,
www.schloss-mespelbrunn.de, Ostern–Okt. Mo–So 9–17 Uhr.

Restaurant- und Hotel-Tipp: Einen Steinwurf vom Schloss entfernt findet man es dann auch, das Wirtshaus im Spessart. Es ist Teil des exklusiven wie traditionsreichen Mespelbrunner Schlosshotels, das nicht wirklich einer Räuberhöhle gleicht. Auf die Gäste warten komfortabel ausgestattete Zimmer. Im Restaurant zaubert man märchenhafte Menüs und schenkt edle Tropfen in wertvollen Gläsern aus.

Schlosshotel Mespelbrunn, Schlossallee 25, 63875 Mespelbrunn, Tel. 060 92/60 80,
www.schlosshotel-mespelbrunn.de €€

Romantik pur: Schloss Mespelbrunn.

Legendär: das Wirtshaus im Spessart.

13
6 km
St2308

In Hessenthal rechts auf die Würzburger Straße, nach 200 m links in die Weibersbrunner Straße (St2308) und 6 km bis Weibersbrunn fahren.

Strecke: *Schnelle Kurven durch den Wald.*

14
4 km
St2308
St2317

In Weibersbrunn links dem Verlauf der Hauptstraße (St2308) folgen. Nach 2 km am Abzweig geradeaus auf die St2317 und 2 km bis zur T-Kreuzung.

15
20 km
–

Auf freier Strecke rechts abbiegen und der Straße 20 km über Lichtenau bis nach Hafenlohr folgen.

Strecke: *Durch die Weiten des Spessarts räubern. Kaum Verkehr.*

Restaurant- und Hotel-Tipp: Wer nach all der Kurvenhatz einen entspannten Boxenstopp einlegen will, ist im Gasthaus Hochspessart in Lichtenau am richtigen Ort. In der heimeligen Gaststube serviert man ausgezeichnete Gerichte mit Wild und Fisch aus dem Spessart. Die Übernachtung weit weg von allem Trubel ist ruhig und erholsam.

Gasthaus Hochspessart, Lichtenau 3, 63860 Rothenbuch, Tel. 093 52/12 28, www.gasthaus-hochspessart.de €

A Bikertreff »Zum Engländer«

Strecke: *Hinter Weibersbrunn über Rothenbuch nach Jakobsthal fahren und weiter über Schöllkrippen bis Lichtenau. Hier kann man sich in den unendlichen Weiten des Spessartwalds verlieren. Ein traumhaftes Wechselspiel auf rund 70 km zwischen dunklen Forsten, lichten Flusstälern, verwunschenen Weilern und vergessenen Straßen.*

TOP TIPP **Restaurant-Tipp:** Wo sich die Strecke mit der Spessart-Höhenstraße bei Jakobsthal kreuzt, liegt der »Engländer«, der beliebteste Bikertreff im Spessart. Bei schönem Wetter versammeln sich im Gartenlokal die Kurvenspezialisten und lassen ihre abgeschliffenen Knee-Pads bewundern.

Waldhaus Zum Engländer, Engländerstraße, 63869 Heigenbrücken-Jakobsthal, Tel. 060 20/85 90.

16
15 km
B8
St2315

In Hafenlohr rechts auf die Hauptstraße und 2 km bis zur B8. Hier links, an der Mainbrücke in Marktheidenfeld geradeaus vorbei und 13 km auf der Bundesstraße und der St2315 Richtung Wertheim.

Info: Den Spessart aus einem ganz anderen Blickwinkel erleben kann man bei einer Schiffstour auf dem Main. In Marktheidenfeld bietet die Reederei Georg Reinhart ein- und mehrtägige Schiffsreisen auf dem modernen Fahrgast-Kabinenschiff »MS John Franklin« an.
Reederei Georg Reinhart, Fichtenstraße 20, 97828 Marktheidenfeld, Tel. 093 91/33 99.

Restaurant- und Hotel-Tipp: Der ruhig gelegene Landgasthof Baumhof-Tenne in Marktheidenfeld ist ein ideales Basislager für alle Biker, die noch tiefer ins fränkische Weinland und in den Spessart eintauchen wollen. Stellplätze und ein Trockenraum stehen zur Verfügung. Im urigen Restaurant werden fränkische Leckerbissen aufgetischt.
Landgasthof Baumhof-Tenne, Baumhofstraße 147, 97828 Marktheidenfeld, Tel. 093 91/35 49, www.baumhoftenne.de €€

17
2 km
–

In Kreuzwertheim am Kreisverkehr die 2. Ausfahrt nehmen und 2 km über den Main zurück zum Ausgangspunkt Wertheim fahren.

Spiegelglatt: der Main bei Marktheidenfeld.

Romantische Reise

Durchs Taubertal, von Wertheim nach Rothenburg

8

Ausgangsort Wertheim (D-97877)

Zielort Rothenburg (D-91541)

150 km ★★★ ★★

Straßentypen (in Prozent der Streckenlänge)

Landstraße/asphaltierte Nebenstraße	Bundesstraße/Schnellstraße
90	10

Diese Tour können Sie mit Route 7 und 9 kombinieren.

Touristikgemeinschaft Liebliches Taubertal
Gartenstraße 1
D-97941 Tauberbischofsheim
Tel. 093 41/82 58 06
touristik@liebliches-taubertal.de
www.liebliches-taubertal.de

(→ *weitere Adressen siehe Seite 276*)

Von den vielen schönen Flusstälern in Deutschland ist das Tal der Tauber das romantischste, ihr Lauf ein herrlicher Leitfaden für eine sentimentale Motorradreise zu alten Burgen und Schlössern, gepflegtem Fachwerk und wunderbaren Kirchenschätzen. Schräglagenfans kommen hier nur bedingt auf ihre Kosten und sollten sich auf gemütliches Touren einstellen. Denn zu sehen gibt es genug, besonders im vor Flair nur so strotzenden Rothenburg.

Route 8
Würzburg
Wertheim
Vockenrot
Bürgstadt
Bronnbach
Gamburg
Gerchsheim
Wenkheim
Külsheim
Uissigheim
Werbach
Großrinderfeld
Romantische Straße
Tauberbischofsheim
Hardheim
Günsfeld
Wittighausen
Bütthard
Distelhausen
Oesfeld
Lauda-Königshofen
Unterbalbach
Bad Mergentheim
Igersheim
Stuppach
Weikersheim
Röttingen
Bieberehren
Creglingen
Langensteinach
Reichardsroth
Tauberzell
Rothenburg ob der Tauber
Top Tipp
Kitzingen
Iphofen
Ochsenfurt
Marktbreit
Ochsenfurter Gau
Uffenheim
Bad Windsheim
Naturpark Steigerwald
Steigerwald
Buchen (Odenwald)
Bayern
Baden-Württemberg
Main
Welzbach
Tauber
Jagst
A3
A7
A81
B8
B13
B19
B22
B27
B47
B286
B290
B292
B470
L2310
L506
L509
K2880
L2297
L578
L512
L511
K2807
B290
K2847
St2269
St2268
L2251
St2419
Route
10 km
N
Kiel
Rostock
Hamburg
Neubrandenburg
Bremen
Berlin
Hannover
Bielefeld
Magdeburg
Düsseldorf
Leipzig
Kassel
Erfurt
Dresden
Bonn
Frankfurt
Würzburg
Nürnberg
Saarbrücken
Stuttgart
Passau
München
Kempten
Freiburg

Tour-Stationen auf einen Blick

Tourlänge: 150 km

Nr.	Ort	PLZ	GPS-Koordinaten
A	**Wertheim**	D-97877	N 49 45.490 E 09 31.074
02	**Bronnbach**	D-97877	N 49 42.788 E 09 32.644
03	**Külsheim**	D-97900	N 49 40.086 E 09 31.116
04	**Gamburg**	D-97956	N 49 41.643 E 09 35.818
05	**Werbach**	D-97956	N 49 40.137 E 09 38.713
06	**Gerchsheim**	D-97950	N 49 43.128 E 09 48.038
07	**Tauberbischofsheim**	D-97941	N 49 37.037 E 09 40.271
08	**Wittighausen**	D-97957	N 49 36.727 E 09 50.352
09	**Unterbalbach**	D-97922	N 49 31.640 E 09 44.859
10	**Bad Mergentheim**	D-97980	N 49 28.914 E 09 46.182

Nr.	Ort	PLZ	GPS-Koordinaten
11	**Igersheim**	D-97999	N 49 29.739 E 09 49.035
12	**Weikersheim**	D-97990	N 49 29.120 E 09 53.774
13	**Creglingen**	D-97993	N 49 28.158 E 10 02.101
E	**Rothenburg**	D-91541	N 49 22.839 E 10 10.862

Die Tabelle enthält die wichtigsten Stationen der Route – ggf. wurden Orte weggelassen oder zur exakteren Navigation ergänzt; Referenzsystem der GPS-Koordinaten: WGS84

1
9 km
L506

Von Wertheim auf der Mühlenstraße stadtauswärts und 9 km auf der L506 bis Bronnbach fahren.

***Strecke:** In weiten Bögen, immer auf Tuchfühlung mit der Tauber, an einigen beschaulichen Dörfern vorbei. Brückenheilige beschützen die Flussübergänge und gehören zum Landschaftsbild.*

Restaurant- und Hotel-Tipp: Der Gasthof Zum Ross im Wertheimer Vorort Vockenrot begrüßt Motorradfahrer als Gäste besonders gern. Im Biergarten und in der Gaststube kommt gutbürgerliche fränkische Küche auf den Tisch, kostenlose Garagen gibt es direkt am Haus.

Gasthof-Hotel Zum Ross, Nassiger Straße 7, 97877 Wertheim–Vockenrot, Tel. 093 42/923 20, www.gasthof-zum-ross.de €

2
7 km
L509

In Bronnbach rechts auf die L509 abbiegen, nach der Tauberbrücke links und 7 km bis Külsheim.

Restaurant- und Hotel-Tipp: Im Biergarten des Klosterhofs in Bronnbach trifft sich vor allem an Wochenenden die fränkische Bikerszene, nicht zuletzt auf Grund der kulinarischen Highlights. Wer das Taubertal genauer erkunden möchte, kann hier gut und günstig übernachten.

Gasthaus Klosterhof, Bronnbach 1, 97877 Wertheim-Bronnbach, Tel. 093 42/73 16, www.gasthaus-klosterhof.de €

Alte Steinbrücken überspannen die Tauber und zieren dieses prächtige deutsche Flusstal.

Das sehenswerte Kloster Bronnbach erfreut sich auch als Bikertreff großer Beliebtheit.

3
9 km
–
K2880
K2881

In Külsheim links in den Schneidmühlweg, dem Straßenverlauf 1 km durch den Ort folgen und links in die Uissigheimer Straße (K2880). Jetzt 6 km bis zur K2881, hier links und 2 km bis Gamburg.

Strecke: *Kurvenreicher Abstecher hinauf auf die Höhen und wieder zurück ins Taubertal.*

Info: Das Städtchen Külsheim hat – wohl einzigartig in Deutschland – eine Patenschaft mit einem Unterseeboot, der U 18 der Bundesmarine. Nicht bekannt ist, ob alle Külsheimer bei ihren Besuchen in der U 18 Platz finden. Umgekehrt sollte es keine Probleme geben.

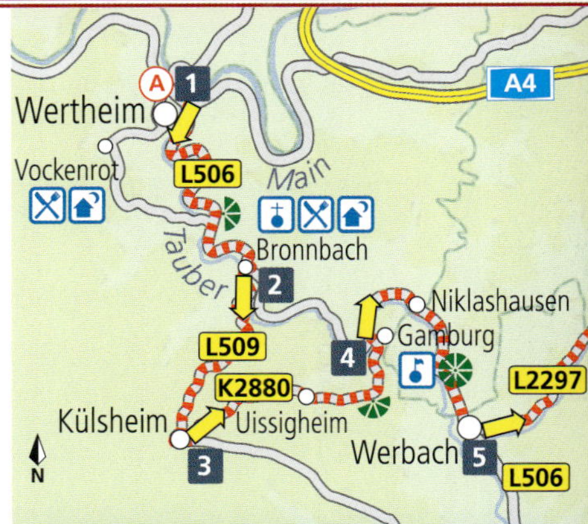

4
8 km
L506

Im Gamburg nach der Tauberbrücke rechts auf die L506 und 8 km über Niklashausen bis Werbach.

Strecke: *Die Straße folgt dem herrlich verschlungenen Lauf der Tauber.*

Info: Burg Gamburg, eine im Privatbesitz befindliche Raubritterburg aus dem 12. Jahrhundert, thront über einer weiten Flussschleife der Tauber. Obgleich keine Besichtigung möglich ist, lohnt es sich, das Motorrad auf lenkerbreiter Gasse den Berg hinaufzutreiben und die Ausblicke auf das gleichnamige Dorf und die Burg auszukosten.

Malerisch thront die Gamburg über der Tauber.

5
15 km
L2297

In Werbach links in die Liebfrauenbrunnstraße (L2297) und 15 km über Wenkheim bis zur Einmündung in die L578 bei Gerchsheim.

Strecke: *Abstecher entlang des Welzbachs zur Hochebene. So weit das Auge reicht, säumen landwirtschaftlich genutzte Flächen den Weg.*

6
16 km
L578

Rechts auf die Romantische Straße (L578), 16 km über Großrinderfeld nach Tauberbischofsheim.

Strecke: *Abwechslungsreich und mit Schwung geht es auf der Richtung Tauber strebenden Romantischen Straße dahin.*

Restaurant- und Hotel-Tipp: Das Hotel am Brenner in Tauberbischofsheim bietet eine gemütliche Bleibe mit guter Küche. Für Entspannung sorgen die hauseigene Sauna und die Sonnenterrasse.
Hotel am Brenner, Goethestraße 10, 97941 Taubersbischofsheim, Tel. 093 41/921 30, www.taubertal-hotel.de €€

Event-Tipp: Am ersten Juli-Wochenende beim Altstadtfest in Tauberbischofsheim wird das eigens gebraute Altstadtfestbier aus der heimischen Distelhäuser Brauerei ausgeschenkt (www.asf-tbb.de).

Der Heilige Urban, Schutzpatron der Winzer: In der Region wird er besonders verehrt.

7
15 km
B27
L512
L511

In Tauberbischofsheim links zur B27 abfahren, links auf die Bundesstraße und 3 km bis nach Distelhausen. Hier abfahren, rechts auf die L512/L511 und 12 km bis Wittighausen.

Strecke: *Hinter Tauberbischofsheim cruisen wir auf ruhiger Straße am landschaftlich schönen Wittigbach entlang.*

8
18 km
K2807
–
K2847

In Wittighausen rechts in die Königstraße (K2807) abbiegen und 4 km bis Bütthard. Hier rechts in die Oesfelder Straße und 14 km – später auf der K2847 – weiter bis nach Unterbalbach.

Strecke: *Auf einsamer, aber äußerst reizvoller Strecke durch die Ausläufer des Ochsenfurter Gaus zurück an die Tauber.*

Info: Königshofen liegt nördlich von Unterbalbach und präsentiert mit Stolz herrliche Fachwerkbauten wie das Hohe Haus und den mittelalterlichen Zehntgoten. Der Ort war im Jahr 1525 Schauplatz der größten Tragödie der Bauernkriege: Am Turmberg oberhalb des Dorfes wurde das miserabel ausgerüstete Bauernheer von den kampferprobten Söldnern des Schwäbischen Bundes vernichtend geschlagen.

Gelebtes Brauchtum – hier bei einer Tanzvorführung in Tauberbischofsheim.

9
6 km
B290

In Unterbalbach links auf die B290 abbiegen und der Bundesstraße 6 km bis nach Bad Mergentheim folgen – in den Ort hinein.

10
5 km
B19

In Bad Mergentheim im Kreisverkehr die 3. Ausfahrt auf die B19 (Wachbacher Straße) nehmen und der Bundesstraße 5 km bis Igersheim folgen.

Info: Auch Bad Mergentheim zeigt prachtvolles Fachwerk. Dominiert wird die Stadt jedoch vom gewaltigen Deutschordensschloss. Das Museum im Schloss dokumentiert die wechselvolle Geschichte des Kreuzritterordens von den Anfängen im Heiligen Land über Gründung und Verlust des Ordensstaates im Baltikum bis in die heutige Zeit.
Deutschordensmuseum, Schloss 16, 97980 Bad Mergentheim, Tel. 079 31/522 12, www.deutschordensmuseum.de, Apr.–Okt. Di–So 10.30–17 Uhr, Nov.–März Di–Sa 14–17 Uhr, So 10.30–17 Uhr.

Restaurant- und Hotel-Tipp: Das Hotel Bundschu in Bad Mergentheim wirkt modern, hat sich jedoch seine fränkische Seele bewahrt. Der Wirt kocht selbst und zaubert Menüs aus frischen, heimischen Zutaten.
Ringhotel Bundschu, Milchlingstraße 24, 97980 Bad Mergentheim, Tel. 079 31/93 30, www.hotel-bundschu.de €€

Tipp: Stuppacher Madonna

Info: In Stuppach, 6 km südlich von Bad Mergentheim, kann man in der Kirche Mariä Krönung ein Tafelgemälde des Renaissancemalers Matthias Grünewald bestaunen. Die Stuppacher Madonna wurde 1809 im Deutschordensschloss in Bad Mergentheim entdeckt.
Pfarrkirche Mariä Krönung, Matthias-Grünewald-Straße 45, 97980 Stuppach, Tel. 079 31/26 05, www.stuppacher-madonna.de, März–Apr. Di–So 10–17 Uhr, Mai–Okt. Di–So 9.30–17.30 Uhr, Nov. Di–So 11–16 Uhr.

11
8 km
L2251

In Igersheim geradeaus auf die L2251 und 8 km bis nach Weikersheim fahren.

Info: Ein Renaissancepalast mit traumhaftem barockem Schlossgarten, nach französischem Vorbild gestaltet, ist die Top-Attraktion des Städtchens Weikersheim. Von der fast vollständig erhaltenen Originaleinrichtung des Schlosses gebührt dem Rittersaal besondere Aufmerksamkeit. Er wurde so groß gebaut, dass man mit einem Pferd hineinreiten konnte. Ein kleines Alchemiemuseum mit einem Hexengärtchen rundet den Ausflug in die Welt des Adels ab.

Schloss Weikersheim, Marktplatz 11, 97990 Weikersheim, Tel. 079 34/99 29 50, www.schloss-weikersheim.de, Apr.–Okt. Mo–So 9–18 Uhr, Nov.–März Mo–So 10–12 und 13–17 Uhr.

Restaurant- und Hotel-Tipp: Das Hotel Deutschherrenstube liegt direkt am prächtigen Marktplatz von Weikersheim. Die Zimmer sind komfortabel und individuell eingerichtet. Im behaglichen Restaurant und auf der sonnigen Marktplatz-Terrasse serviert man frische, regionaltypische Speisen. Auch für eine kurze Kaffeepause ist das hoteleigene Café eine ideale Adresse – es gibt eine große Auswahl an Kuchen und Torten sowie kleine Gerichte und eine Eiskarte.

Hotel Deutschherrenstube, Marktplatz 8, 97990 Weikersheim, Tel. 079 34/83 76, www.deutschherren-stuben.de €€

Das sollte man gesehen haben: Markttag in der historischen Altstadt von Weikersheim.

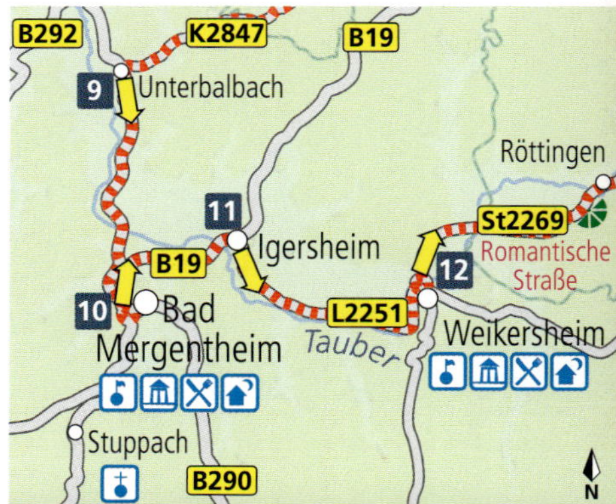

12
17 km
L2251
St2269
St2268
L2251

Im Kreisverkehr am Ortseingang von Weikersheim die 3. Ausfahrt nehmen, auf der L2251 bleiben und 17 km – später auf der St2269 und der St2268 – über Röttingen und Bieberehren bis nach Creglingen.

Strecke: *Auf wundervollen Motorradstraßen durch sanft gewellte Landschaft. Wir folgen der Romantischen Straße und dem Lauf der Tauber.*

Info: Und noch ein traumhaftes Fachwerkstädtchen: Blitzeblank und herausgeputzt präsentiert sich Creglingens Altstadt. Die kleine Schwester Rothenburgs – wie sie genannt wird – wurde im Mittelalter streng nach Rothenburger Vorbild mit doppelten Mauern und 15 Türmen befestigt. Drei davon sind noch erhalten und zu besichtigen. Einen Blick sollte man in die evangelischen Herrgottskirche werfen. Hier fasziniert der wertvolle, äußerst filigran geschnitzte Marienaltar, eines der bedeutendsten Werke des Bildhauers Tilman Riemenschneider, das er vermutlich um das Jahr 1500 schuf (www.creglingen.de).

Sehenswert ist auch das Creglinger Feuerwehrmuseum. Die älteste Löschwasserspritze stammt aus dem Jahr 1733. Ausgestellt sind zudem zahlreiche Helme sowie Uniformen und Orden.

Feuerwehrmuseum Creglingen, Schloss Waldmannshofen, 97993 Creglingen, Tel. 093 35/674, www.feuerwehr-museen.de, Mo–So 10–12, 14–17 Uhr.

Nicht nur für Motorradfahrer ein Gedicht: Das Taubertal lockt viele Freizeitsportler an.

13
17 km
L2251
St2268

Geradeaus durch Creglingen und 17 km auf der L2251 über Tauberzell – ab hier auf der St2268 – bis nach Rothenburg ob der Tauber fahren.

Strecke: *Entspannt und in weiten Bögen immer auf Tuchfühlung zur nun beinahe jungfräulichen Tauber. Die Strecke lässt genügend Aufmerksamkeit für das romantische Flusstal zu.*

TOP TIPP **Info:** Rothenburg ob der Tauber ist der Inbegriff einer romantischen Mittelalterstadt, ihre von trutzigen Mauern umringte Silhouette, die sich über dem Taubertal erhebt, weltberühmt. Kein Wunder, dass sich im Sommer Touristen aus aller Welt in Scharen durch die malerischen Gassen wälzen. Doch in den Seitenstraßen findet man sie dann doch noch, die letzten verborgenen Winkel, in denen man das Flair Rothenburgs ohne Trubel genießen kann (www.rothenburg.de).

Restaurant- und Hotel-Tipp: Vor den Toren der Rothenburger Altstadt hat sich der Gasthof Zur Linde auf Biker spezialisiert. Es gibt sichere Stellplätze, einen Trockenraum und eine Waschgelegenheit sowie günstige Pauschalen. Handfeste fränkische Küche, aber auch Salate finden sich auf der bunt gemischten Speisekarte des Restaurants.

Hotel Gasthof Zur Linde, Vorm Würzburger Tor 12, 91541 Rothenburg ob der Tauber, Tel. 098 61/946 90, www.hotel-linde-rothenburg.de €€

E

A Gasthof Zur frohen Einkehr

Strecke: *Von Tauberzell 10 km über Langensteinach nach Reichardsroth. Zurück nach Rothenburg sind es dann auf der St2419 noch ca. 13 km.*

Restaurant- und Hotel-Tipp: Der Gasthof Zur frohen Einkehr in Reichardsroth empfiehlt sich für alle Biker, die gern unter Gleichgesinnten weilen. Auch die Wirtsleute tragen gern Lederkluft, und wenn es die Zeit erlaubt, stehen sie dienstags an ihrem Ruhetag sogar als Tourguides zur Verfügung. An jedem letzten Donnerstag im Monat ab 19.30 Uhr trifft man sich zum Tourenfahrer-Stammtisch. Die fränkischen und mediterranen Gerichte schmecken, und die günstigen Zimmerpreise machen zusätzlich Laune.

Gasthof Zur frohen Einkehr, Reichardsroth 17, 91620 Reichardsroth, Tel. 098 65/301, www.zur-frohen-einkehr.de €

Schräglagen und schroffer Fels

Durch die Fränkische Schweiz

9

ROUTE 9

Fränkische Schweiz – Schräglagen und schroffer Fels

Ⓐ **Ausgangsort**
Forchheim (D-91301)

Ⓔ **Zielort**
Forchheim (D-91301)

184 km ★★★★ ★★★

Straßentypen (in Prozent der Streckenlänge)

Landstraße/asphaltierte Nebenstraße	Bundesstraße/Schnellstraße
65	35

Diese Tour können Sie mit Route 1 und 8 kombinieren.

Tourismuszentrale Fränkische Schweiz
Oberes Tor 1
D-91320 Ebermannstadt
Tel. 091 91/86 10 54
info@fraenkische-schweiz.com
www.fraenkische-schweiz.com

(➔ *weitere Adressen siehe Seite 276*)

Fast schon zu malerisch, wie die mühevoll gebastelte Landschaft einer Modellbahnanlage wirkt die Fränkische Schweiz mit ihren Burgen, Fachwerkhäusern, verschlungenen Flusstälern und bizzaren Felsen. Biker genießen es hier in doppelter Hinsicht, denn durch die hügelige Idylle ziehen sich Traumpisten mit rasanten Kurvenketten. Und im Kathi-Bräu in Aufseß wartet nach einem langen Tag im Sattel ein kühles fränkisches Bier. Was will man mehr?

Route 9
A70
B279
Baunach
Breitengüßbach
Zückshut
Scheßlitz
Naturpark
Wiesenttal
Fränkische Alb
Hollfeld
St2191
Bayreuth
B85
B2
B22
A9
Bayern
St2190
Schloss Seehof
Memmelsdorf
Burgenstraße
Pödeldorf
St2210
Bamberg
B26
Main
Fränkische
Schloss Greifenstein
Aufseß
Hochstahl
Plankenfels
Geisfeld
Zeegendorf
Burggrub
St2188
Heckenhof
Top Tipp
Heiligenstadt
Wüstenstein
Breitenlesau
Waischenfeld
St2187
Veilbronn
Burg Rabenstein
Creußen
Burgebrach
Regnitz
Main-Donau-Kanal
Schweiz
Streitberg
Muggendorf
Doos
Wiesent
A73
B505
Ebermannstadt
B470
Sachsenmühle
Tüchersfeld
Pottenstein
St2260
Gößweinstein
Teufelshöhle
Pegnitz
Pretzfeld
Kirchenbirkig
Aisch
Forchheim
Kirchehrenbach
Walberla 512
Veldensteiner
St2163
Reuth
Leutenbach
Egloffstein
Wiesenthau
Dietzhof
St2242
Leupoldstein
Möchs
Forst
Kasberg
Hiltpoltstein
Gräfenberg
Route
5 km
N
Kiel
Rostock
Hamburg
Neubrandenburg
Bremen
Hannover
Berlin
Bielefeld
Magdeburg
Düsseldorf
Kassel
Leipzig
Erfurt
Dresden
Bonn
Frankfurt
Würzburg
Nürnberg
Saarbrücken
Stuttgart
Passau
München
Kempten
Freiburg

Tour-Stationen auf einen Blick

Tourlänge: 184 km

Nr.	Ort	PLZ	GPS-Koordinaten
Ⓐ	Forchheim	D-91301	N 49 43.051 E 11 04.287
-	Wiesenthau	D-91369	N 49 43.029 E 11 07.814
03	Ebermannstadt	D-91320	N 49 46.866 E 11 11.055
04	Streitberg	D-91346	N 49 48.592 E 11 13.138
05	Veilbronn	D-91332	N 49 50.448 E 11 11.652
06	Geisfeld	D-96129	N 49 52.935 E 11 00.823
07	Memmelsdorf	D-96117	N 49 55.852 E 10 56.813
08	Scheßlitz	D-96110	N 49 58.884 E 11 02.755
09	Hollfeld	D-96142	N 49 56.123 E 11 17.590
10	Plankenfels	D-95515	N 49 52.843 E 11 20.238

Nr.	Ort	PLZ	GPS-Koordinaten
11	Aufseß	D-91347	N 49 52.859 E 11 13.788
12	Wüstenstein	D-91346	N 49 51.161 E 11 15.127
13	Waischenfeld	D-91344	N 49 51.099 E 11 20.023
14	Doos	D-91344	N 49 48.671 E 11 17.686
15	Muggendorf	D-91346	N 49 48.159 E 11 15.505
16	Sachsenmühle	D-91327	N 49 46.537 E 11 18.429
17	Gößweinstein	D-91327	N 49 46.465 E 11 20.507
-	Tüchersfeld	D-91278	N 49 47.072 E 11 21.645
19	Leupoldstein	D-91282	N 49 41.747 E 11 23.487
Ⓔ	Forchheim	D-91322	N 49 43.051 E 11 04.287

Die Tabelle enthält die wichtigsten Stationen der Route – ggf. wurden Orte weggelassen oder zur exakteren Navigation ergänzt; Referenzsystem der GPS-Koordinaten: WGS84

1
4 km
B470

Ⓐ

Forchheim auf der Bayreuther Straße (B470) in Richtung Ebermannstadt verlassen und 4 km bis zum Ortsteil Reuth fahren.

Strecke: *Hinaus aus der Stadt in einen strahlenden Bikertag hinein.*

Info: Das sehenswerte Fachwerkstädtchen Forchheim, die 1300 Jahre alte Stadt der Könige, zählt zu den ältesten Siedlungen des Frankenlandes. Reich gesegnet an mittelalterlichem Fachwerk, können die verwinkelten Gassen dieser typisch fränkischen Kleinstadt unendlich viele Geschichten erzählen von Otto dem Großen, der hier zum König gewählt wurde, und Heinrich II., der dieses Land den Bamberger Bischöfen kurzerhand schenkte. Der hübsche Marktplatz Forchheims mit dem meisterhaften Fachwerk des alten Rathauses ist unbestritten das Schmuckstück der Stadt (www.forchheim.de).

Hotel-Tipp: Das Hotel Am Kronengarten liegt ruhig im Zentrum der Forchheimer Altstadt und bietet eine gute Mischung aus fränkischer Gastlichkeit und modernem Service. Die Maschinen können auf hoteleigenen Stellplätzen im benachbarten Parkhaus abgestellt werden.
Hotel Am Kronengarten, Bamberger Str. 6a, 91301 Forchheim, Tel. 0 91 91/7 25 00, www.hotel-am-kronengarten.de €€

Fachwerkträume werden in Forchheim wahr.

2
11 km
St2236
–
St2260

In Reuth rechts in die Ehrenbürgstraße (St2236) abbiegen, nach 1,5 km vor Wiesenthau links und 9,5 km über Kirchehrenbach und Pretzfeld – ab hier auf der St2260 – bis Ebermannstadt.

Strecke: *Wir folgen dem Lauf der Wiesent auf kleinen Straßen und meiden so die parallel verlaufende Bundesstraße 470.*

Info: Schon aus der Ferne erkennt man den Doppelgipfel des Zeugenbergs Walberla (512 m), der bekanntesten Erhebung der Fränkischen Schweiz. Wer ihn erklimmt, hat einen herrlichen Blick über das untere Wiesenttal. Oben auf dem kahlen Hochplateau thront stolz die kleine Walpurgiskapelle, die dem Berg seinen volkstümlichen Namen gab. Das Gebiet steht unter Naturschutz und bietet seltenen Pflanzen – darunter auch Orchideen – einen Lebensraum.

Event-Tipp: Früh machten sich die Bauern rund um Pretzfeld das milde Klima zunutze und spezialisierten sich auf den Anbau von Obst- und vor allem Kirschbäumen. In Pretzfeld rund um den Sandsteinkeller am Judenberg – als »Bierkeller« werden in Franken Biergärten bezeichnet – findet Mitte Juli das Pretzfelder Kirschenfest statt. Fünf Tage und Nächte lang wird gefeiert (www.kirschenfest-pretzfeld.de).

Zu Füßen des Walberlas, der bekanntesten Erhebung des Naturparks Fränkische Schweiz.

3
4 km
B470

An der Einmündung in die B470 in Ebermannstadt rechts und der Bundesstraße 4 km, an Gasseldorf vorbei, bis Streitberg folgen.

Strecke: *Schnelles Verbindungsstück durch das hier breite Wiesenttal.*

Info: Venusgrotte, Nixengrotte, Muschelfelsen: Nicht nur die Namen der steinernen Säle der Binghöhle in Streitberg sind fantasievoll, auch die hier gewachsenen Tropfsteine beflügeln die Vorstellungskraft. Eine Führung dauert 30 bis 40 Minuten. Dabei wird ein Weg durch verschiedene Abschnitte und Galerien von etwa 300 m zurückgelegt.

Binghöhle Streitberg, Dorfplatz, 91346 Wiesenttal, Tel. 091 96/340, www.binghoehle.de, Apr.–Okt. Mo–So 9–17 Uhr.

4
5 km
St2186
–

Vor Streitberg links in die Bahnhofstraße (St2186) und in den Ort hinein fahren. Am Dorfplatz links abbiegen und 2,5 km bis Störnhof, hier abermals links und 2,5 km bis Veilbronn fahren.

Strecke: *Eine Straße mit Höhlencharakter: Unter Bäumen verschwindet sie im Dunkeln, über den Köpfen bilden Felsvorsprünge einen Tunnel.*

5
18 km
St2187
St2188

In Veilbronn links, nach knapp 0,5 km an der St2187 rechts und 17,5 km über Heiligenstadt, Burggrub (ab hier St2188) und Zeegendorf bis Geisfeld.

Strecke: *Schnurstracks geht es hinein in das stille Tal der Leinleiter.*

Info: Heiligenstadt, 1165 erstmals urkundlich erwähnt, gehörte lange Zeit zum Besitz der Bamberger Bischöfe. Der reizvolle Marktplatz mit denkmalgeschütztem Fachwerk lohnt einen ausgiebigen Blick in den Altstadtkern (www.markt-heiligenstadt.de).

Hinter Heiligenstadt führt ein kleiner Steilanstieg auf die Höhen des Fränkischen Jura zum Schloss Greifenstein. Das Schloss wurde im Barockstil auf den Grundmauern einer alten Burg errichtet. Höhepunkte der Anlage sind die reich verzierten Stuckdecken, die Intarsienböden, der Springbrunnen im Innenhof aus echtem Dolomit und die riesige Waffensammlung. Greifenstein ist seit Jahrhunderten im Besitz der Familie von Stauffenberg, zu der auch der Hitler-Attentäter Claus Graf von Stauffenberg gehörte. Im Juli 1944 wurde Schloss Greifenstein von einem Sonderkommando der Gestapo besetzt und Stauffenbergs Familie in ein Konzentrationslager verschleppt.

Schloss Greifenstein, 91332 Heiligenstadt, Tel. 091 98/423, www.schloss-greifenstein.de, Mai–Okt. Mi–So 9–11.15 Uhr, 13.30–16.45 Uhr, März–Apr., Nov.–15. Jan. Mi–So 9–11.15 Uhr, 13.30–16.45 Uhr.

Schloss Greifenstein: Hier lebte die Familie des Hitler-Attentäters Claus Graf von Stauffenberg.

6
9 km
St2210
–

In Geisfeld rechts in die Litzendorfer Straße (St2210) und 5 km über Litzendorf bis Pödeldorf. Hier halb rechts und 4 km weiter bis Memmelsdorf.

Strecke: *Fränkische Beschaulichkeit auf der Burgenstraße lässt automatisch auch den Puls einen Gang herunterschalten.*

7
10 km
St2190
St2210

Bei Memmelsdorf am Schloss Seehof rechts auf die St2190 und 10 km bis nach Scheßlitz – auf der St2210 durch den Ort Richtung A70.

Info: Memmelsdorf hält mit dem Barockschloss Seehof eine satte Portion Romantik bereit. Im prächtigen Rokokogarten sind noch die Kaskaden mit ihren Wasserspielen zu sehen.
Schloss Seehof, 96117 Memmelsdorf, Tel. 0951/51 93 90, www.schloesser.bayern.de, Apr.–Okt. Di–So 9–18 Uhr.

8
23 km
B22

Kurz vor der Autobahnauffahrt rechts auf die B22 und der Bundesstraße 23 km bis Hollfeld folgen.

Strecke: *Hier kann man die Pferde laufen lassen. Die Bundesstraße führt in flotten Schwüngen durch das Tal der jungen Wiesent.*

Tipp: Bamberg

Info: Einen Besuch der Bamberger Altstadt sollte sich auch der kurvensüchtigste Motorradfahrer nicht entgehen lassen. Weltbekannt sind das über dem Fluss Regnitz schwebenden Alte Rathaus und die rätselhafte Skulptur des Bamberger Reiters im Dom.

Restaurant-Tipp: Im Schlenkerla serviert man fränkische Spezialitäten zum berühmten Bamberger Rauchbier direkt aus dem Eichenfass. Lecker!
Brauerei Schlenkerla, Dominikanerstraße 6, 96049 Bamberg, Tel. 09 51/560 60, www.schlenkerla.de

Hotel-Tipp: Eine standesgemäße Bleibe finden Biker im Gasthof Rieneck in Breitengüßbach-Zückshut, nur 10 km nördlich von Bamberg.
Gasthof Rieneck, Hauptstraße 36, 96149 Breitengüßbach-Zückshut, Tel. 095 44/24 46, www.gasthof-rieneck.de €

9
8 km
St2191

In Hollfeld rechts abbiegen zum Unteren Markt und 8 km auf der St2191 bis Plankenfels fahren.

Restaurant- und Hotel-Tipp: Das kleine Landhaus Schönfelder Hof in Hollfeld wartet mit behaglicher Gastfreundschaft und fränkischem Flair auf. Die Zimmer sind schön eingerichtet, die Gaststube geräumig und gemütlich. Ein großer Parkplatz befindet sich direkt am Haus.

Landhaus Schönfelder Hof, Schönfeld 2, 96142 Hollfeld, Tel. 092 06/277, www.schoenfelderhof.de €€

10
9 km
St2188

Hinter Plankenfels auf freier Strecke rechts auf die St2188 und 9 km über Hochstahl nach Aufseß.

***Strecke:** Wir sind zurück auf der Burgenstraße. Schnelle Rechts-links-Kombinationen sorgen für Endorphine und sportlichen Fahrspaß.*

TOP TIPP **Restaurant-Tipp:** In Heckenhof, kurz vor Aufseß, liegt der Biker-Treffpunkt Nummer eins der Gegend, das Kathi-Bräu. Im Gewusel an- und abfahrender Motorräder ist es manchmal schwer, ein Plätzchen im sonnenverwöhnten Hof zu ergattern. Hier serviert man kleine, herzhafte und natürlich typisch fränkische Gerichte wie Bratwürste, Wurstplatten und Schäufele zu günstigen Preisen.

Kathi-Bräu, Heckenhof 1, 91347 Aufseß-Heckenhof, Tel. 091 98/277.

Tipp: Brauereiwanderweg

Info: In keiner anderen deutschen Gemeinde gibt es mehr Brauereien als im fränkischen Aufseß und in den umliegenden Dörfern. Nachlesen kann man das im Guiness-Buch der Rekorde. Der rund 13 km lange Brauereiwanderweg führt durch schöne Landschaft an allen Braustätten vorbei (www.aufsess.de).

11
4 km
–

In Aufseß links in die Draisendorfer Straße abbiegen und 4 km bis nach Wüstenstein.

Strecke: *Wir folgen dem winzigen Wegweiser ins urwüchsige Aufseßtal.*

Info: Das hübsche, auch für seine Bierkultur bekannte Örtchen Aufseß wird vom denkmalgeschützten Wohnschloss des Adelsgeschlechts Aufseß überragt. Seit fast 1000 Jahren befindet es sich im Familienbesitz, das ist auch unter Blaublütlern eher selten. Hans Freiherr von und zu Aufseß, Gründer des berühmten Germanischen Nationalmuseums in Nürnberg, fand am Familienstammsitz seine letzte Ruhestätte.

12
9 km
St2186
–

Am Ortseingang von Wüstenstein zweimal links auf die St2186 und 4 km bis Breitenlesau. Hier rechts und 5 km in Richtung Waischenfeld.

Strecke: *Über die Höhe vom Aufseßtal zurück ins Wiesenttal.*

Info: Auch in Waischenfeld zieht – wie so häufig im Frankenland – eine imposante alte Burg alle Blicke auf sich. Zu deren Füßen findet sich ein anerkannter Luftkurort mit wunderschönem Marktplatz, altem Fachwerk und einer sehenswerten Pfarrkirche.

Schlicht, aber mit großer Tradition: Schloss Aufseß im gleichnamigen Tal.

13
8 km
St2191

Vor Waischenfeld rechts auf die St2191, durch den Ort und 8 km bis nach Doos.

Strecke: *Flotte Kurvenstrecke durch das reizvolle Wiesenttal, vorbei an sattgrünen Wiesen und Wäldern – ein beliebtes Bikerrevier.*

14
4 km
–

In Doos rechts abbiegen und 4 km auf kleiner Straße bis nach Muggendorf fahren.

Strecke: *Über den Dooser Berg zum schönsten Teil des Wiesenttals.*

Event-Tipp: In Muggendorf wird wie in fast allen Dörfern der Fränkischen Schweiz der alte Brauch gepflegt, in der Osterzeit Quellen und Brunnen farbenfroh zu schmücken (www.osterbrunnen.de).

15
5 km
B470

In Muggendorf links auf die B470 und 5 km bis zum Abzweig nach Gößweinstein bei Sachsenmühle.

Strecke: *Schnelle und gut ausgebaute Kurven entlang der Wiesent.*

Info: Von Mai bis Oktober schnaufen sonntags sowie an vielen Feiertagen die historischen Züge der Dampfbahn Fränkische Schweiz u. a. von Muggendorf nach Gößweinstein (www.dfs.ebermannstadt.de).

A Burg Rabenstein

Strecke: *Von Waischenfeld aus hinter dem Café Krems links in Richtung Rabenstein abbiegen. Nach 1 km rechts halten und 3 km bis zur Burg fahren.*

Info: Ein beliebtes Ausflugsziel ist Burg Rabenstein über dem Ahorntal. Eine Führung durch die 800 Jahre alten Gemäuer der Festungsanlage und die stilvoll eingerichteten Säle wird zu einer Zeitreise in die Welt der Ritter. Außerdem gibt es eine Falknerei mit regelmäßigen Flugvorführungen und in der Nähe die sehenswerte Sophienhöhle (www.burg-rabenstein.de).

Restaurant- und Hotel-Tipp: Märchenhaft und exklusiv ist die Übernachtung im schönen Burghotel.
Burghotel Rabenstein, Rabenstein 33, 95491 Ahorntal, Tel. 092 02/970 04 40, www.burg-rabenstein.de €€€

16
4 km
St2685

In Sachsenmühle rechts auf die St2685 abbiegen und 4 km bis nach Gößweinstein hinauf fahren.

***Strecke:** Kurvige Auffahrt zum Wallfahrtsort über der Wiesent.*

Info: Auch in Gößweinstein hat der Kirschenanbau Tradition und im Frühjahr verwandelt sich die Landschaft rund um den Ort in ein weißes Blütenmeer. Das ganze Jahr über Saison haben hingegen der Tourismus und die Religion. Große Anziehungskraft übt vor allem die nach Plänen des Barockbaumeisters Balthasar Neumann errichtete Basilika zur Heiligen Dreifaltigkeit aus. Sehenswert ist auch Burg Gößweinstein, von der man einen tollen Ausblick über das Wiesenttal hat.

Wallfahrtskirche Gößweinstein, Balthasar-Neumann-Straße 2, 91327 Gößweinstein, Tel. 092 42/264.

Burg Gößweinstein, 91327 Gößweinstein, Tel. 092 42/71 99, Ostern–Okt. Mo–So 10–18 Uhr.

Restaurant- und Hotel-Tipp: Mitten in Gößweinstein mit Blick auf die Basilika liegt das bei Bikern beliebte Hotel Krone. Omas Blechkuchen und den hausgemachten Apfelstrudel lässt man sich auf der Sonnenterrasse schmecken, die nostalgischen Zimmer sind im Stil der 1930er-Jahre eingerichtet. Sichere Stellplätze und Trockenraum vorhanden.

Hotel Krone, Balthasar-Neumann-Straße 9, 91327 Gößweinstein, Tel. 092 42/207, www.krone-goessweinstein.de €

Ein Blickfang in Gößweinstein ist die herrliche barocke Basilika zur Heiligen Dreifaltigkeit.

17

8 km

St2191
B470

In Gößweinstein links auf die St2191 Richtung Behringersmühle und 1 km zurück zur B470. Hier rechts abbiegen und der Bundesstraße 7 km über Tüchersfeld bis Pottenstein folgen.

Strecke: *Mit 15 Prozent Gefälle geht es steil bergab. Rechts und links recken sich Felswände bis zu 150 m hoch in den Himmel.*

Info: Das kleine, nahe Pottenstein gelegene Tüchersfeld gilt als das heimliche Herz der Fränkischen Schweiz. Hunderte von Touristen schwärmen im Sommer durch die malerischen Gassen des von markanten Felsen flankierten Kirchdorfes, dessen Fachwerkhäuser teilweise so eng an den Kalkstein gebaut sind, dass sie optisch mit ihm verschmelzen. Im sogenannten Judenhof, einem Gebäudeensemble des 18. Jahrhunderts, ist das Fränkische-Schweiz-Museum untergebracht. Durch seine Lage unterhalb zweier steil aufragender Felstürme ist es zum Markenzeichen der Fränkischen Schweiz geworden und informiert über die Geologie und Kulturgeschichte der Region.
Fränkische-Schweiz-Museum, Am Museum 5, 91278 Tüchersfeld, Tel. 092 42/16 40, www.fsmt.de, Apr.–Nov. Di–So 10–17 Uhr, Dez.–März So 13.30–17 Uhr.

Event-Tipp: Alte Handwerkskunst und mittelalterliches Spektakel: Alljährlich Ende September kann man sich auf dem Historischen Markt im Tüchersfelder Judenhof auf Zeitreise begeben (www.fsmt.de).

Postkartenidylle in der Fränkischen Schweiz: das von Felsen flankierte Dorf Tüchersfeld.

18

9 km

St2163

In Pottenstein am Langen Berg (St2163) rechts fahren. Nach 1,5 km an der Kreuzung links, um auf der St2163 zu bleiben, und 7,5 km über Kirchenbirkig bis nach Leupoldstein.

Strecke: *Beschwingte Fahrt durch den Naturpark Fränkische Schweiz-Veldensteiner Forst.*

Info: In der Fränkischen Schweiz gibt es über tausend Höhlen. Zu den größten und schönsten zählt die Teufelshöhle. Hier beeindrucken neben riesigen Sälen und verschlungenen Gängen vor allem die teilweise bizarr und vielfältig geformten Tropfsteine, die bis zu 340 000 Jahre alt sind. Ganz in der Nähe der Tropfsteinhöhle liegt die Sommerrodelbahn Pottenstein, mit 1160 m eine der längsten in Europa.

Teufelshöhle, Forchheimer Straße 1, 91278 Pottenstein, Tel. 092 43/208, www.teufelshoehle.de, Apr.–Okt. Mo–So 9–17 Uhr, Nov.–März Di, Sa+So 10–15 Uhr.

Sommerrodelbahnen, 91278 Pottenstein, Tel. 092 43/922 00, www.sommerrodelbahnen-pottenstein.de, März–Okt. Mo–So 10–17 Uhr.

Hotel-Tipp: Alle Zimmer der Pension Zambelli in Pottenstein bieten einen Blick auf die Burg. Für Biker gibt es einen speziellen Service und Unterstellmöglichkeiten für die Maschinen.

Pension Zambelli, Teubnerstraße 4, 91278 Pottenstein, Tel. 092 43/554, www.pension-pottenstein.homepage.t-online.de €€

Tipp: Felsenbad Pottenstein

Info: Badespaß vor außergewöhnlicher Kulisse bietet das Felsenbad in Pottenstein. Vor allem abends, wenn die Sonne langsam hinter den Bergen versinkt, leuchtet das Naturschwimmbecken in magischem Licht.

Felsenbad Pottenstein, 91278 Pottenstein, Tel. 092 43/70 05 92, www.felsenbad.eu, im Sommer tgl. 9.30– 19 Uhr.

19
13 km
B2

In Leupoldstein rechts auf die B2, der Bundesstraße 13 km über Hiltpoltstein bis Gräfenberg folgen.

Strecke: *Schaukelpartie auf landschaftlich reizvoller Bundesstraße.*

Info: In Möchs, 4 km nördlich von Hiltpoltstein, lohnt sich ein Rundgang durch Brünners originelles Oldtimer Museum. Es zeigt die private Sammlung von über 140 Motorrädern aus den Jahren 1928 bis 1970, überwiegend aus deutscher Produktion. Herr Brünner erläutert die Exponate und beeindruckt durch sein enormes Fachwissen.

Brünners Oldtimer Museum, Möchs 27, 91355 Hiltpoltstein, Tel. 092 45/12 31, Mo–So und auch an Feiertagen 9–18 Uhr.

20
19 km
–
St2236
B470

Am Ortseingang von Gräfenberg rechts in den Ort und 19 km über Kasberg und Wiesenthau – ab hier auf der St2236 und B470 – zurück nach Forchheim.

Strecke: *Genussvolles Touren auf einsamer Straße. Ab Wiesenthau dann auf bekannter Route wieder nach Forchheim.*

Info: Die Brennerei Pingold in Gräfenberg destilliert feinen Obst- und Kräuterschnaps und stellt fruchtige Liköre her.

Brennerei und Probierstube Pingold, Lilling 4, 91322 Gräfenberg, Tel. 091 92/74 94, www.pingold.com, Hofladen: Mo–Do 17–19 Uhr, Fr 14–18 Uhr, Sa 10–16 Uhr.

Ein Abstecher zu Schloss Egloffstein lohnt sich.

A Egloffstein

Strecke: *Vor Gräfenberg rechts auf die St2191, 8 km bis Egloffstein. Hier scharf links auf die St2242 und 9 km über Leutenbach und Dietzhof zur Hauptroute.*

Info: Schloss Egloffstein thront stolz und malerisch auf einem Felssporn über dem Trubachtal. Es kann bei einer Führung besichtigt werden. Wer Lust hat, kann sich auf der Burg sogar einmieten (www.burg-egloffstein.de).

Goldene Ufer

Mittelrhein, Moseltal und Hunsrück

10

ROUTE 10 Mittelrhein – Goldene Ufer

Ⓐ **Ausgangsort**
Königswinter (D-53639)

Ⓔ **Zielort**
Koblenz (D-56068)

229 km ★★★★ ★★

Straßentypen (in Prozent der Streckenlänge)

30 | 70

■ Landstraße/asphaltierte Nebenstraße
■ Bundesstraße/Schnellstraße

Diese Tour können Sie mit Route 11 und 12 kombinieren.

Rhein-Touristik im Tal der Loreley
Loreley Besucherzentrum
D-56346 St. Goarshausen
Tel. 06771/59 90 93
info@loreley-touristik.de
www.tal-der-loreley.de

(→ *weitere Adressen siehe Seite 276*)

An den Ufern des Rheins bauten die Imperia-Werke einst ein Luxusmodell namens »Rheingold«. Von dieser herrlichen Maschine mit Zweizylinder-V-Motor dürften kaum noch Exemplare zu finden sein, auch das Rheingold der Nibelungen ist für immer verschwunden. Nur Motorradfahrer sind am Rhein goldrichtig, sie entdecken hier ein wahres Motorradparadies vor der Kulisse des mächtigen Stroms mit seinen zahllosen Burgen und Ruinen.

Route 10
Cochem
Bad Neuenahr-
-Ahrweiler
BONN
Bad Godesberg
Mayen
Remagen
Königswinter
Sinzig
Erpel
Bad Honnef
Drachenfels
Mendig
Maria Laach
Laacher See
Bad Breisig
Rhein
Linz a. Rhein
Bad Hönningen
Nordrhein-Westfalen
Hahn
Liesenich
Maria Engelport
-Karden
Treis-
Müden
Burg Eltz
Eltz
Mörsdorf
Moselkern
Münstermaifeld
Mosel
Andernach
Rheinland-Pfalz
Kastellaun
Hunsrückhöhenstraße
Löf
Alken
Kobern-Gondorf
Neuwied
Gödenroth
Simmern
Winningen
Emmelshausen
Boppard
Bendorf
Karbach
Top Tipp
Lahnstein
Horchheim
Koblenz
Vallendar
Rheinböllen
Braubach
Lahn
Höhr-Grenzhausen
Dierdorf
Oberwesel
St. Goar
Burg Maus
Sankt Goarshausen
Steeg
Bacharach
Loreley
Burg Katz
Kaub
Loreley-Burgen-Straße
Bogel
Bad Ems
Niederheimbach
Burg Pfalzgrafenstein
Weisel
Lorch
Miehlen
Nastätten
Nassau
Montabaur
Hessen
Hunsrück
Eifel
Westerwald
B258
B412
B49
B262
A61
B42
A48
B256
B327
B421
L202
L204
B416
A3
B8
B327
B50
L213
B9
L335
L327
B413
B274
L323
B260
B417
Route
10 km
Kiel
Rostock
Hamburg
Neubrandenburg
Bremen
Hannover
Berlin
Bielefeld
Magdeburg
Düsseldorf
Kassel
Leipzig
Bonn
Erfurt
Dresden
Frankfurt
Würzburg
Nürnberg
Saarbrücken
Stuttgart
Passau
München
Kempten
Freiburg

Tour-Stationen auf einen Blick

Tourlänge: 229 km

Nr.	Ort	PLZ	GPS-Koordinaten
Ⓐ	Königswinter	D-53639	N 50 40.311 E 07 11.604
02	Neuwied	D-56564	N 50 26.581 E 07 28.438
03	Lahnstein	D-56112	N 50 18.986 E 07 36.117
04	Braubach	D-56338	N 50 16.273 E 07 38.753
05	St. Goarshausen	D-56346	N 50 09.122 E 07 43.292
-	Weisel	D-56348	N 50 07.025 E 07 48.074
06	Kaub	D-56349	N 50 05.222 E 07 45.734
07	Niederheimbach	D-55413	N 50 02.120 E 07 48.366
-	Manubach	D-55413	N 50 01.940 E 07 45.691
08	Bacharach	D-55422	N 50 03.377 E 07 45.367

Nr.	Ort	PLZ	GPS-Koordinaten
09	St. Goar	D-56329	N 50 09.384 E 07 42.240
10	Emmelshausen	D-56281	N 50 09.317 E 07 34.631
11	Kastellaun	D-56288	N 50 03.688 E 07 25.742
12	Treis-Karden	D-56253	N 50 10.692 E 07 17.951
13	Löf	D-56332	N 50 14.297 E 07 26.529
Ⓔ	Koblenz	D-56068	N 50 21.796 E 07 36.329

Die Tabelle enthält die wichtigsten Stationen der Route – ggf. wurden Orte weggelassen oder zur exakteren Navigation ergänzt; Referenzsystem der GPS-Koordinaten: WGS84

1
38 km
–
B42

Ⓐ

Von Königswinter auf der Rheinallee flussaufwärts fahren. Nach 2 km rechts auf die B42 und 36 km über Linz und Bad Hönningen bis Neuwied.

Strecke: *Immer auf Tuchfühlung mit dem Rheinstrom, zuerst auf der Uferstraße, dann auf vierspuriger Bundesstraße, die aber hinter Bad Honnef zweispurig weiter durch das jetzt enger werdende Flusstal führt.*

Info: Mit der Drachenfels-Zahnradbahn geht es von Königswinter hoch zum Drachenfels, der einen herrlichen Ausblick auf das Rheintal bietet. Weitere Attraktionen sind die romantische Drachenburg, die Nibelungenhalle mit Drachenhöhle und der Reptilienzoo.

Schloss Drachenburg, Drachenfelsstraße 118, 53639 Königswinter, Tel. 022 23/90 19 70, www.schloss-drachenburg.de, Di–So 11–18 Uhr.

Restaurant- und Hotel-Tipp: Das luxuriöse Hotel Maritim in Königswinter hat ein Faible für Motorradfahrer und eine Tiefgarage.

Maritim Hotel, Rheinallee 3, 53639 Königswinter, Tel. 022 33/70 70, www.maritim.de €€€

Event-Tipp: Immer am ersten Samstag im Mai steht der »Rhein in Flammen«. Tausende rote Bengalfeuer, die Höhenfeuerwerke sowie über 50 bunt beleuchtete Schiffe verwandeln das Rheintal in ein mystisches Lichtermeer (www.rhein-in-flammen-bonn.de).

Tipp: Brücke von Remagen

Info: Die zwischen Remagen und Erpel im Ersten Weltkrieg aus militärischen Gründen errichtete Eisenbahnbrücke über den Rhein war 1945 der letzte unzerstörte Rheinübergang und diente den amerikanischen Truppen als Brückenkopf. Die deutsche Wehrmacht hatte vergeblich versucht, die Brücke zu sprengen; im März 1945 stürzte sie dann doch aufgrund der erlittenen Beschädigungen ein und wurde nicht wieder aufgebaut. Bei Erpel hat man einen guten Blick auf die erhalten gebliebenen Brückenteile. Auf der linksrheinischen Remagener Seite beherbergt das Brückenportal ein Friedensmuseum, das von Geschichte und Bedeutung des Bauwerks erzählt (www.bruecke-remagen.de).

2
20 km
B42

In Neuwied geradeaus und der B42 weiter 20 km über Bendorf bis Koblenz-Horchheim folgen.

Strecke: *Die teilweise wieder vierspurig ausgebaute B42 führt durchs dicht besiedelte Neuwieder Becken und muss viel Verkehr verkraften.*

3
8 km
L335

An der Ausfahrt KO-Horchheim rechts von der B42 abfahren und auf der Kölner Straße (L335) durch Lahnstein hindurch 8 km bis nach Braubach.

Strecke: *Alternativ kann man auf der B42 direkt nach Braubach fahren. In Lahnstein überqueren wir die Lahn, die hier in den Rhein mündet.*

Info: Über der Lahnmündung thront Burg Lahneck. Von Lahnstein geht es in sanften Schwüngen bergan, dann durch ein Stück Wald, bis ein schmales Portal auftaucht. Die Lahneck erweist sich bei der Besichtigung als wahrer Dornröschentraum (www.burg-lahneck.de).

Restaurant-Tipp: Vor der mächtigen Schildmauer der Lahneck empfängt den Besucher ein herrlicher Biergarten mit Blick auf die golden strahlende Burg Stolzenfels auf der anderen Rheinseite. Da schmeckt die böhmische Küche oder die frische Forelle doppelt gut.

Burgrestaurant Lahneck, Am Burgweg, 56112 Lahnstein, Tel. 026 21/22 44.

4
25 km
L327
B42

In Braubach rechts in die Rheinstraße (L327) abbiegen und 500 m bis zur B42 fahren. Hier links und 24,5 km bis nach Sankt Goarshausen.

TOP TIPP **Strecke:** *Der schönste Abschnitt des Mittelrheintals. Hier reiht sich Burg an Burg: die Feindlichen Brüder, Burg Maus und Burg Katz.*

Info: Die Marksburg in Braubach dürfte die authentischste aller deutschen Ritterburgen sein. Sie wurde nie zerstört, und so blättert sich ihre Baugeschichte bei einer einstündigen Führung wie im Bilderbuch auf: Bergfried, romanischer und gotischer Palas, die Bastionen.

Marksburg, 56338 Braubach, Tel. 026 27/206, www.marksburg.de, Apr.–Okt. Mo–So 10–17 Uhr, Nov.–März Mo–So 11–16 Uhr.

5
13 km
L338
L339

In Sankt Goarshausen links in die Forstbachstraße (L338) und 8 km bis Weisel. Hier rechts auf die L339 abbiegen und 5 km bis nach Kaub fahren.

Strecke: *Kurvenräubern auf der Loreley-Burgen-Straße. An der Strecke liegt auch die Zufahrt zum Loreleyplateau und zur Freilichtbühne.*

Event-Tipp: Auf der Loreley finden von Mai bis September Open-Air-Veranstaltungen von internationalem Rang statt (www.loreley.biz).

Die Marksburg, unzerstört seit 800 Jahren.

A Schlenker in den Taunus

Strecke: *Von Braubach 16 km mit flottem Tempo auf der L335 bis Miehlen. Hier geradeaus (L323), 5 km bis Bogel. Jetzt rechts auf die B274 und 7 km bis Sankt Goarshausen zur Hauptroute.*

Restaurant-Tipp: Beliebter Treffpunkt ist der Biergarten des »Biker's Place« in Bogel direkt an der B274.

Biker's Place, Hauptstraße 34, 56357 Bogel, Tel. 067 72/96 48 40.

6
8 km
B42

In Kaub links auf die Rheinuferstraße (B42) und 8 km stromaufwärts bis Lorch. Hier mit der Fähre über den Fluss nach Niederheimbach übersetzen.

Info: Mitten im Rhein steht die Burg Pfalzgrafenstein auf einer umströmten Felsklippe – ein Bild, das für Deutschland steht. Die »Pfalz« wurde im Mittelalter als Zollstation errichtet. Von Kaub legt alle halbe Stunde eine Fähre zur sehenswerten Burg im Fluss ab.

Zollburg Pfalzgrafenstein, 56349 Kaub, Tel. 067 74/222, www.burg-pfalzgrafenstein.de, Jan.–Feb., Nov. Sa+So 10–17 Uhr, März Di–So 10–17 Uhr, Apr.–Okt. Mo–So 10–17 Uhr.

Restaurant-Tipp: Fast schon Pflicht ist der Besuch von Benno's Truck Stop in Kaub. Der Schnellimbiss an der B42, der an einen US-Trading Post an der Route 66 erinnert, hat sich zu einer Biker-Institution entwickelt. Hier isst man nicht nur Currywurst – hier trifft man sich!

Benno's Truck Stop, Bundesstraße 42, 56349 Kaub, Tel. 067 74/17 11, www.bennos-truck-stop.de

Restaurant- und Hotel-Tipp: Wer die gehobenere Küche bevorzugt, ist im Deutschen Haus in Kaub bestens aufgehoben. Hier kann man auch in zweckmäßigen Zimmern angenehm übernachten.

Hotel Deutsches Haus, Schulstraße 1, 56349 Kaub, Tel. 067 74/266, www.hotel-deutsches-haus-kaub.de €€

Flussfahrt mit Bike – hier mit der hübschen Zollburg Pfalzgrafenstein im Hintergrund.

7

11 km

B9

–

In Niederheimbach rechts auf die B9 und 1,5 km bis Rheindiebach. Hier links Richtung Oberdiebach, 9,5 km über Manubach und Neurath bis Bacharach.

Strecke: *Schöne, kleine Panoramastraße über dem Rheintal – vorbei an der Ruine Dieburg und der alten Stauferburg Stahleck.*

Info: Nach Bacharach gelangt man nur durch das enge Tor der mittelalterlichen Stadtbefestigung. Die engen Gassen des Rheinstädtchens mit der hochromantischen Ruine der Wernerkapelle, den Fachwerkhäusern und den vielen Cafés sind eine gut besuchte Touristenattraktion, da für ausländische Gäste vom Frankfurter Flughafen aus rasch zu erreichen. Über der Stadt wacht die gut erhaltene Burg Stahleck, heute Jugendherberge, mit ihrer imponierenden Schildmauer.

Restaurant-Tipp: Statt der vielen Touristencafés in Bacharach bevorzugen Motorradfahrer das Café Schönblick vor den Toren der Stadt. Es liegt an der herrlichen Bergstrecke (L224) Richtung Rheinböllen im Ortsteil Steeg und bietet eine grandiose Aussicht auf Bacharach. Spezialitäten des Hauses sind Wild, Schweinshaxe, das Winzersteak und Räucherforelle. Für Biker gibt es ein spezielles Bikermenü.

Café-Restaurant Schönblick, Rheingoldstraße, 55422 Bacharach-Steeg,
Tel. 067 43/13 47, www.restaurant-bacharach.de

Bacharach, ein Sinnbild deutscher Romantik.

Oberhalb von Bacharach fasziniert der schöne Blick auf den Rhein und Burg Stahleck.

8
15 km
L224
B9

Auf Höhe von Bacharach rechts auf die L224 abbiegen und 1 km in den Ort hinein bis zur B9. Hier links und 14 km über Oberwesel bis St. Goar.

Strecke: *Unterhalb der Loreley durch das Rheintal, das an dieser Stelle ganz eng und dunkel, ja fast bedrohlich wirkt. Von dieser Rheinseite ist der Ausblick auf den sagenumwobenen Loreleyfelsen am schönsten.*

Restaurant- und Hotel-Tipp: Die Zimmer des Hotels auf der Schönburg bei Oberwesel mit Rheinblick sind nicht billig, dafür parken die Maschinen sicher und vor Raubrittern geschützt auf dem Hof.

Burghotel–Restaurant, Auf Schönburg, 55430 Oberwesel, Tel. 067 44/939 30, www.burghotel-schoenburg.de €€€

9
11 km
L213
L206

Am Hafen von St. Goar links auf die L213 Richtung A61 abbiegen und 11 km über Werlau und Karbach bis zur Hunsrückhöhenstraße bei Emmelshausen.

Strecke: *Die schmale Landstraße windet sich rasch aus dem Rheintal hinauf zu den bewaldeten Hunsrückhöhen.*

Info: Die 140 km lange Hunsrückhöhenstraße wurde 1938/39 in nur 100 Tagen als militärisch-strategische Aufmarschstraße gebaut. Im Filmepos »Heimat« von Edgar Reitz wird diese Episode nacherzählt.

10
16 km
B327

Kurz vor Emmelshausen links auf die Hunsrückhöhenstraße (B327) abbiegen und ihr 16 km über Gödenroth bis hinter Kastellaun folgen.

Strecke: *Die Hunsrückhöhenstraße führt den Beinamen »Straße der weiten Aussicht« – und so ist es auch. Enge Kurven oder gar Kehren darf man nicht erwarten, dafür kann man entspannt die Aussicht genießen.*

11
24 km
L204
L202

Hinter Kastellaun rechts auf die L204 fahren und 24 km über Mörsdorf und Maria Engelport – ab hier auf der L202 – bis nach Treis-Karden.

Strecke: *Von den weiten Höhen des Hunsrück folgt man dem wild verschlungenen Flaumbachtal hinab zur Mosel.*

Restaurant- und Hotel-Tipp: Für Biker längst kein Geheimtipp mehr ist das Gasthaus Moselhöhe in Liesenich. An lauen Abenden glüht im Biergarten der Schwenkgrill, und die tollsten Motorradgeschichten werden erzählt. Gern zeigt Chef Peter Schmitz seinen Gästen die spannendsten Kurvenpisten an der Mosel und im Hunsrück.

Pension & Gasthaus Moselhöhe, Hauptstraße 30, 56858 Liesenich, Tel. 065 45/18 43, www.moselhoehe.de €€

12
15 km
B416

In Treis-Karden links über die Mosel. Am Ufer in Karden rechts auf die B416 und der Bundesstraße 15 km über Müden und Moselkern bis Löf folgen.

Info: Bei Moselkern mündet das Flüsschen Eltz in die Mosel. Folgt man dem Eltztal, gelangt man zur mächtigen Burg Eltz, die mit Hunderten Erkern, Giebeln und Türmchen verziert auf einem Felsen über dem Tal thront. 800 Jahre überstand sie ohne Zerstörung. Die Wohnverhältnisse waren beengt, wie man bei einer Besichtigung feststellen kann, denn die Eltz war eine Ganerbenburg, und mehrere ritterliche Familien teilten sich die Burg und mussten untereinander Frieden halten. Unser Begriff »Burgfrieden« hat hier seinen Ursprung.

Burg Eltz, 56294 Münstermaifeld, Tel. 026 72/95 05 00, www.burg-eltz.de, Apr.–Okt. Mo–So 9.30–17.30 Uhr.

Unzählige Türmchen zieren die Burg Eltz.

13
25 km
K41
B49

In Löf links und über die Mosel Richtung Alken, dann rechts auf die B49 und 25 km nach Koblenz.

Strecke: *Die gut ausgebaute Bundesstraße folgt den weiten Biegungen der Mosel, die sich in Koblenz am Deutschen Eck in den Rhein ergießt. Am Deutschen Eck, unter den wachsamen Augen des Reiterstandbilds von Kaiser Wilhelm I., endet auch unsere Rheintour.*

Endstation am Deutschen Eck in Koblenz, wo Mosel und Rhein zusammenfließen.

11

Volle Schräglage

Hocheifel, von der Ahr zum Nürburgring

Ⓐ **Ausgangsort**
Bad Neuenahr (D-53474)

Ⓔ **Zielort**
Bad Neuenahr (D-53474)

127 km ★★★ ★★★★★

Straßentypen (in Prozent der Streckenlänge)

Landstraße/asphaltierte Nebenstraße	Bundesstraße/Schnellstraße
65	35

■ Landstraße/asphaltierte Nebenstraße
■ Bundesstraße/Schnellstraße

Diese Tour können Sie mit Route 10 kombinieren.

Ahrtal-Tourismus
Blankartshof 1
D-53474 Bad Neuenahr-Ahrweiler
Tel. 026 41/917 10
info@ahrtaltourismus.de
www.ahrtaltourismus.de

(➔ *weitere Adressen siehe Seite 277*)

Wie ein Magnet zieht die Eifel Biker aus ganz Deutschland an. Neben reizvoller Natur findet man hier anspruchsvolle, kurvige Traumpisten. Highlight der folgenden Route ist natürlich die »Grüne Hölle«, der Nürburgring mit seiner legendären Nordschleife. Hier kann man so richtig die Muskeln spielen lassen. Und im Gegensatz zu anderen Eifelstrecken gibt es keinen Gegenverkehr und auch kein Tempolimit. Wenn das nicht Anreiz genug ist!

Route 11
Kiel
Rostock
Hamburg
Bremen
Neubrandenburg
Hannover
Berlin
Bielefeld
Magdeburg
Düsseldorf
Kassel
Leipzig
Bonn
Erfurt
Dresden
Frankfurt
Würzburg
Nürnberg
Saarbrücken
Stuttgart
Passau
München
Kempten
Freiburg
Bad Münstereifel
B51
Nordrhein-
Westfalen
A61
B257
Unkel
Remagen
Rhein
Linz a. Rhein
-Ahrweiler
Bad Neuenahr-
B266
Sinzig
B42
L234
Eicherscheid
Radioteleskop Effelsberg
Holzem
Effelsberg
Binzenbach
Burg Are
Mayschoß
B267
Ahr-Rotweinstraße
Altenahr
L76
Kreuzberg
B9
Bad Hönningen
L84
Bad Breisig
L165
Ahr
Hönningen
Kesseling
Ramersbach
L85
B257
Schuld
Dümpelfeld
L73
Blankenheim
Niederzissen
B412
Kesselinger Tal
Herschbach
B258
Leimbach
Kaltenborn
B412
Rheinland-
Pfalz
Laacher See
Maria Laach
L90
L10
Jammelshofen
Adenau
Breidscheid
747
Hohe Acht
Grüne Hölle
Nord-schleife
Top Tipp
Döttingen
Nette
A61
Mendig
B256
Ahbach
Nürburgring
B258
ring°werk
B262
Route
5 km
B410
Mayen
N
1
2
3
4
5
6
7
8
9
10
11

Tour-Stationen auf einen Blick

Tourlänge: 127 km

Nr.	Ort	PLZ	GPS-Koordinaten
Ⓐ	**Bad Neuenahr**	D-53474	N 50 32.836 E 07 06.545
02	**Kreuzberg**	D-53505	N 50 30.578 E 06 58.724
03	**Binzenbach**	D-53505	N 50 30.829 E 06 54.236
04	**Bad Münstereifel**	D-53902	N 50 33.503 E 06 46.013
05	**Eicherscheid**	D-53902	N 50 31.974 E 06 46.218
06	**Schuld**	D-53520	N 50 26.837 E 06 52.602
07	**Dümpelfeld**	D-53520	N 50 26.516 E 06 56.055
08	**B258 Nürburgring**	-	N 50 20.056 E 06 55.593
09	**Döttinger Höhe**	D-53520	N 50 21.328 E 06 59.732
10	**Jammelshofen**	D-53520	N 50 23.114 E 07 01.445

Nr.	Ort	PLZ	GPS-Koordinaten
11	**Kesseling**	D-53506	N 50 28.908 E 07 01.531
-	**Ramersbach**	D-53474	N 50 29.361 E 07 05.733
Ⓔ	**Bad Neuenahr**	D-53474	N 50 32.654 E 07 05.970

Die Tabelle enthält die wichtigsten Stationen der Route – ggf. wurden Orte weggelassen oder zur exakteren Navigation ergänzt; Referenzsystem der GPS-Koordinaten: WGS84

1
16 km
B267

Bad Neuenahr-Ahrweiler auf der B267 verlassen, 16 km bis Kreuzberg kurz hinter Altenahr fahren.

Strecke: *Die idyllische Ahr-Rotweinstraße schlängelt sich abwechslungsreich und mit griffigem Asphalt durchs enge Ahrtal, rechts und links flankiert von steilen Weinbergen. Leider ist die Strecke viel befahren.*

Info: Ahrweiler ist der östliche Stadtteil des Heilbads Bad Neuenahr-Ahrweiler. In der Altstadt, die von einer vollständig erhaltenen mittelalterlichen Stadtmauer umgeben ist, geht es beschaulich zu. In den Gassen zwischen alten Fachwerkhäusern findet man rasch ein gemütliches Café (www.bad-neuenahr-ahrweiler.de).

Die Ruine der Burg Are hoch über Altenahr lädt zu einer Kletterpartie in den Mauerresten der über 900 Jahre alten Befestigung ein. Hier bietet sich ein fantastischer Ausblick über diesen Teil der Eifel.

2
7 km
L76

In Kreuzberg rechts auf die L76 Richtung Bad Münstereifel abbiegen und 7 km bis Binzenbach.

Strecke: *Schwungvolle Kurven durch eine reizvolle Waldlandschaft zum Warmfahren für die noch anstehenden Schräglagen-Abenteuer.*

Cruisen durchs Ahrtal: Die Schieferberge mit ihren Weingärten sind hier zum Greifen nah.

Tipp: Ahr-Rotweinstraße

Info: Für Rotweinfreunde ist das Ahrtal mit seinen vielen Weingütern besonderes attraktiv. Viele Altstadtfeste, Weinmärkte und das Burgunderfest finden zwischen Pfingsten und Spätherbst statt. Ein Abstecher hoch in die Weinberge, etwa bei Mayschoß, führt zu traumhaften Aussichtspunkten (www.ahrtaltourismus.de).

3
15 km
L76
L234

Kurz vor Binzenbach links und 15 km – später auf der L234 – an Effelsberg und Holzern vorbei weiter in Richtung Bad Münstereifel fahren.

Strecke: *Zu Beginn der Etappe erwarten uns herrliche Kehren bergauf. Nach kurzer Durststrecke gibt es vor Münstereifel wieder mehr Kurven.*

Info: Ein technisches Highlight der Eifel ist das Radioteleskop in Effelsberg. Seit fast 40 Jahren in Betrieb, gehört dieses Meisterstück der Ingenieurskunst immer noch zu den größten beweglichen Radioteleskopen der Erde. Es hat einen Durchmesser von 100 m, seine Oberfläche beträgt stolze 7850 m^2. Etwas oberhalb steht das Info-Zentrum, vom Parkplatz in 10 Minuten zu Fuß erreichbar.

Radioteleskop Effelsberg, Max-Planck-Straße 28, 53902 Bad Münstereifel-Effelsberg, Tel. 022 57/30 11 01, Informationsvorträge: Apr.–Okt. Di–Sa 10, 11, 13, 14, 15 und 16 Uhr; um Voranmeldung wird gebeten.

Bad Münstereifel: romantisches Fachwerk und das in Bruchstein gefasste Flüsschen Erft.

4
4 km
–
B51

In Bad Münstereifel nach der Unterführung rechts, knapp 500 m auf der Kölner Straße bis zum Kreisel. Hier die 1. Ausfahrt auf die B51 nehmen und der Bundesstraße 3,5 km bis Eicherscheid folgen.

Strecke: *Mehrspurige Umgehungsstraße.*

Tipp: Heinos Rathaus-Café

Restaurant-Tipp: Zuckersüß wie seine Melodien schmeckt die Haselnuss-Torte in Heinos Rathaus-Café in Bad Münstereifel. Der blonde Barde Heino ist nicht nur Besitzer des Cafés, sondern selbst gelernter Konditor.

Heinos Rathaus-Café, Marktstraße 18,
53902 Bad Münstereifel,
Tel. 022 53/66 50, www.heino.de

5
16 km
L165

In Eicherscheid im Kreisel die 2. Ausfahrt nehmen, 16 km auf der L165 über Schönau Richtung Schuld.

Strecke: *Wunderschöne Eifelstrecke: Auf kurvigen Pisten geht es durch viel Natur, an Bachläufen entlang und vorbei an saftig grünen Wiesen.*

Restaurant-Tipp: Kurz vor Schuld liegt der beliebte Motorradtreff Haus Waldfrieden. Zitat: »Bei Sauwetter Ruhetag«.

Bikertreff & Internetcafé Haus Waldfrieden, Münstereifelstraße 1, 53520 Schuld, Tel. 026 95/386, www.bikertreff-schuld.de

Die zwei Gesichter der Eifel: ruhiges Motorradwandern entlang der Ahr ...

6
5 km
L73

An der T-Kreuzung kurz vor Schuld links auf die L73, am Ort vorbei und 5 km bis Dümpelfeld.

Strecke: *Entspanntes Motorradwandern entlang der jungen Ahr.*

Info: In Schuld, unten im Dorf, lockt im Sommer die Ahr. Der Fluss ist eine klasse Bademöglichkeit für Waghalsige – aber eiskalt!

Restaurant-Tipp: Von Dümpelfeld sind es nur 4 km auf der B257 bis zum legendären Motorradcafé Fahrtwind in Hönningen. Man klönt auf der großen Außenterrasse und hat dabei seine Maschine immer im Blick.

Café Fahrtwind, In den Weidenhecken 34, 53506 Hönningen, Tel. 026 43/60 06, www.cafe-fahrtwind.de

... und Vollgasstimmung an der Einfahrt zur Nordschleife des Nürburgrings bei Breidscheid.

7
16 km
B257

Am Ortsrand von Dümpelfeld rechts auf die B257 und 16 km über Leimbach und Adenau Richtung Nürburgring – bis zur Kreuzung mit der B258.

***Strecke:** Hinter Breidscheid geht's bergauf, quer durch das Gebiet der »Grünen Hölle«. Einige Kehren verlangen viel Kurvengefühl.*

Info: Am historischen Marktplatz von Adenau mit seinem Basaltbrunnen ist immer mächtig was los. Auf den Stühlen der Straßencafés haben es sich natürlich vor allem Biker gemütlich gemacht.

Restaurant- und Hotel-Tipp: Das Historische Haus Blaue Ecke in Adenau ist als besonders motorradfreundlich bekannt, hat eine Garage und für seine Gäste immer Tourentipps in petto.
Historisches Haus Blaue Ecke, Markt 5, 54518 Adenau, Tel. 026 91/20 05, www.blaueecke.de €€

TOP TIPP **Event-Tipp:** Den besten Blick auf die Nordschleife des Nürburg-Rings hat man bei Breidscheid, wo die Maschinen den schwierig zu fahrenden Abschnitt Wehrseifen talwärts jagen. Wer es selbst versuchen möchte, kann schon hier ein Ticket lösen und versuchen, das 8-Minuten-Limit auf der 20,8 km langen Nordschleife zu knacken. Bei 73 Kurven und 300 m Höhenunterschied ist das bislang nur sehr, sehr wenigen Piloten geglückt. Die Öffnungszeiten der Nordschleife erfährt man tagesaktuell unter Tel. 026 91/30 26 30.

8
7 km
B258

Jetzt links Richtung Nürburgring/Döttingen und 7 km auf der B258 bis zur Döttinger Höhe.

Info: Der Nürburgring wurde 1927 eingeweiht und besteht heute aus der Nordschleife, ehrfurchtsvoll auch »Grüne Hölle« genannt, und der 5,148 km langen Grand-Prix-Strecke. Fahrten mit dem privaten Motorrad sind auf der Grand-Prix-Strecke leider nicht mehr erlaubt. Im Örtchen Nürburg befindet sich die Haupteinfahrt zur Nordschleife.

Hotel- und Camping-Tipps: An der Grand-Prix-Strecke liegt das Dorint Hotel, Treffpunkt der Motorsportgrößen. Wer es zünftiger und billig mag, schlägt sein Zelt auf dem Campingplatz am Ring auf.

Dorint Hotel, An der Grand-Prix-Strecke, 53520 Nürburg, Tel. 026 91/30 90, www.dorint.de €€€

Camping am Nürburgring, 53520 Müllenbach, Tel. 026 92/224, www.camping-am-nuerburgring.de €

Event-Tipps: Spannende Motorsport-Veranstaltungen, wie die Superbike WM, Formel 1 oder der Oldtimer-Grand-Prix, finden regelmäßig auf der Grand-Prix-Strecke des Nürburgrings statt. Im Rahmen des Bikerfestivals im September werden auch Läufe zur Superbike WM und andere Motorradrennen ausgetragen. Für das spektakuläre ADAC-24-Stunden-Rennen werden Grand-Prix-Strecke und Nordschleife zu einem Megakurs zusammengeschlossen (www.nuerburgring.de).

Blauer Himmel und tolle Kurven in der Eifel.

Tipp: ring°werk Nürburgring

Info: Formel-1-Feeling in der schnellsten Achterbahn der Welt, acht Jahrzehnte Motorsport mit wertvollen Oldtimer-Exponaten, Multimediatheater Grüne Hölle, ein Pit-Stop-Challenge und natürlich viele Restaurants und Läden – das alles bietet der 2009 neu eröffnete Erlebnispark ring°werk.

ring°werk, Nürburgring Boulevard, 53520 Nürburg, Tel. 026 91/30 26 30, Mo–Fr 12–17 Uhr, Sa+So 10–18 Uhr.

9
4 km
B412

Kurz vor Döttingen links auf die B412 abbiegen und 4 km in Richtung Jammelshofen fahren.

Info: Am Straßenrand befinden sich einige große Parkplätze mit toller Sicht auf die Nordschleife. An Renntagen steppt hier der Bär!

10
15 km
L10
L90

Vor Jammelshofen links auf die L10 in Richtung Kaltenborn. Nach 2,5 km in einer Linkskehre mitten im Wald rechts und 12,5 km auf der L90 über Kaltenborn und Herschbach bis Kesseling.

Strecke: *Traumetappe, die uns zuerst über die Hohe Acht (747 m), die höchste Erhebung der Eifel, und dann durch das gewundene Kesselinger Tal führt. Die schmale Straße wirkt zwar unscheinbar, ist bei forscherem Tempo aber eine echte sportliche Herausforderung.*

11
22 km
L85
L84

In Kesseling rechts abbiegen und 13 km auf der L85 bis Ramersbach fahren. Hier links, dann 9 km auf der L84 zurück nach Ahrweiler-Bad Neuenahr.

Strecke: *Volle Schräglage! Schöner, spritziger und kurvenreicher kann eine Tour durch die Eifel einfach nicht ausklingen.*

E

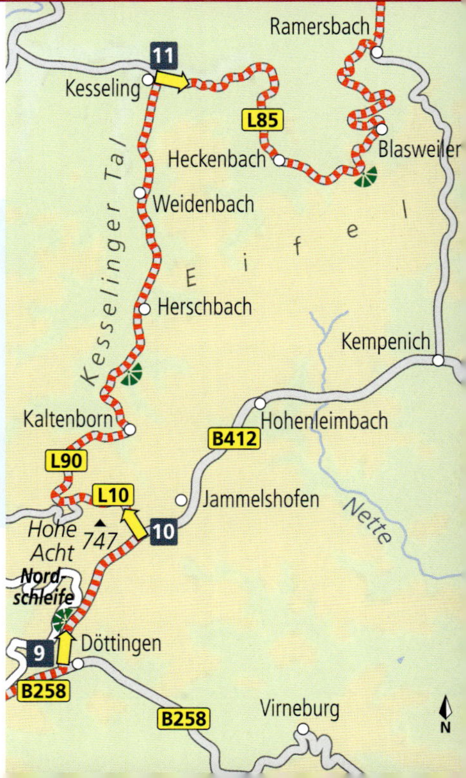

Man trifft sich

Durchs Sauerland, vom Diemelsee ins Lennebergland

12

Ⓐ **Ausgangsort**
Diemelsee (D-34431)

Ⓔ **Zielort**
Hagen (D-58089)

189 km ★★★ ★★★

Straßentypen (in Prozent der Streckenlänge)

Landstraße/asphaltierte Nebenstraße	Bundesstraße/Schnellstraße
35	65

Diese Tour können Sie mit Route 10 und 13 kombinieren.

Sauerland-Tourismus e. V.
Johannes-Hummel-Weg 1
D-57392 Schmallenberg
Tel. 018 02/40 30 40
info@sauerland.com
www.sauerland.com

(→ *weitere Adressen siehe Seite 277*)

Biker aus Nordrhein-Westfalen und besonders aus dem Ruhrgebiet betrachten das Sauerland als heimisches Revier. Hier kommt man raus aus dem Straßengeflecht der Metropolen, würzig-grüne Luft strömt unters Visier, und die Pisten sind eine wahre Lust. Die Kultur der Bikertreffpunkte hat man mitgebracht: Vom Diemelsee geht es über den Kahlen Asten zum Rhein-Weser-Turm, dann schwungvoll die Lenne entlang bis zum Bikertreff Hohensyburg.

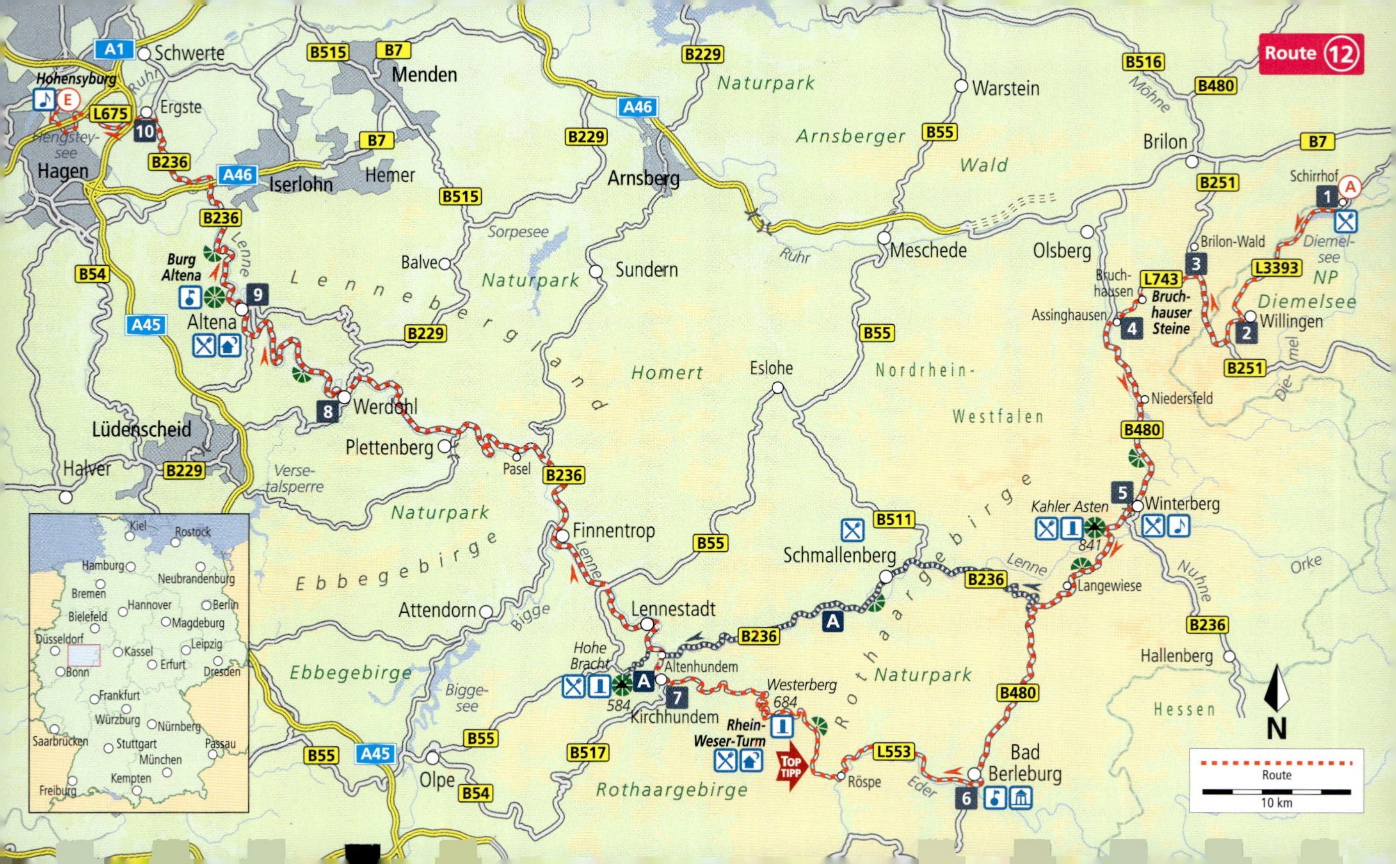
Route 12
Schwerte
Menden
Hohensyburg
Ergste
Hengsteysee
Hagen
Iserlohn
Hemer
Arnsberg
Naturpark
Arnsberger
Wald
Warstein
Brilon
Schirrhof
Brilon-Wald
Meschede
Olsberg
Ruhr
Möhne
Sorpesee
Sundern
Balve
Burg Altena
Altena
Lenne
Lennebergland
Werdohl
Plettenberg
Pasel
Lüdenscheid
Halver
Versetalsperre
Homert
Eslohe
Nordrhein-Westfalen
Diemelsee
NP Diemelsee
Willingen
Bruchhausen
Bruchhauser Steine
Assinghausen
Niedersfeld
Kahler Asten
841
Winterberg
Langewiese
Orke
Nuhne
Hallenberg
Hessen
Finnentrop
Ebbegebirge
Attendorn
Bigge
Biggesee
Lennestadt
Schmallenberg
Rothaargebirge
Hohe Bracht
584
Altenhundem
Kirchhundem
Westerberg
684
Rhein-Weser-Turm
Top Tipp
Röspe
Eder
Bad Berleburg
Olpe
N
Route
10 km
A1
A46
A45
B515
B7
B229
B236
B54
B55
B511
B517
B480
B516
B251
L675
L743
L3393
L553
Kiel
Rostock
Hamburg
Neubrandenburg
Bremen
Hannover
Berlin
Bielefeld
Magdeburg
Düsseldorf
Kassel
Leipzig
Bonn
Erfurt
Dresden
Frankfurt
Würzburg
Nürnberg
Saarbrücken
Stuttgart
Passau
München
Kempten
Freiburg

Tour-Stationen auf einen Blick

Tourlänge: 189 km

Nr.	Ort	PLZ	GPS-Koordinaten
Ⓐ	**Diemelsee**	D-34431	N 51 22.438 E 08 43.301
02	**Willingen**	D-34508	N 51 17.671 E 08 36.785
03	**Brilon-Wald**	D-59929	N 51 20.041 E 08 34.878
04	**Assinghausen**	D-59939	N 51 18.374 E 08 30.081
05	**Winterberg**	D-59995	N 51 11.863 E 08 31.738
06	**Bad Berleburg**	D-57319	N 51 02.477 E 08 23.091

Nr.	Ort	PLZ	GPS-Koordinaten
07	**Kirchhundem**	D-57399	N 51 05.470 E 08 04.634
08	**Werdohl**	D-58791	N 51 15.207 E 07 45.742
09	**Altena**	D-58762	N 51 17.441 E 07 40.306
10	**Schwerte-Ergste**	D-58239	N 51 24.817 E 07 34.220
Ⓔ	**Hagen**	D-58089	N 51 24.886 E 07 28.674

Die Tabelle enthält die wichtigsten Stationen der Route – ggf. wurden Orte weggelassen oder zur exakteren Navigation ergänzt; Referenzsystem der GPS-Koordinaten: WGS84

1
14 km
L3393

Ⓐ

Start am Motorradtreff Diemelsee. Links auf die L3393 und 14 km bis nach Willingen fahren.

Strecke: *Am blauen Diemelsee entlang, dann über lang gezogene Kurven durch das Upland, dem nordöstlichen Teil des Rothaargebirges.*

Restaurant-Tipp: Benzin liegt in der Luft am atmosphärischen Bikertreff Fährhaus am Diemelsee. Er ist ganzjährig geöffnet.
Fährhaus am Diemelsee, Am See 20, 34431 Marsberg/Helminghausen, Tel. 029 91/781 12, www.bikercafe-diemelsee.de

2
6 km
B251

Im Zentrum von Willingen rechts auf die Waldecker Straße (B251) Richtung Brilon. Der Bundesstraße 6 km bis zum Abzweig nach Olsberg folgen.

3
9 km
L743
K47

Bei Brilon-Wald links und 9 km auf der L743 und der K47 über Bruchhausen nach Assinghausen.

Info: In Bruchhausen recken markante Porphyrfelsen ihre Hälse aus dem Wald. Zu Füßen der Bruchhauser Steine befindet sich der Ringwall einer prähistorischen Fluchtburg. Der Zutritt ist kostenpflichtig.
Stiftung Bruchhauser Steine, Tel. 029 62/976 70, www.stiftung-bruchhauser-steine.de

4
14 km
B480

In Assinghausen links auf die B480, dann 14 km über Niedersfeld bis nach Winterberg fahren.

Strecke: *Traumstrecke zu Füßen des Kahlen Asten (841 m).*

Info: Winterberg hat sich als Wintersportzentrum einen Namen gemacht, kümmert sich aber auch intensiv um Biker. Die Tourist-Information Winterberg bietet samstags und sonntags sogar geführte Touren an, auf Anfrage auch werktags. Es müssen jedoch mindestens fünf Motorräder teilnehmen (www.winterberg.de).

Anmeldung unter Tel. 029 81/925 00 oder info@winterberg.de

Restaurant-Tipps: Uriges Ambiente und amerikanisch angehauchtes Essen gibt es im »Big Mountain American Roadhouse Bar & Grill«, das am Ortsrand von Winterberg, direkt an der B236, liegt. Im Zentrum von Winterberg lockt das »Blackwater Irish Pub« mit irischem Räucherlachs, traditionellen Fish & Chips und Bier von der grünen Insel.

Big Mountain American Roadhouse Bar & Grill, Schneilstraße 2 (direkt an der B236), 59955 Winterberg, Tel. 029 81/80 29 18, www.big-mountain-winterberg.de

Blackwater Irish Pub, Nuhnestraße 2, 59955 Winterberg, Tel. 029 81/89 95 39, www.blackwater-irishpub.de

Event-Tipp: Für Winterfahrer lohnt sich im Februar ein Besuch des internationalen Schlittenhunderennens in Winterberg.

Die Bruchhauser Steine bei Assinghausen.

5
25 km
B480

In Winterberg rechts abbiegen, um auf der B480 zu bleiben, und 25 km am Kahlen Asten entlang über Langewiese bis Bad Berleburg – durch den Ort.

Strecke: Schräglagen vom Feinsten: Die kurvige Bundesstraße durch einsame Teile des Sauerlands garantiert hohen Fahrspaß.

Info: Der ganz mit grün patiniertem Kupfer ummantelte Aussichtsturm auf dem Kahlen Asten (841 m) ist ein beliebter Bikertreff. Von der 23 m hohen Plattform des Astenturms bieten sich grandiose Fernblicke über das Sauerland bis zum rund 160 km entfernten Brocken im Harz. Im Turm befindet sich neben einem Restaurant auch das Informationszentrum des Naturparks Rothaargebirge.

Am Kahlen Asten entspringt die Lenne. Wer zur Quelle will, muss einfach den Schildern nach Lenneplätze folgen; die letzten Meter zur müde plätschernden Quelle müssen zu Fuß zurückgelegt werden.

Das romantische Heilbad Berleburg mit seiner historischen Altstadt, seinen für die Gegend typischen Fachwerkhäusern, Gassen und Winkeln ist immer einen Besuch wert. Im Mittelpunkt der Altstadt steht das Wittgensteiner Schloss mit Museum, das Besucher weit zurück in die Vergangenheit des Sauerlands blicken lässt.

Schlossmuseum, Goetheplatz 8, 57319 Bad Berleburg, Tel. 027 51/421.

Sauerländisches Fachwerk am Lenneufer.

A Route über Schmallenberg

***Strecke:** Von der B480 zwischen Winterberg und Bad Berleburg rechts auf die B236 und der Bundesstraße 32 km über Schmallenberg bis Altenhundem folgen. Schöne, sehr kurvenreiche Strecke!*

Restaurant-Tipp: Ein Ambiente wie auf einer Alm, fantastische Kuchen und einen erstklassigen Mittagstisch bietet der Schäferhof in Schmallenberg.

Schäferhof, Jagdhaus 21, 57392 Schmallenberg, Tel. 029 72/473 34, www.schaeferhof.com

6
36 km
–
L553

Am Ortsende von Bad Berleburg halb rechts über den Stöppelsweg auf die L553 und 36 km bis zur Einmündung in die B517 hinter Kirchhundem.

TOP TIPP

Strecke: *Ungebremster Fahrspaß: viele Kurven, wenige Orte, kaum Verkehr – und das alles inmitten herrlicher, bergiger Landschaft.*

Restaurant- und Hotel-Tipp: Nicht zuletzt wegen der kurvenreichen Anfahrt hat sich der Rhein-Weser-Turm auf dem Westerberg (684 m) im Rothaargebirge zu einem beliebten Motorradtreffpunkt entwickelt. Im Nebengebäude des Rhein-Weser-Turms lässt es sich in sechs modernen Gästezimmern gut und preiswert übernachten.
Rhein-Weser-Turm, Talstraße 60, 57399 Kirchhundem-Heinsberg, Tel. 027 23/722 42, www.rhein-weser-turm.de €

7
42 km
B517
B236

In Kirchhundem rechts auf die B517 wechseln, nach 2 km in Altenhundem geradeaus auf die B236. Jetzt 40 km über Finnentrop bis Werdohl.

Strecke: *In Lennestadt stoßen wir wieder auf das Flüsschen Lenne, dessen heftig mäandernder Lauf uns ab jetzt als entzückender Leitfaden dient. Bei Pasel schlägt die Straße so starke Haken, dass uns die Sonne hier abwechselnd ins Gesicht und auf den Rücken scheint.*

A Zur Hohen Bracht

Strecke: *In Altenhundem rechts in die Olpener Straße (L175) einbiegen und 3 km bis zur Auffahrt Hohe Bracht. Von hier sind es noch 3 km bis zum Gipfel.*

Info: Die Kuppe der Hohen Bracht (584 m) wird von einem 36 m hohen, schieferverkleideten Aussichtsturm gekrönt, ein beliebtes Ziel für Ausflügler. Bei gutem Wetter hat man von hier oben einen fantastischen Blick hinab auf Altenhundem und zu den umliegenden Mittelgebirgen.

Restaurant-Tipp: Deftiges, leckere Kuchen und herzhafte Pfannkuchen serviert das Restaurant-Café Aussichtsturm Hohe Bracht. Im Sommer kann man auf der Außenterrasse sitzen.
Restaurant-Café Aussichtsturm Hohe Bracht, 57368 Lennestadt, Tel. 027 23/23 95, www.hohebracht.de, Mo und Di Ruhetag.

8
13 km
B236

In Werdohl nach der Lennebrücke rechts abbiegen, auf der B236 bleiben und 13 km bis Altena fahren.

Strecke: *Die Straße führt sehr malerisch am Flussufer entlang, flankiert von alten, schiefergedeckten Häusern.*

Info: Über Altena thront die mächtige Burg Altena, eine der schönsten Höhenburgen Deutschlands. Ein Besuch auf der Festung bleibt schon wegen des tollen Panoramas über der Lenne in Erinnerung.

Restaurant- und Hotel–Tipps: Für den kurzen Boxenstopp empfiehlt sich das nett im Zentrum von Altena gelegene Café zur Burg. Hier gibt es ein vorzügliches Frühstück, preiswerte Mittagsgerichte und eine leckere Kuchenauswahl. Gut und günstig, mit Blick auf den malerischen Stadtkern, übernachtet man in der historischen Jugendherberge Altena, oben auf der Burg. Urige »Tafelfroiden« genießt man hingegen tief unten im Gewölbekeller des Hotels Alte Linden. Im Haus kann man anschließend auch gemütlich übernachten.

Café zur Burg, Freiheitstraße 2, 58762 Altena, Tel. 023 52/91 00 88, www.seeger-sv.de

Jugendherberge, Fritz-Thomee-Straße 80, 58762 Altena, Tel. 023 52/235 22, www.djh-wl.de/burg.altena €

Hotel Restaurant Alte Linden, Hauptstraße 38, 58762 Altena, Tel. 023 52/97 96 95, www.hotel-alte-linden.de €€

9
21 km
B236

Geradeaus auf der B236 durch Altena und auf der Bundesstraße weitere 21 km bis Schwerte-Ergste.

Strecke: *Obwohl wir uns langsam, aber sicher dem Ruhrgebiet nähern, wirkt die Umgebung immer noch reizvoll und ländlich. Wir befinden uns nach wie vor im Lennebergland, was sich für Motorradfahrer in der Streckenführung der Bundesstraße positiv bemerkbar macht.*

10
9 km
L675
L704

In Ergste links in die Ruhrtalstraße (L675) und 8 km nach Hagen-Nord fahren. An der Dortmunder Straße (L704) rechts abbiegen, noch 1 km bis zum Motorradtreff Hohensyburg – Endstation der Tour.

Strecke: *Spätestens an der A46 ist dann leider Schluss mit den wilden Kurven. Wir verlassen die Lenne, die durch Hohenlimburg fließt, um sich im Schatten der Ruine Hohensyburg – ganz in der Nähe des Bikertreffs – in die Ruhr zu ergießen und ihr eigenes Leben auszuhauchen.*

Event-Tipp: Einer der ältesten Motorradtreffs und ein Muss für jeden wahren Biker: Bis zu 500 Motorräder versammeln sich täglich auf dem Parkplatz am Hengsteysee unterhalb der Hohensyburger Serpentinen.

E

Im Unterlauf geht die Lenne zwar in die Breite, windet sich aber immer noch heftig.

Die Straßen werden im Lennebergland langsam wieder breiter – aber auch schneller.

Germanischer Kurvenkult

Teutoburger Wald, Lippischer Wald, Eggegebirge

13

Ⓐ **Ausgangsort**
Kalkriese (D-49565)

Ⓔ **Zielort**
Bad Driburg (D-33014)

145 km ★★ ★★★

Straßentypen (in Prozent der Streckenlänge)

85 | 15

■ Landstraße/asphaltierte Nebenstraße
■ Bundesstraße/Schnellstraße

Diese Tour können Sie mit Route 12 kombinieren.

Teutoburger Wald Tourismus
Jahnplatz 5
D-33602 Bielefeld
Tel. 05 21/967 33 25
info@teutoburgerwald.de
www.teutoburgerwald.de

(→ *weitere Adressen siehe Seite 277*)

Mit der Schlacht im Teutoburger Wald beginnt die deutsche Geschichte. Der genaue Ort der Varusschlacht aber blieb jahrhundertelang ungewiss. Auch wir begeben uns auf die Suche nach den Spuren der alten Germanen und entdecken dabei herrliche Motorradpisten. Sie führen vom Museum Varusschlacht in Kalkriese über das Hermannsdenkmal zur mystischen Iburg. Ragte hier einst ein germanischer Weltenbaum, eine Irminsul, in den Himmel?

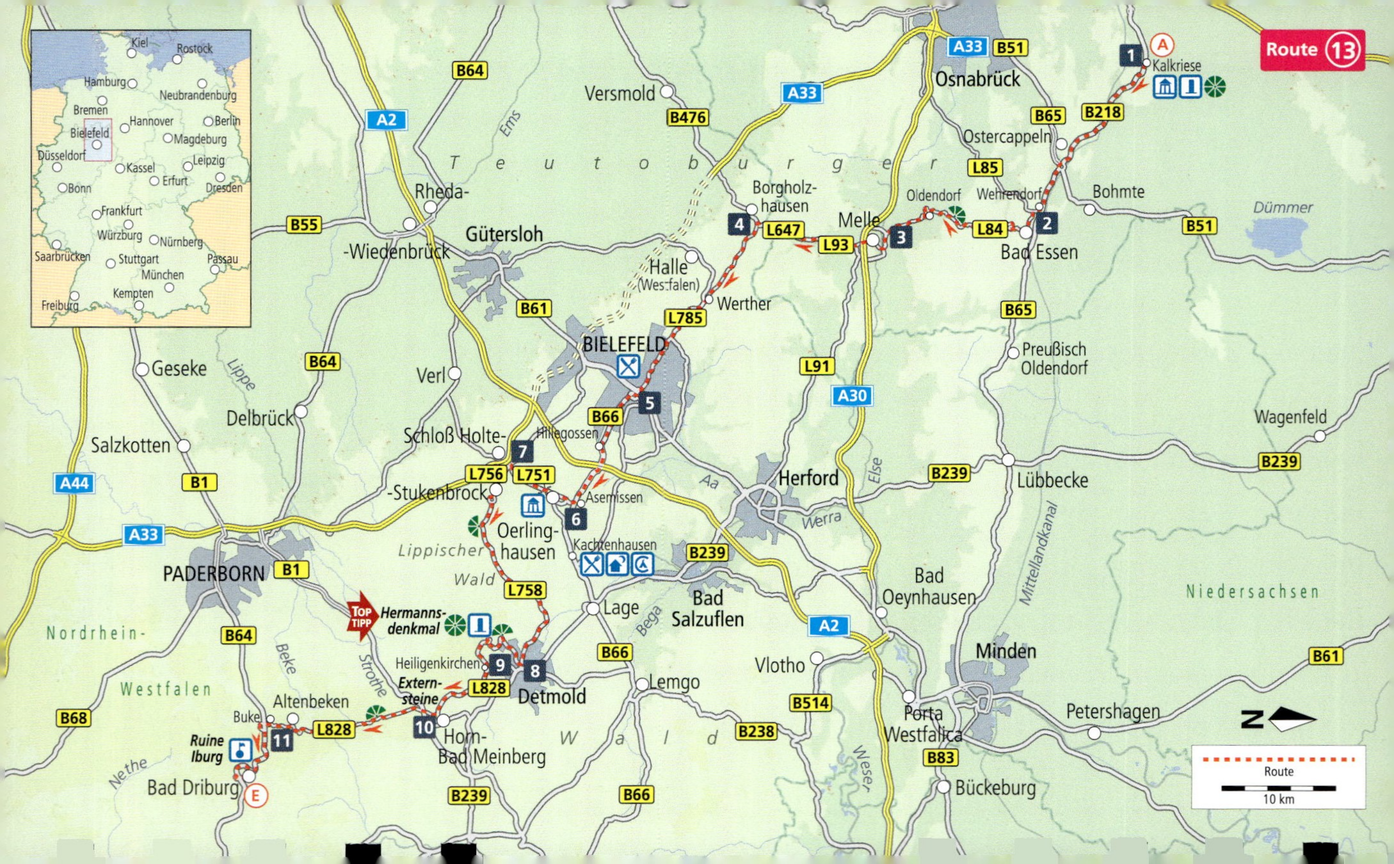

Route 13
Kiel
Rostock
Hamburg
Neubrandenburg
Bremen
Hannover
Berlin
Bielefeld
Magdeburg
Düsseldorf
Kassel
Leipzig
Erfurt
Bonn
Dresden
Frankfurt
Würzburg
Nürnberg
Saarbrücken
Stuttgart
Passau
München
Kempten
Freiburg
Kalkriese
Osnabrück
Versmold
Ostercappeln
Teutoburger
Rheda-
-Wiedenbrück
Gütersloh
Borgholz-
hausen
Melle
Oldendorf
Wehrendorf
Bohmte
Dümmer
Bad Essen
Halle
(Westfalen)
Werther
BIELEFELD
Preußisch
Oldendorf
Geseke
Verl
Delbrück
Schloß Holte-
-Stukenbrock
Hillegossen
Asemissen
Herford
Wagenfeld
Salzkotten
Lübbecke
Oerling-
hausen
Lippischer
Wald
Kachtenhausen
PADERBORN
Bad
Oeynhausen
Lage
Bad
Salzuflen
Niedersachsen
Nordrhein-
Westfalen
Hermanns-
denkmal
TOP
TIPP
Heiligenkirchen
Extern-
steine
Detmold
Lemgo
Vlotho
Minden
Altenbeken
Buke
Ruine
Iburg
Horn-
Bad Meinberg
Wald
Porta
Westfalica
Petershagen
Bad Driburg
Bückeburg
Ems
Lippe
Aa
Werra
Else
Bega
Beke
Strothe
Nethe
Weser
Mittellandkanal
A2
A30
A33
A44
B1
B51
B55
B61
B64
B65
B66
B68
B83
B218
B238
B239
B476
B514
L84
L85
L91
L93
L647
L751
L756
L758
L785
L828
Route
10 km

Tour-Stationen auf einen Blick

Tourlänge: 145 km

Nr.	Ort	PLZ	GPS-Koordinaten
Ⓐ	Kalkriese	D-49565	N 52 24.311 E 08 07.858
02	Wehrendorf	D-49152	N 52 19.696 E 08 18.686
03	Melle	D-49324	N 52 12.509 E 08 20.185
04	Borgholzhausen	D-33829	N 52 06.567 E 08 18.743
05	Bielefeld	D-33602	N 52 00.887 E 08 31.983
06	Asemissen	D-33818	N 51 58.519 E 08 39.924
07	Schloß Holte	D-33758	N 51 55.308 E 08 37.172

Nr.	Ort	PLZ	GPS-Koordinaten
08	Detmold	D-32756	N 51 56.113 E 08 52.228
-	Hermannsdenkmal	-	N 51 54.603 E 08 50.500
09	Heiligenkirchen	D-33760	N 51 54.458 E 08 52.795
10	Horn	D-33805	N 51 52.206 E 08 56.103
11	Altenbeken	D-33184	N 51 45.713 E 08 56.893
Ⓔ	Bad Driburg	D-33014	N 51 43.311 E 09 01.340

Die Tabelle enthält die wichtigsten Stationen der Route – ggf. wurden Orte weggelassen oder zur exakteren Navigation ergänzt; Referenzsystem der GPS-Koordinaten: WGS84

1
15 km
B218
B65

Von Kalkriese 11 km auf der B218 bis zum Kreisel an der B51 bei Ostercappeln. Hier geradeaus auf die B65 Richtung Bad Essen, 4 km bis Wehrendorf.

Info: Wissenschaftler sind sich zwar noch uneins, aber viele Indizien deuten darauf hin, dass die Varusschlacht 9 n. Chr. tatsächlich bei Kalkriese im Teutoburger Wald stattgefunden hat. Das Museum Varusschlacht dokumentiert aktuelle Forschungsergebnisse. Vom 40 m hohen Turm des Museums überblickt man das Schlachtgelände.

Museum Varusschlacht, Venner Straße 69, 49565 Kalkriese, Tel. 054 68/920 42 00, www.kalkriese-varusschlacht.de, Apr.–Okt. Mo–So 10–18, Nov.–März Di–So 10–17 Uhr.

2
19 km
L85
L84
L90

In Wehrendorf rechts auf die L85. Nach 1 km links und auf der Schledehauser Straße (L84) nach Bad Essen. Hier rechts halten und 18 km bis Melle.

Strecke: *Kurvenreiche Überquerung des nördlichen Teutoburger Walds auf schmaler Straße mit teils engen, teils schnellen Kurven.*

3
12 km
L91, L93
L647

In Melle rechts in die Weststraße (L91) und 12 km (später auf der L93 und L647) bis Borgholzhausen.

4
19 km
L785

Kurz vor Borgholzhausen links auf die L785 und 19 km über Werther bis Bielefeld – in die Stadt.

Info: Einst hatten 25 Motorradfirmen in Bielefeld und Umgebung ihren Stammsitz. Angefangen bei »Anker«, »Atlantik« und »Boge« über »Dürrkopp« und »Miele« bis zu »Rabeneick« und »Rixe«.

5
12 km
L778
B66

In Bielefeld rechts in die Alfred-Bozi-Straße (L778), nach 0,5 km links (B66) und 11,5 km bis Asemissen.

***Strecke:** Etwas anstrengende Stadtdurchquerung.*

6
7 km
L751

Am Ortsrand von Asemissen rechts (L751) und 7 km über Oerlinghausen Richtung Schloß Holte.

Info: Das Archäologische Freilichtmuseum des Städtchens Oerlinghausen zeigt, wie die alten Germanen vor 2000 Jahren vermutlich gelebt haben – und das ohne Kitsch und Verklärung. Häuser, Ställe, Gärten, Befestigungsanlagen, Kultstätten, Töpfereien, Brauerei und Schmiede – alles wurde sorgfältig und anschaulich rekonstruiert.

Archäologisches Freilichtmuseum, Am Barkhauser Berg 2–6, 33813 Oerlinghausen, Tel. 052 02/22 20, www.afm-oerlinghausen.de, Apr.–Okt. Mo–So 9–18 Uhr.

Tipp: Black Rose Bielefeld

Restaurant-Tipp: »Völlig normal, wir sind anders!«, lautet das Motto der Kneipe Black Rose im Herzen von Bielefeld. Hier finden Arbeiter, Musiker und Biker zueinander. Feiner Whisky, gutes Essen, gelegentlich Livemusik.

Black Rose, Heeper Straße 52, 33607 Bielefeld, Tel. 05 21/665 34, www.black-rose-bielefeld.de

Das Freilichtmuseum in Oerlinghausen zeigt, wie die Germanen vor Jahrtausenden lebten.

7
21 km
L756
L758

An der Kreuzung vor der Autobahnauffahrt links auf die L756 und 3 km zum Kreisel in Stukenbrock. Hier die 2. Ausfahrt auf die L758 nehmen und 18 km bis nach Detmold – in die Stadt hinein.

Strecke: *Landschaftlich reizvolle Fahrt durch den Lippischen Wald.*

8
10 km
L828

In Detmold rechts auf die L828 (Schubertplatz), dann 10 km über Hiddesen und das Hermannsdenkmal bis nach Heiligenkirchen fahren.

Strecke: *Die schöne Zufahrtsstraße zum Hermannsdenkmal führt steil hinauf zum Teutoburger Wald und dann über mehrere Serpentinen wieder bergab. An schönen Tagen herrscht viel Ausflugsverkehr.*

TOP TIPP **Info:** Das Hermannsdenkmal erinnert an die Varusschlacht und den Cheruskerfürsten Arminius, der einst die siegreichen Germanen anführte. Es wurde im Jahr 1875 von Kaiser Wilhelm I. persönlich eingeweiht. Das Monument weist eine Höhe von 53 m auf. Allein Hermanns Schwert ist 7 m lang. Jährlich besteigen eine Million Besucher das Denkmal. Vom Sockel aus blickt man weit über das schmale Band des Teutoburger Walds (www.hermannsdenkmal.de).

Es geht hinauf zum Cheruskerfürsten Hermann.

Tipp: Landgasthaus Niemann

Restaurant- und Hotel-Tipp: An der B66 liegt in Kachtenhausen das gemütliche Gasthaus Niemann mit Restaurant, Gästezimmern und Zeltplatz. Der Hausherr begleitet Gäste bei Touren oft persönlich auf seiner Guzzi.

Landgasthaus Niemann, Haferbachstraße 45, 32791 Lage-Kachtenhausen, Tel. 052 32/711 60, www.landgasthaus-niemann.de €€

9
7 km
L828

An der Kreuzung in Heiligenkirchen geradeaus auf die Externsteinestraße (L828) und 7 km bis Horn.

Strecke: *Schwungvoll vorbei an Feldern und Wiesen.*

Info: Die Externsteine sind fünf bizarre, bis zu 38 m hohe Felsen; sie wurden lange für einen germanischen Kultplatz gehalten, könnten aber auch als Observatorium in der Jungstein- und Bronzezeit gedient haben. Esoteriker sehen in den Felsen noch heute eine Art deutsches Stonehenge, einen Ort mystischer Kräfte (www.externstein.de).

Eine Bogenbrücke führt in den Externsteinen zu einem Altar in einer Felskammer.

10
13 km
L828

Am Ortseingang von Horn rechts in die Paderborner Straße und 13 km (weiterhin L828) bis Altenbeken.

Strecke: *Entspanntes Motorradwandern auf gut ausgebauten Straßen.*

11
10 km
L828
B64

In Altenbeken links der L828 folgen, 3 km bis zur B64 hinter Buke. Jetzt links auf die Bundesstraße auffahren, dann rechts und 7 km bis Bad Driburg.

Info: Kurz vor Bad Driburg zweigt ein Waldweg zur Ruine Iburg ab. Wissenschaftler vermuten, dass hier einst eine Irminsul, ein germanischer Weltenbaum, stand. Eindeutige Beweise dafür gibt es nicht.

Brocky Mountains

Ost- und Westharz, große Runde unterm Brocken

14

Ⓐ **Ausgangsort**
Goslar (D-38640)

Ⓔ **Zielort**
Goslar (D-38640)

315 km ★★★★ ★★★★★

Straßentypen (in Prozent der Streckenlänge)

Landstraße/asphaltierte Nebenstraße	Bundesstraße/Schnellstraße
50	50

Diese Tour können Sie mit Route 15 kombinieren.

Harzer Tourismusverband e. V.
Marktstraße 45
D-38640 Goslar
Tel. 053 21/340 40
info@harzinfo.de
www.harzinfo.de

(➔ *weitere Adressen siehe Seite 277*)

Grüne, sanft gekuppte Bergketten, wildromantische Täler, urige Bikertreffs – grenzenlose Freiheit. Der Harz zählt zu den verheißungsvollen Top-Revieren Deutschlands, und an schönen Sommertagen pilgern die Biker von Ostfriesland bis Ostsachsen, ja sogar aus Süddeutschland zum Brocken. Neben anspruchsvollen Kurven und einem herrlichen Nationalpark locken heimelige Harzstädte wie Goslar, Wernigerode oder Stolberg mit viel Kultur.

Route 14
Goslar
Seesen
Oker
Lautenthal
Hahnenklee
Bocks-
wiese
Kreuzeck
Clausthal-
Zellerfeld
Altenau
Oker-
stausee
Bad
Harzburg
Ilsenburg
Wernigerode
Derenburg
-Wilhelms-
höhe
Langenstein-
Halberstadt
Harsleben
Quedlin-
burg
Torfhaus
TOP TIPP
Brocken
1142
Dammhaus
Sonnen-
berg
Stieglitz-
ecke
Sösetal
Sösestausee
Söse
Osterode
am Harz
Niedersachsen
Braunlage
St. Andreasberg
Elend
Drei Annen
Hohne
Elbingerode
Blankenburg
(Harz)
Teufels-
mauer
Thale
Ross-
trappe
Hexen-
tanzplatz
Neinstedt
Rübeland
Rappbode-
talsperre
Treseburg
Gernrode
Ballenstedt
Falkenstein/
Harz
Burg
Falkenstein
Hasselfelde
Allrode
Bärenrode
Harzhöhen-
straße
Mägdesprung
Selke
Pansfelde
Eine
Güntersberge
Alexisbad
Harzgerode
Abberode
Herzberg
am Harz
Bad
Lauterberg
Odertalsperre
Hohegeiß
Walkenried
Osterhagen
Nuexei
Tettenborn
Netzkater
Ilfeld
Niedersachswerfen
Buchholz
Rottleberode
Stolberg
Auerberg
Nordhausen
Sangerhausen
Thüringen
Sachsen-Anhalt
Wipper
Rhume
Ilse
N
Route
10 km
B241
B244
B79
B245
B81
L516
L515
B241
B498
B242
B4
L85
B6
L82
B79
L100
B244
L504
B242
B498
B27
K2356
B81
L519
B27
B185
B185
B241
B243
L520
B27
B242
L93
B4
L602
B81
B242
L239
B247
B27
B243
L522
L603
L235
B242
L236
L1037
K2354
B4
B243
B85
B86
A38
1
2
3
4
5
6
7
8
9
10
11
12
13
14
15
16
17
18
19
20
21
22
23
24
25
26
27
28
29
30
A
E
Kiel
Rostock
Hamburg
Neubrandenburg
Bremen
Hannover
Berlin
Bielefeld
Magdeburg
Düsseldorf
Kassel
Leipzig
Bonn
Erfurt
Dresden
Frankfurt
Würzburg
Nürnberg
Saarbrücken
Stuttgart
Passau
München
Kempten
Freiburg

Tour-Stationen auf einen Blick

Tourlänge: 315 km

Nr.	Ort	PLZ	GPS-Koordinaten
Ⓐ	Goslar	D-38640	N 51 54.859 E 10 27.412
03	Altenau	D-38707	N 51 48.232 E 10 26.872
04	Torfhaus	D-38667	N 51 47.963 E 10 32.287
05	Braunlage	D-38700	N 51 43.683 E 10 36.701
08	Wernigerode	D-38855	N 51 50.482 E 10 48.213
10	Halberstadt	D-38820	N 51 53.563 E 11 03.605
11	Quedlinburg	D-06484	N 51 47.145 E 11 07.818
13	Thale	D-06502	N 51 45.061 E 11 01.719
-	Treseburg	D-06502	N 51 42.941 E 10 58.490
16	Abzweig Auerberg	-	N 51 37.339 E 11 08.986

Nr.	Ort	PLZ	GPS-Koordinaten
18	Rottleberode	D-06536	N 51 31.480 E 10 56.783
19	Niedersachswerfen	D-99762	N 51 33.129 E 10 46.014
20	Hohegeiß	D-38700	N 51 39.751 E 10 40.062
22	Bad Lauterberg	D-37431	N 51 37.623 E 10 27.964
24	Sonnenberg	D-37444	N 51 45.646 E 10 30.803
26	Osterode	D-37520	N 51 43.778 E 10 15.756
27	Abzweig Prinzenteich	-	N 51 46.494 E 10 18.390
29	Lautenthal	D-38685	N 51 52.022 E 10 17.363
30	Kreuzeck	D-38644	N 51 50.728 E 10 21.072
Ⓔ	Goslar	D-38640	N 51 54.073 E 10 25.632

Die Tabelle enthält die wichtigsten Stationen der Route – ggf. wurden Orte weggelassen oder zur exakteren Navigation ergänzt; Referenzsystem der GPS-Koordinaten: WGS84

1

2 km

–

B498

Ⓐ

In Goslar auf der Okerstraße stadtauswärts, nach 500 m rechts auf die B498 und 1,5 km bis Oker.

Info: Für Goslar, den Start- und Zielpunkt der Tour, sollte man unbedingt eine ausgiebige Besichtigungsrunde einplanen. Die rund 1000 Jahre alte Stadt besticht durch ihr einmaliges Stadtbild mit prachtvollen Fachwerkfassaden. Am viel besuchten Marktplatz stehen das gotische Rathaus (1450) und das Gildehaus der Tuchmacher mit seinen acht hölzernen Kaiserfiguren. Berühmt ist Goslar auch als mittelalterlicher Sitz deutscher Kaiser, die einst in der heute wieder schön hergerichteten romanischen Pfalz residierten (www.goslar.de).

Kaiserpfalz Goslar, Kaiserbleek 6, 38640 Goslar, Tel. 053 21/311 96 93 (Kasse), Apr.–Okt. Mo–So 10–17 Uhr, Nov.–März Mo–So 10–16 Uhr.

Das Rammelsberger Bergwerk in Goslar war fast 1000 Jahre in Betrieb und steht gemeinsam mit der Goslarer Altstadt auf der Liste des UNESCO-Weltkulturerbes. Es zählt zu den bedeutendsten Industriedenkmälern Deutschlands. Im Mittelalter trugen die hier geförderten Silbervorkommen wesentlich zum Aufstieg Goslars bei. Heute kann das stillgelegte Bergwerk mit dem besonders eindrucksvollen Roeder-Stollen und seinen gewaltigen Wasserrädern besichtigt werden.

Museum und Besucherbergwerk, Bergtal 19, 38640 Goslar, Tel. 053 21/75 00, www.rammelsberg.de, Mo–So 9–18 Uhr.

Der Tag ist noch jung: unterwegs bei Goslar.

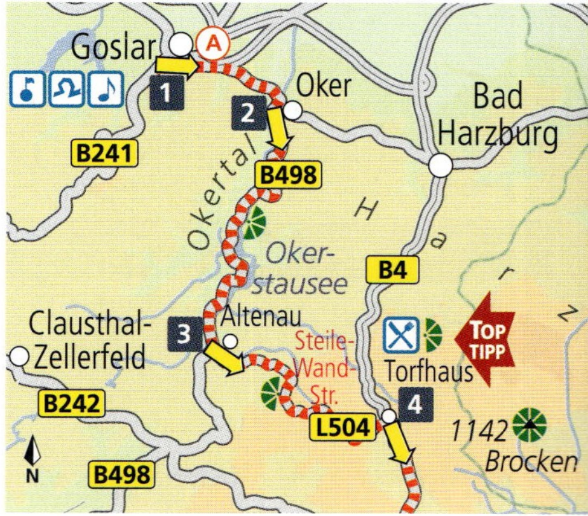

2
15 km
B498

Am Ortrand von Oker rechts der B498 folgen und 15 km bis nach Altenau fahren.

Strecke: *Fahrt durch das wildromantische Okertal und an der gleichnamigen Talsperre entlang.*

Info: Das Okertal eignet sich hervorragend für Outdoor-Aktivitäten, vom Kanufahren und Klettern bis zum sportlichen Motorradfahren. Granitfelsen, im Harz »Klippen« genannt, der künstlich angelegte Romkerhaller Wasserfall und der Okerstausee prägen die Landschaft.

3
8 km
L504

In Altenau am Markt links abbiegen und 8 km auf der L504 bis zur B4 in Torfhaus fahren.

Strecke: *Spannende Etappe auf aussichtsreicher Bergstrecke, der sogenannten »Steile-Wand-Straße«.*

Info: Ab Torfhaus besteht die Möglichkeit, über den Goetheweg den 1142 m hohen Brocken zu erklimmen und in die Fußstapfen des deutschen Dichters zu treten. Johann Wolfgang Goethe, so heißt es, soll 1777 eben jenen Weg zum Gipfel gelaufen sein. Vom Parkplatz Torfhaus sind 350 Hm zu überwinden, in Bikerstiefeln dauert der Marsch rund 4 Stunden. Oben wird man mit einer grandiosen Aussicht belohnt, es gibt mehrere Wirtshäuser und sogar ein Hotel.

Piloten aus allen Ecken der Region zieht es nach Torfhaus, *dem* Bikertreff im Harz.

Tipp: Bikertreff Torfhaus

TOP TIPP **Info:** Wegen neuer Bauten nicht mehr ganz so kultig wie früher, aber immer noch Pflicht: der Motorradtreff Torfhaus, links gegenüber der Einmündung in die B4. Am Wochenende heulen hier die Motoren, und es geht rund. Vom Parkplatz hat man einen tollen Blick zum Brocken. Stärken kann man sich in der Bavaria Alm (www.bavariaalm.de).

4
12 km
B4
–

In Torfhaus rechts auf die B4 auffahren und 12 km bis Braunlage fahren. Über die 1. Abfahrt (Braunlage-Nord) in den Ort hinein.

Strecke: *Ausgebaute Bundesstraße, teilweise vierspurig.*

Info: Braunlage präsentiert sich nicht nur im Winter, sondern auch im Sommer als Sportort. Mit der Gondel geht es hinauf zum 906 m hohen Wurmberg, dann stürzt man sich mit dem Mountainbike oder sogenannten Monsterrollern bergab (www.bikepark-braunlage.de).

Restaurant- und Hotel-Tipp: Mitten in Braunlage wartet »Dein Hotel« auf kurvenmüde Motorradfahrer. In der Kneipe »BlaBla« findet man Gleichgesinnte, kann Kraft und Kalorien tanken und seinen Durst mit einem kühlen Bier löschen. Für die Bikes gibt es eine Garage.

Dein Hotel, Harzburger Straße 16, 38700 Braunlage, Tel. 055 20/92 38 31, www.dein-hotel-braunlage.de €

5
6 km
B27

In Braunlage links in die Elbingeröder Straße (B27) und der Bundesstraße 6 km bis Elend folgen.

Strecke: *Schnurstracks geradeaus, erst vor Elend ein paar Kurven.*

Mächtig unter Dampf: Nur mit der Eisenbahn oder zu Fuß gelangt man hinauf zum Brocken.

6
7 km
L99
L100

Im Kreisel in Elend die 2. Ausfahrt auf die L99 nehmen, 2 km Richtung Schierke. Rechts am Ort vorbei, 5 km auf der L100 bis Drei Annen Hohne.

Info: Am Bahnhof Drei Annen Hohne auf 540 m Höhe sind fast immer dampfende Stahlrösser der Harzer Schmalspurbahnen anzutreffen. Die Brockenbahn zockelt sogar über Schierke bis zum 1142 m hohen Brocken hinauf – ein ganz besonderes Erlebnis, das einerseits fantastische Ausblicke über den Harz eröffnet, andererseits aber nicht ganz billig ist. Ab Drei Annen Hohne dauert die steile Fahrt hinauf zum Brockenbahnhof ca. 50 Minuten (www.hsb-wr.de).

7
10 km
L100

Am Bahnhof Drei Annen Hohne geradeaus auf der L100 bleiben und 10 km bis Wernigerode fahren.

Strecke: *Schwungvolle Passage mit schönen Kurven bergab durch den Wald. An Wochenenden aber leider auch viel Ausflugsverkehr.*

Info: Der Parkplatz am Bahnhof Drei Annen Hohne mit seinen Grillbuden wird von durchreisenden Bikern – nicht selten in Clubformation – gerne zum Spontantreff umfunktioniert. Mal ehrfurchtsvoll, mal prüfend blickt das Publikum drein, wenn plötzlich die unterschiedlichsten Fabrikate anrollen und ihre Muskeln spielen lassen.

A Rappbode-Talsperre

Strecke: *In Drei Annen Hohen rechts auf die K1354 und 5 km bis Elbingerode. Hier links, 4 km auf der B27 nach Rübeland. Der Vorfahrtsstraße (L96) rechts 6 km in Richtung Hasselfelde bis zur Rappbode-Talsperre folgen. Hier links auf die B81, nach 3 km rechts (L94) und 7 km bis Treseburg zur Hauptroute.*

Info: Am großen Parkplatz an der Rappbode-Talsperre vor dem Straßentunnel befindet sich ein beliebter Bikertreff. Von hier führen herrliche Pisten in alle Himmelsrichtungen!

Restaurant- und Hotel-Tipp: Im Hirschbrunnen bei Elbingerode finden Biker eine angenehme Herberge mit einem talentierten Koch.

Zum Hirschbrunnen, Unter den Birken 15, 38875 Elbingerode, Tel. 03 94 54/895 10, www.zum-hirschbrunnen.de €

8
16 km
B244
–
L82

In Wernigerode links auf die B244 und 1,5 km um die Innenstadt herum bis zum Kreisverkehr. Hier die 1. Ausfahrt nehmen, dann gleich wieder links in die Halberstädter Straße und 500 m bis zur Halberstädter Chaussee (L82). Hier links und 14 km bis zur B81 bei Langenstein.

Quirliger Markttag vorm Wernigeroder Rathaus.

Info: Wernigerode wurde einst vom Heimatdichter Hermann Löns die »bunte Stadt am Harz« getauft. Ein Urteil, das sich mit Blick auf die farbenfrohen Häuser des Städtchens bestätigt. Sie scharen sich um das Wahrzeichen der Stadt, das berühmten Rathaus mit den beiden vorgesetzten Erkern, die sich zu spitzen Türmchen verjüngen. Achten sollte man auf die Holzfiguren der Handwerker, Heiligen und Narren, die den 500 Jahre alten Fachwerkbau schmücken. In den Cafés am Marktplatz kann man gut verweilen (www.wernigerode.de).

Restaurant- und Hotel-Tipp: Italienisches Essen und viel Atmosphäre bietet La Rustica mitten in der Wernigeroder Altstadt. Die Maschinen parken sicher und trocken auf dem Hof. Besonders gemütlich sind die Zimmer unterm Dach, das von knorrigen Holzbalken gestützt wird.

Hotel La Rustica, Unterengengasse 14, 38855 Wernigerode, Tel. 039 43/55 77 99, www.la-rustica-wr.de €€

9
5 km
B81

Bei Langenstein-Wilhelmshöhe links auf die B81 abbiegen und 5 km bis Halberstadt fahren.

Info: Halberstadt liegt schon im nördlichen Harzvorland, am Rand des sagenumwobenen Mittelgebirges, ist aber wegen seiner schönen Kirchen unbedingt sehenswert. Auf keinen Fall versäumen darf man einen Blick in den Dom, eine der schönsten gotischen Kathedralen Deutschlands, und auf den Domschatz (www.halberstadt.de).

Dom St. Stephanus und St. Sixtus, Domplatz, 38820 Halberstadt, Tel. 039 41/242 37, www.dom-und-domschatz.de, Apr.–Okt. Mo–Fr 10–17.30 Uhr, Sa 9–18 Uhr, So 11–17.30 Uhr, Domschatz montags geschlossen.

Hotel-Tipp: Das hübsche MotoRoute-Hotel Abtshof liegt in einem Fachwerkhaus mitten im historischen Ortskern von Halberstadt.

MotoRoute-Hotel Abtshof, Abtshof 27a, 38820 Halberstadt, Tel. 039 41/688 30, www.abtshof-halberstadt.de €€

10
15 km
B81
–
B79

In Halberstadt rechts in die Harmoniestraße (B81) und 2 km geradeaus bis zur Quedlinburger Straße (B79). Hier rechts und der Bundesstraße 13 km über Harsleben bis nach Quedlinburg folgen.

***Strecke:** Spritzige Fahrt zurück in Richtung Harz.*

Typisch Harz: Auch Halberstadt verzaubert seine Besucher mit viel buntem Fachwerk.

11
6 km
K2356
K2355

In Quedlinburg am Münzenberg rechts in die Wipertistraße (K2356) abbiegen und 6 km über Weddersleben bis Neinstedt fahren.

Info: Quedlinburgs Altstadt besticht durch liebevoll restaurierte Fachwerkhäuschen, schmale Gassen, sein prächtiges Rathaus und das alles überragende Ensemble aus Schloss und Stiftskirche. Attraktion der romanischen Stiftskirche St. Servatius ist der weltberühmte Domschatz, der lange als verschollen galt. Ein US-Leutnant hatte ihn nach dem Krieg als Beute mitgenommen. Die Quedlinburger Altstadt zählt heute zum UNESCO-Weltkulturerbe. In den Cafés am großen Marktplatz kann man die entspannte Atmosphäre der Stadt zwischen Kultur und Lebensart am besten auskosten (www.quedlinburg.de).

Perle der Stadt: das Quedlinburger Rathaus.

12
3 km
L92

In Neinstedt rechts auf die Hauptstraße (L92) und 3 km in Richtung Blankenburg bis Thale.

Info: Zwischen Blankenburg und Thale reckt die Teufelsmauer ihre wilden Zacken in den Himmel. Von einem ausgeschilderten Parkplatz vor Neinstedt führt ein Wanderweg direkt zum Felsensemble, das als erstes in Deutschland bereits 1935 unter Naturschutz gestellt wurde.

Die bizarre Teufelsmauer am Harzer Nordrand.

13
16 km
–
L93

In Thale hinter der Brücke am Markt links halten und über Roßtrappen- und Brückenstraße zur Wolfsburgstraße. Hier rechts und 6 km bis zur L93, dann links und 10 km über Treseburg bis Allrode.

Strecke: *Wunderbarer Kurvenreigen hinab ins Bodetal. Teilweise ist die Straße recht eng – hier sind Könner gefragt!*

Info: Ein echtes Highlight ist der kurze Abstecher zur Rosstrappe. Nur 15 Minuten Fußmarsch sind es vom Parkplatz bis zum Aussichtspunkt: Auf der anderen Seite des tief eingeschnittenen Bodetals, fast zum Greifen nah, liegt der sagenumwobene Hexentanzplatz. Hier sollen sich einst in der Walpurgisnacht die Geliebten des Teufels zum Besenritt auf den Brocken getroffen haben.

Restaurant- und Hotel-Tipp: Das Berghotel Rosstrappe krönt seine unvergleichliche Lage mit einem schönen Biergarten.

Berghotel Rosstrappe, Rosstrappe 1, 06502 Thale, Tel. 039 47/30 11, www.rosstrappe-berghotel.de €€

14
6 km
L93
L239

In Allrode links auf die L93 abbiegen. Nach 3 km beim Dorf Bärenrode rechts auf die L239 fahren und 3 km bis Güntersberge.

A Kurventanz ins Selketal

Strecke: *Von Alexisbad führt die windungsreiche B185 durch das enge und dunkle Tal der Selke nach Ballenstedt. Auf der kurvenreichen L75 und der L230 geht es über Pansfelde und Abberode zurück zur B242. Insgesamt 45 km.*

Restaurant- und Hotel-Tipp: Die Pension Am Gegenstein in Ballenstedt ist bei Bikern sehr beliebt. Es gibt ein abwechslungsreiches Freizeitangebot.

Pension am Gegenstein, An den Gegensteinen 1, 06493 Ballenstedt, Tel. 03 94 83/204, www.pension-im-harz.de €

Info: Burg Falkenstein über dem Selketal zählt zu den schönsten Burgen des Harzes. Zur Anlage gehören ein Museum, eine Falknerei und eine Gaststätte. Vom Parkplatz Gartenhaus, 8 km südöstlich von Meisdorf an der L230 gelegen, erreicht man die Burgmauer zu Fuß nach rund 2 km.

15
15 km
B242

In Güntersberge links auf die B242 und 15 km über Harzgerode bis zum Abzweig nach Auerberg.

Strecke: *Unterwegs auf der wundervollen Harzhöhenstraße mit ihren schnellen Kurven, die aber auch unerwartet enger werden können.*

16
11 km
L235

Hinter Harzgerode im Wald rechts auf die L235 abbiegen und 11 km bis Auerberg fahren.

17
14 km
L236
K2354

In Auerberg rechts auf die L236 und 2 km bis zum Abzweig nach Stolberg. Hier links und 12 km auf der K2354 über Stolberg bis nach Rottleberode.

Strecke: *Wildes Geschlängel durch den Wald bergab. Ein Hit für alle Kurvendesperados, die hier in Scharen ihr Glück suchen – und finden.*

Info: Das mittelalterliche Stolberg schmiegt sich in ein enges Tal des Südharzes. Schmale Straßen, ein mächtiges Schloss, renoviertes Fachwerk und die Erinnerung an den Reformator Thomas Müntzer, der hier 1489 geboren wurde, locken Gäste. In den Cafés trifft man immer Biker, die bei Eis und Cappuccino von ihren Heldentaten berichten.

Ein Schloss, Fachwerkhäuser und donnernde Motoren prägen das Bild von Stolberg.

18
15 km
L1037

In Rottleberode rechts in die Nordhäuser Straße (L1037) und 15 km über Buchholz – hier rechts halten – bis nach Niedersachswerfen fahren.

Strecke: *Nebenstraße durch den eher hügeligen Thüringer Zipfel des Harzes. Dennoch geht es auch hier ganz schön auf und ab.*

19
18 km
B4

In Niedersachswerfen rechts auf die B4 und 18 km über Ilfeld bis Hohegeiß.

Strecke: *Flott zu fahrende Bundesstraße mit schönen Kurven.*

Info: Am Rastplatz Netzkater, am Abzweig der B81, treffen sich Motorradfahrer und stärken sich mit echter Thüringer Rostbratwurst.

20
20 km
L602
L603

In Hohegeiß links in die Hindenburgstraße und gleich wieder links in die Lange Straße (L602), dann 20 km über Walkenried – ab hier auf der L603 – bis zur Einmündung in die B243.

Info: Vom 1120 gegründeten Kloster Walkenried sind fast nur Ruinen übrig geblieben – die sind allerdings überaus eindrucksvoll.

Sommer-Surf durch den südlichen Harz.

Romantische Ruine: Kloster Walkenried.

21
9 km
B243
L522

Vor Nuexei rechts und 5 km auf der B243 bis Osterhagen. Am Ortsende rechts auf die L522 und 4 km bis zur B27 in Bad Lauterberg fahren.

Hotel-Tipp: Attraktive Bikerpauschalen, eine großzügige Garage und britisches Flair bietet die Pension Roseneck in Bad Lauterberg.

Pension Roseneck, Wißmannstraße 5, 37431 Bad Lauterberg, Tel. 055 24/37 49, www.harzbiker.co.uk €

22
14 km
B27
L520

In Bad Lauterberg rechts auf die B27 und 3,5 km Richtung Braunlage bis zur Odertalsperre. Hier links (L520) und 10,5 km bis St. Andreasberg.

Strecke: *Zügig durch die ausgedehnten Wälder des Westharzes.*

23
6 km
L519

In St. Andreasberg rechts in die Clausthaler Straße (L519) abbiegen und 6 km bis nach Sonnenberg.

Strecke: *Aussichtsreiche Strecke über den Rehberg (893 m).*

Info: Die Silberstadt St. Andreasberg zieren noch heute die alten, schmucken Wohnhäuser der Bergleute (www.sankt-andreasberg.com).

24
8 km
B242

In Sonnenberg links auf die B242 abbiegen und 8 km Richtung Clausthal-Zellerfeld.

Strecke: *Schnell fahrbare Bundesstraße mit tollen Aussichten.*

Info: Eine besonders schöne Aussicht auf den Westharz genießt man von der Stieglitzecke zwischen Sonnenberg und Dammhaus. Von hier lohnt sich auch die einfache Wanderung (7 km) durch den Nationalpark Harz zum Wanderheim Hanskühnenburg. Mit etwas Glück kann man Auerhähne balzen hören oder sogar Luchse beobachten.

Geteilte Freude ist doppelte Freude: Mit der Gruppe geht es von Bikertreff zu Bikertreff.

25
16 km
B498

Hinter Dammhaus auf freier Strecke links und 16 km auf der B498 nach Osterode fahren.

Strecke: *Landschaftlich reizvolle Fahrt durch das Sösetal und am Sösestausee vorbei.*

Info: In der kleinen, liebevoll betreuten Wildvogelstation am Sösestausee vor Osterode kann man heimische Wildvögel ganz aus der Nähe betrachten. Attraktion des Geheges ist ein zahmer Waldkauz, der dem Besitzer auf die Hand fliegt. Auf Höhe des Forsthauses Sösetal an der B498 ausgeschildert. Vom Waldparkplatz sind es 600 m zu Fuß.
Vogelstation Osterode, Sösetalsperre, 37520 Osterode, Apr.–Okt. Mo–So 10–18 Uhr.

Tipp: Sonnenberger Moor

Event-Tipp: Vom Parkplatz in Sonnenberg kann man auf Bohlenstegen ins Sonnenberger Moor spazieren. Es entstand vor etwa 4000 Jahren, und an einigen Stellen ist die Torfschicht auf mehr als 5 m Stärke angewachsen. Das Moor bietet seltenen Arten wie Wollgras, Sonnentau sowie der Alpen-Smaragdlibelle einen idealen Lebensraum.

26
6 km
B241

In Osterode an der Kreuzung mit der B241 rechts in Richtung Goslar und 6 km bis zum Abzweig kurz vor dem Prinzenteich bei Buntenbock.

Strecke: *Kurze Passage auf mehrspuriger Bundesstraße.*

Info: Vom Parkplatz linker Hand der Bundesstraße genießt man eine grandiose Fernsicht, die bei klarem Wetter von Osterode mit seinen charakteristischen Gipsbergen bis hin zum Hohen Meißner reicht.

27
5 km
–

Kurz hinter dem Parkplatz links abbiegen und 5 km bis zur Einmündung auf die B242 fahren.

Strecke: *Auf kleiner, einspuriger Straße durchs Obere Innerstetal; anschließend eine kurze Holperstrecke.*

28
12 km
B242
L515

Links auf die B242 abbiegen, nach 2 km rechts auf die L515 und 10 km bis Lautenthal.

Strecke: *Wir folgen weiterhin dem Lauf des sich wild durch die Westharzer Berge schlängelnden Flusses Innerste. Die flotten Kurven sorgen für höchstes Fahrvergnügen.*

29
7 km
L516

In Lautenthal rechts in die Hahnenkleer Straße (L516) und 7 km bis Kreuzeck fahren.

***Strecke:** Spannende Kurvenstrecke namens »Schwarze Katz«.*

Info: Sind wir denn plötzlich in Norwegen? Das lässt zumindest die 1907–1908 errichtete Gustav-Adolf-Stabkirche in Hahnenklee vermuten. Es handelt sich natürlich um einen Nachbau. Das Original, eines der ältesten Holzgebäude Europas, steht im norwegischen Borgund.

Hotel-Tipp: Wer hier ein Quartier sucht: In Hahnenklee liegt die gemütliche und motorradfreundliche Pension Schubert, die abgespannten Bikern sogar einen kleinen Wellness-Bereich bietet.

Pension Schubert, Parkstraße 28, 38644 Hahnenklee, Tel. 053 25/52 85 90, www.pension-schubert.de €

30
12 km
B241

An der Einmündung in die B241 hinter Bockswiese links und 12 km nach Goslar – Endstation der Tour.

***Strecke:** Tolle Kurven und sogar Kehren. Überholverbote beachten!*

Event-Tipp: Budenzauber auf einer Fläche so groß wie 12 Fußballfelder: Das zehntägige Goslarer Schützenfest Anfang Juli zählt zu den größten und beliebtesten in ganz Niedersachsen.

Unterwegs auf gut ausgebauten Kurvenpisten durch den dunklen Tann des Westharzes.

Durchs grüne Herz

Thüringer Wald und Klassikerstraße

15

ROUTE 15 — Thüringen – Durchs grüne Herz

Ⓐ **Ausgangsort**
Eisenach (D-99817)

Ⓔ **Zielort**
Eisenach (D-99817)

255 km ★★★★ ★★★★

Straßentypen (in Prozent der Streckenlänge)

70 | 30

■ Landstraße/asphaltierte Nebenstraße
■ Bundesstraße/Schnellstraße

Diese Tour können Sie mit Route 14 kombinieren.

Tourist Information Thüringen
Willy-Brandt-Platz 1
D-99084 Erfurt
Tel. 03 61/374 20
service@thueringen-tourismus.de
www.thueringen-tourismus.de

(→ *weitere Adressen siehe Seite 278*)

Hätte es damals schon Motorräder gegeben, Goethe und Schiller hätten den Sattel vermutlich kaum verlassen – und die Kurven ihrer Heimat inmitten urwüchsiger Natur zum Quell ihrer Inspiration erkoren. Tun wir es an ihrer statt, und lassen wir Geist und Gashand freien Lauf. Auf geht's durch den herrlichen Thüringer Wald, durchs grüne Herz Deutschlands, zu den Städten, in denen Dichter und Denker einst deutsche Geistesgeschichte schrieben!

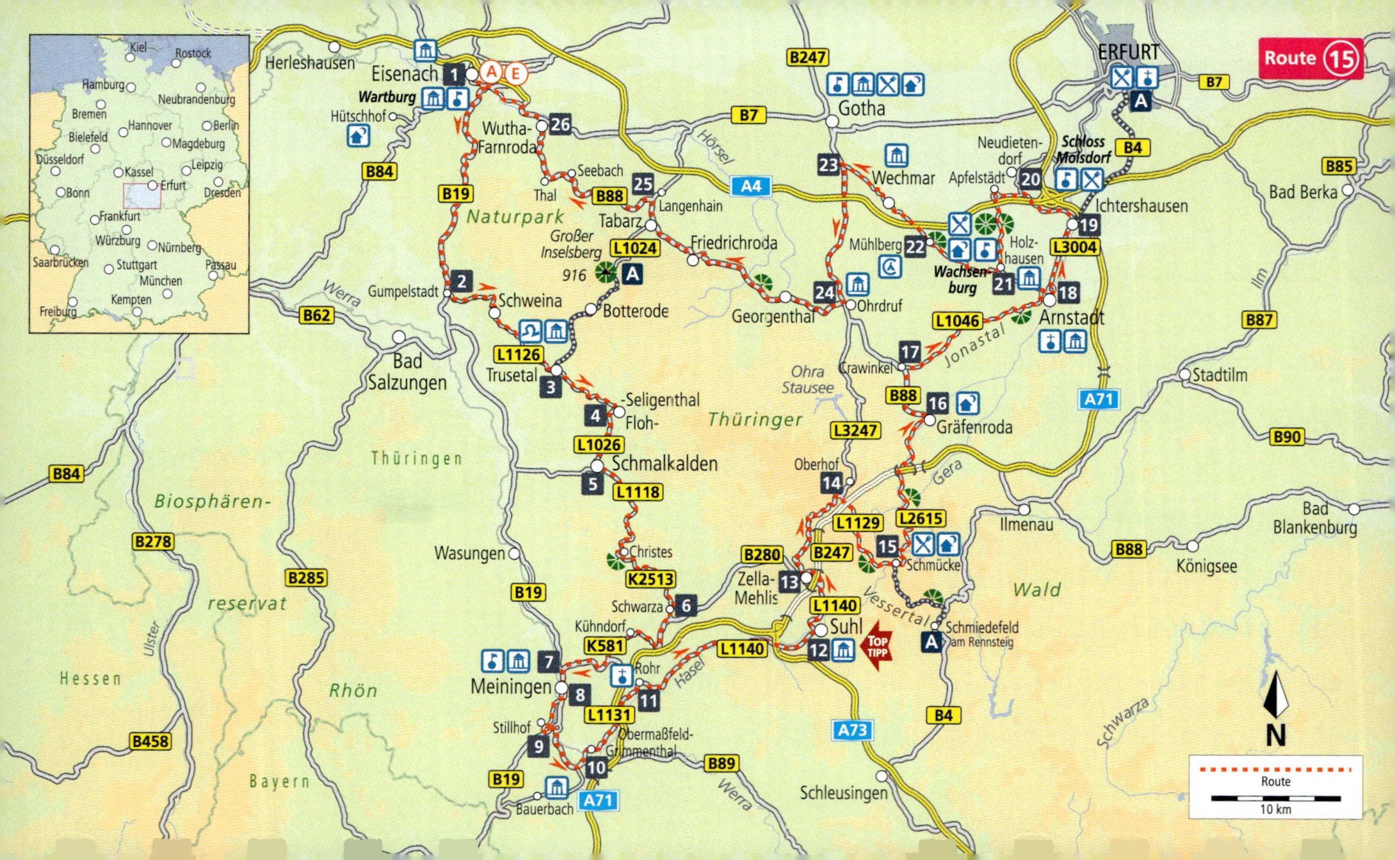
Route 15
ERFURT
Eisenach
Wartburg
Herleshausen
Hütschhof
Wutha-Farnroda
Gotha
Seebach
Thal
Langenhain
Tabarz
Naturpark
Großer Inselsberg
916
Friedrichroda
Georgenthal
Ohrdruf
Wechmar
Mühlberg
Wachsenburg
Holzhausen
Neudietendorf
Apfelstädt
Schloss Molsdorf
Ichtershausen
Arnstadt
Jonastal
Crawinkel
Ohra Stausee
Gräfenroda
Oberhof
Gera
Schmücke
Vessertal
Schmiedefeld am Rennsteig
Suhl
Top Tipp
Zella-Mehlis
Gumpelstadt
Schweina
Botterode
Trusetal
Seligenthal
Floh-
Schmalkalden
Christes
Schwarza
Kühndorf
Rohr
Hasel
Meiningen
Stillhof
Obermaßfeld-Grimmenthal
Bauerbach
Wasungen
Bad Salzungen
Werra
Thüringen
Thüringer
Wald
Biosphären-
reservat
Rhön
Hessen
Bayern
Ulster
Hörsel
Ilm
Schwarza
Schleusingen
Ilmenau
Königsee
Stadtilm
Bad Berka
Bad Blankenburg
B247
B7
B4
B85
B84
B19
B88
A4
L1024
B62
L1126
L1026
L1118
K2513
K581
L1131
B89
A71
A73
B280
L1140
L1129
L2615
L3247
L1046
L3004
B87
B90
B278
B285
B458
Kiel
Rostock
Hamburg
Bremen
Neubrandenburg
Hannover
Berlin
Bielefeld
Magdeburg
Düsseldorf
Kassel
Leipzig
Erfurt
Dresden
Bonn
Frankfurt
Würzburg
Nürnberg
Saarbrücken
Stuttgart
Passau
München
Freiburg
Kempten
N
Route
10 km

Tour-Stationen auf einen Blick

Tourlänge: 255 km

Nr.	Ort	PLZ	GPS-Koordinaten
Ⓐ	Eisenach	D-99817	N 50 58.464 E 10 19.525
03	Trusetal	D-98596	N 50 47.171 E 10 24.508
04	Floh-Seligenthal	D-98593	N 50 45.564 E 10 28.389
05	Schmalkalden	D-98574	N 50 43.255 E 10 26.719
06	Schwarza	D-98547	N 50 37.655 E 10 32.195
08	Meiningen	D-98617	N 50 35.064 E 10 24.922
10	Obermaßfeld-Grimm.	D-98617	N 50 31.609 E 10 26.300
11	Rohr	D-98530	N 50 34.615 E 10 29.962
12	Suhl	D-98527	N 50 37.501 E 10 41.900
13	Zella-Mehlis	D-98544	N 50 39.136 E 10 40.136

Nr.	Ort	PLZ	GPS-Koordinaten
15	Schmücke	D-98559	N 50 39.260 E 10 46.463
16	Gräfenroda	D-99330	N 50 44.928 E 10 48.524
17	Crawinkel	D-99310	N 50 46.949 E 10 47.453
19	Ichtershausen	D-99334	N 50 52.795 E 10 58.324
20	Apfelstädt	D-99192	N 50 53.680 E 10 53.393
21	Holzhausen	D-99310	N 50 51.034 E 10 52.528
23	Gotha-Süd	D-99867	N 50 55.140 E 10 44.147
24	Ohrdruf	D-99885	N 50 49.592 E 10 43.414
26	Wutha-Farnroda	D-99848	N 50 57.409 E 10 23.695
Ⓔ	Eisenach	D-99817	N 50 58.566 E 10 19.738

Die Tabelle enthält die wichtigsten Stationen der Route – ggf. wurden O-te weggelassen oder zur exakteren Navigation ergänzt; Referenzsystem der GPS-Koordinaten: WGS84

1
18 km
B19

Ⓐ

Von Eisenach auf der B19 Richtung Bad Salzungen bzw. Wartburg fahren und der Bundesstraße 18 km über Etterwinden bis Gumpelstadt folgen.

Strecke: *Auf der hier kurvenreichen und schnellen Klassikerstraße über den Kamm des Thüringer Walds.*

Info: Die Wartburg war schon im Mittelalter ein sagenumwobener Ort. Im Jahr 1206 wurde hier der legendäre Sängerstreit ausgetragen, den Richard Wagner in seiner Oper »Tannhäuser« aufgegriffen hat. Mitte des 16. Jahrhunderts suchte Martin Luther auf der Wartburg Zuflucht. In seiner kleinen Stube übersetzte er das neue Testament ins Deutsche und machte die Bibel somit breiten Massen zugänglich. Im Wartburgmuseum wird die bewegte Geschichte der Burg und ihrer Bewohner dokumentiert. Hier sind auch Bilder von Cranach und Dürer zu sehen.
Wartburg+Wartburgmuseum, 99817 Eisenach, Tel. 036 91/25 00, www.wartburg-eisenach.de, Führungen: Apr.–Okt. 8.30–17 Uhr, Nov.–März 9–15.30 Uhr.

Hotel-Tipp: Der idyllische Hütschhof, unweit von Eisenach gelegen, ist mit seinen preisgünstigen Ferienwohnungen ein idealer Ausgangspunkt für Touren in den Thüringer Wald. Von Eisenach über die B84 in Richtung Vacha zu erreichen, nach ca. 8 km rechts abbiegen.
Gut Hütschhof, Hütschhof 4, 99819 Oberellen-Hütschhof, Tel. 036 91/74 70, www.gut-huetschhof.de €

Hoch über Eisenach erhebt sich die Wartburg.

Herrliche Fahrt vor mittelalterlicher Kulisse.

2
13 km
L1126

Im Örtchen Gumpelstadt links auf die L1126 abbiegen, dann 13 km über Schweina und Bad Liebenstein bis Trusetal fahren.

Strecke: *Enge Waldstraße; in den Orten immer der Hauptstraße folgen.*

Info: Spektakulär, aber kein echtes Naturschauspiel: Der Trusetaler Wasserfall wurde 1865 künstlich angelegt. Von Ostern bis Oktober stürzt das Wasser über drei Kaskaden 60 m in die Tiefe. Auf einem Wanderweg mit 228 Stufen kann man längs des Wasserfalls hinaufsteigen.

Sehenswert ist auch das Trusetaler Bergwerk Hühn. Stilecht mit einer Lorenbahn fahren die Besucher in die dunklen Stollen ein und werden nach einer Stunde vom Bergwerksführer wieder wohlbehalten ans Tageslicht gebracht. Zum Bergwerk gehört auch eine Ausstellung mit über 500 Mineralien aus dem In- und Ausland.

Besuchsbergwerk Hühn, Trusetal, Tel. 03 68 40/815 78, www.trusetal-thuer.de, Ostern–Okt. Mo–So Führungen zwischen 10–16.15 Uhr.

3
7 km
L1126

In Trusetal am Pappenheimplatz rechts, auf der L1126 bleiben und 7 km bis Floh-Seligenthal.

Strecke: *Ein paar kernige Kurven sorgen für Fahrspaß.*

4
6 km
L1026

In Floh-Seligenthal rechts auf die L1026 (Gothaer Straße) abbiegen und 6 km bis Schmalkalden.

Info: Ein Bummel durch die Altstadt von Schmalkalden mit ihren Fachwerkhäusern gleicht einer Zeitreise ins Mittelalter. Am Altmarkt bilden Rathaus und die Stadtkirche St. Georg ein beeindruckendes Ensemble. Während der Reformationszeit schlossen sich 1530 hier die protestantischen Stände gegen den katholischen Kaiser Karl V. zum Schmalkaldischen Bund zusammen. Im Schmalkaldischen Krieg jedoch konnte der Kaiser 1547 dieses Bündnis wieder zerschlagen.

Bilderbuch-Fachwerk in Schmalkalden.

5
18 km
L1118
L2613
K2513

In Schmalkalden links auf die L1118, nach 5 km rechts halten und auf der L2613/K2513 über Christes 13 km Richtung Schwarza fahren.

Strecke: *Eine Straße, wie sie Biker lieben: Kurven, Kurven, Kurven!*

6
10 km
L1131
K581

Am Ortseingang von Schwarza rechts, dann durch den Ort und 10 km auf der L1131 – später K581 – bis zur Einmündung in die B19 hinter Kühndorf.

A Inselsberg

Strecke: *In Trusetal nach links abbiegen und auf der L1024 Richtung Botterode und Tabarz. Die 10 km lange Anfahrt sorgt für zusätzliche Freude. Motorräder parken direkt unterhalb des Gipfels.*

Info: Bei guter Sicht wird ein Abstecher zum Großen Inselsberg (916 m) mit einer fantastischen Sicht über das Thüringer Land und den Wald belohnt.

7
4 km
B19

Jetzt rechts auf die B19 und der Bundesstraße 4 km bis Meiningen folgen – in die Stadt.

Info: Weit über die Grenzen Thüringens hinaus wird das Meininger Theater gerühmt. Meiningen war ähnlich wie Weimar ein Musenhof, ein fürstlicher Spielplatz für die schönen Künste. Berühmte Dichter wie Jean Paul, Ludwig Bechstein, Friedrich Schiller und die Musiker Johannes Brahms, Richard Wagner und Max Reger wirkten in Meiningen. Im Schloss Elisabethenburg mit seiner Kunstsammlung, dem Max-Reger-Archiv und dem Theatermuseum kann man die Atmosphäre dieser hochgestimmten, kreativen Epoche nachempfinden.
Schloss Elisabethenburg, Schlossplatz 1, 98617 Meiningen, Tel. 036 93/50 36 41, www.meiningermuseen.de, Di–So 10–18 Uhr.

8
6 km
L1140
L1124

In Meiningen an der Leipziger Straße (L1140) links in Richtung Zentrum. Nach 2 km rechts und auf der Neu-Ulmer und der Henneberger Straße (L1124) 4 km bis zum Kreisverkehr bei Stillhof.

***Strecke:** Leider reichlich Durchgangsverkehr – Nerven bewahren.*

9
4 km
B19
B89

Im Kreisverkehr die 2. Ausfahrt auf die B19 nehmen. Den gleich darauf folgenden Kreisel an der 1. Ausfahrt verlassen und 3,5 km auf der B89 Richtung Suhl/Obermaßfeld-Grimmenthal fahren.

10
9 km
L1131

Vor Obermaßfeld-Grimmenthal links auf die L1131 einbiegen, nach 1 km rechts in den Ort hinein und 8 km – weiterhin auf der L1131 – bis nach Rohr.

Strecke: *Die Landstraße bis nach Suhl führt durchs Haseltal.*

Info: Das Dörfchen Rohr schart sich um St. Michaelis, eine ungewöhnliche Dorfkirche, die eher einer Burganlage denn einem Gotteshaus gleicht und aus karolingischer Zeit stammt. Eine Wehrmauer mit Torturm umgibt Friedhof und Kirche. Schon der römisch-deutsche König Otto III. hat 984 hier einen Reichstag abgehalten. Das großzügige Kircheninnere beeindruckt mit einer Kassettendecke und Doppelempore. Am geheimnisvollsten aber wirkt die romanische Krypta unter dem Altarraum, die erst Ende des 19. Jahrhunderts entdeckt wurde.
Kirche Rohr, Linde 4, 98530 Rohr, Tel. 03 68 44/306 54, www.kirche-rohr.de, Di–Do 8.30–12 und 13–17 Uhr, Fr 13–17 Uhr, Sa+So 14–17 Uhr.

Tipp: Schiller-Museum

Info: Im Haus des Schiller-Museums in Bauerbach, südlich von Meinigen, fand Schiller Zuflucht, nachdem seine aufrührerischen »Räuber« verboten worden waren. Zu besichtigen sind seine Zimmer und ein handschriftliches Fragment von »Kabale und Liebe«.
Schiller-Museum, Hauptstraße 3, 98617 Bauerbach, Tel. 036 43/54 54 00, www.klassik-stiftung.de, Apr.–Okt. Sa+So 10-17 Uhr, Nov.–März Sa+So 11–15 Uhr.

Magischer Ort: die Krypta in Rohr.

11
16 km
L1140

In Rohr rechts auf die Hauptstraße, weiter rechts halten und 16 km auf der L1140 bis Suhl fahren.

Info: Am Südrand des Thüringer Walds liegt Suhl. Rund 40 000 Menschen leben hier. Die Stadt ist noch heute eine echte Industriestadt und ihre Geschichte eng mit den reichen Erzvorkommen in den umliegenden Bergen verknüpft. Hier wurden früher Autos und Motorräder gebaut; bekannt war Suhl auch für seine Jagdwaffen. In schwindelerregender Höhe spannen sich die Brücken der neuen Thüringer-Wald-Autobahn über das tief eingeschnittene Tal.

TOP TIPP Im Fahrzeugmuseum im Zentrum von Suhl (nicht mehr auf dem alten Gelände der Simson-Werke) wird die Historie der Firma Simson von ihrer Gründung 1851 bis zum traurigen Ende im Jahr 2002 noch einmal Kapitel für Kapitel aufgeschlagen: Bereits in den 1920er-Jahren begann die Produktion von Motorrädern in Suhl, in den 1950er-Jahren wurden die AWO-Viertakter und später die Simson Motorrad-Reihe gebaut, von 1955 bis 1990 zudem über fünf Millionen Kleinkrafträder. Auch im Motorsport war Simson außergewöhnlich erfolgreich. In den neuen Ausstellungsräumen sind über 170 Motorräder und Mopeds, aber auch Autos und Fahrräder zu sehen.
Fahrzeugmuseum Suhl, Friedrich-König-Straße 7, 98527 Suhl, Tel. 036 81/70 50 04, www.fahrzeug-museum-suhl.de, Mo–So 10–18 Uhr.

Enduro-Nostalgie im Fahrzeugmuseum Suhl.

Tipp: Waffenmuseum Suhl

Info: »Stadt der Büchsenmacher« wird Suhl auch genannt. Ansehen sollte man sich daher das Suhler Waffenmuseum. Besonders sehenswert ist neben der Fertigungsgeschichte die Prunkwaffensammlung des Hauses.
Waffenmuseum Suhl, Friedrich-König-Straße 19, 98527 Suhl, Tel. 036 81/74 22 18, www.waffenmuseum.eu, Mo–Fr 10–18 Uhr.

12
7 km
L1140
B247

In Suhl-Zentrum links und 7 km auf der L1140 – später auf der B247 – bis nach Zella-Mehlis.

Strecke: *Mehrspuriger Stadtverkehr.*

13
8 km
L3247

In Zella-Mehlis rechts dem Verlauf der Straße folgen und 8 km auf der L3247 Richtung Oberhof.

Strecke: *Sehr gut ausgebaute, aber kurvenreiche Bergauf-Strecke.*

Info: Selbst im Sommer sollte man sich einen Blick auf Oberhof, das Wintersportzentrum des Thüringer Walds, nicht nehmen lassen. Die imposante Schanzenanlage, das Biathlon-Stadion und die erste Langlaufskihalle Deutschlands (mit 2 km Loipe) sind ebenso interessant wie das architektonisch reizvolle Panorama-Hotel. Man kann sich den Trubel vorstellen, dem sich der schöne Ort im Winter ausgesetzt sieht.

Hinter der Abbiegung nach Schmiedefeld liegt der Rennsteiggarten (Parkplatz Rondell). Auf dem 7 ha großen Gelände erblüht im Sommer die Felslandschaft, und man erfährt alles Wissenswerte über die hier vorkommenden 4000 Pflanzenarten und den Thüringer Wald.

Rennsteiggarten, Am Pfanntalskopf 3, 98559 Oberhof, Tel. 03 68 42/222 45, www.rennsteiggartenoberhof.de, Ende Apr.–Sept. Mo–So 9–18, Okt.–Nov. 9–17 Uhr.

14
8 km
L1129

Vor Oberhof rechts Richtung Schmiedefeld und 8 km auf der L1129 bis zur Schmücke fahren.

Strecke: *Geniale Motorradpartie über den Großen Beerberg (983 m).*

Info: An der Schmücke kreuzen sich Bergstraße und Rennsteig. Auf dem großen Parkplatz pausieren fast immer edle Bikes.

Restaurant- und Hotel-Tipp: Biker treffen sich gern im Waldhotel Schmücke. Gemütliche Baudenabende und günstige Herbergszimmer.
Waldhotel Schmücke, Schmücke 5, 98559 Gehlberg am Schneekopf,
Tel. 03 68 45/58 80, www.waldhotel-schmuecke.de €

15
14 km
L2615
L2149

An der Schmücke links abbiegen und 14 km auf der L2615 – später L2149 – bis nach Gräfenroda.

Strecke: *Kurvenreich bergab und dann nicht minder rasant weiter durch das reizvolle Tal der Wilden Gera.*

16
5 km
B88

In Gräfenroda links in die Goethestraße (B88) und der Bundesstraße 5 km bis Crawinkel folgen.

Strecke: *Eher nüchternes Verbindungsstück am Fuß des Thüringer Walds entlang, das uns aber zum nächsten Highlight führt.*

A Vessertal

Strecke: *Von der Schmücke 10 km auf der L2632 und B4 nach Schmiedefeld.*

Info: Eines der schönsten Täler des Thüringer Walds, das Vessertal bei Schmiedefeld, trägt schon seit 1979 die UNESCO-Auszeichnung Biosphärenreservat. Blühende Wiesen, stille Wälder, sprudelnde Bäche machen Lust auf einen Spaziergang ohne Bike.
www.biosphaerenreservat-vessertal.de

Tipp: Alte Lache, Gräfenroda

Hotel-Tipp: Biker und Sportler finden in der Alten Lache in Gräfenroda ein für ihre Bedürfnisse ideales Hotel. Eine Attraktion ist das Trial-Gelände des örtlichen Motorsportclubs. Am besten einfach ausprobieren.
Biker- und Sportlerherberge Alte Lache,
Alte Lache 1, 99330 Gräfenroda,
Tel. 03 62 05/ 718 76, www.alte-lache.de €

17
15 km
L1046

In Crawinkel rechts in die Erfurter Straße (L1046), nach 200 m wieder rechts, dann rund 15 km durch das Jonastal bis nach Arnstadt fahren.

Strecke: *Das Jonastal ist ein Traumrevier für Biker. Eine enge, verschlungene Straße führt durch die von Kalksteinfelsen gesäumte Senke. Trotz des recht holprigen Belags das reinste Motorradvergnügen!*

Info: Arnstadt gilt als älteste Stadt Thüringens, dennoch wirkt das Städtchen unbeschwert und heiter. Besonders stolz ist Arnstadt, dem Komponisten Johann Sebastian Bach als Erste eine Organistenstelle gegeben zu haben. Allerdings muss das junge Genie die behäbigen Thüringer Bürger gründlich verschreckt haben, davon jedenfalls erzählt das Denkmal auf dem Marktplatz, das Bach als forschen Flegel darstellt. Andererseits wurde ihm zu Ehren die imposante Arnstädter Neue Kirche in Bachkirche umbenannt (www.arnstadt.de).

Nicht versäumen sollte man einen Besuch der einzigartigen Puppensammlung »Mon Plaisir« im Arnstädter Schlossmuseum. In 82 Szenen mit 391 Wachsfiguren wird das höfische Leben in der Bachzeit nachgestellt, ebenso auch der Alltag der einfachen Leute.

Schlossmuseum Arnstadt, Schlossplatz 1, 99310 Arnstadt, Tel. 036 28/60 29 32, www.arnstadt.de, Di–So 9.30–16.30 Uhr.

A Erfurt

Strecke: *Von Ichtershausen über die B4 nach Erfurt hinein, ca. 15 km.*

Info: Von den ausgewiesenen Motorradparkplätzen erreicht man die Altstadt rasch zu Fuß. Am Wenigemarkt laden Tische und bequeme Stühle zu einem Latte Macchiato ein. Durch einen dunklen Torbogen fällt der Blick auf die Krämerbrücke, die wie der Ponte Vecchio in Florenz kleine Häuschen trägt, die Wohnungen und Geschäfte vom Antiquariat bis zur Weinhandlung beherbergen. Weiteres Highlight der Stadt ist der Domhügel mit dem Mariendom und der Severikirche. Auf einer breiten Treppe mit 70 Stufen schreitet man majestätisch zu den Kirchen hinauf (www.erfurt.de).

18
5 km
L3004

In Arnstadt im Kreisverkehr an der Bahnhofstraße die 3. Ausfahrt in Richtung Erfurt (L3004) nehmen, jetzt 5 km bis Ichtershausen.

19
5 km
L1044

In Ichtershausen links auf die Friedensallee (L1044) abbiegen und 5 km bis Kornhochheim.

Info: Hinter Ichtershausen folgen wir den Wegweisern zum Barockschloss Molsdorf. Es ist sehr beliebt wegen seines schönen Parks, – vielleicht aber auch wegen der Erotika-Sammlung des skandalumwitterten Bauherren des Lustschlosses, Gustav Adolph von Gottern? Auf sonnenverwöhnter Terrasse bekommt man Eis und Kaffee serviert.
Schloss Molsdorf, Schlossplatz 6, 99192 Molsdorf, Tel. 03 62 02/220 85, www.molsdorf.de, Di–So 10–18 Uhr.

20
8 km
L2147
L2152

Im Gewerbegebiet Kornhochheim bei Neudietendorf links auf die L2147 und 2,5 km bis zum Kreisel bei Apfelstädt. Hier die 3. Ausfahrt (L2152) nehmen und 5,5 km über Sülzenbrücken bis Holzhausen.

***Strecke:** Beste Aussichten auf die Burgenlandschaft der Drei Gleichen.*

Cruisen in der Burgenlandschaft Drei Gleichen.

Barocke Lebensfreude: Schloss Molsdorf.

21
6 km
L1045

In Holzhausen geradeaus auf die Wachsenburger Straße (L1045) und 6 km bis nach Mühlberg.

Strecke: Abwechslungsreiche Fahrt durch die Drei Gleichen.

Info: Drei Gleichen nennt sich die karge Hügellandschaft zwischen Gotha und Erfurt, die von drei markanten Burgen gekrönt wird: Burg Gleichen, Mühlburg und Wachsenburg. Landschaftlich sind die Drei Gleichen durch karge Steppenwiesen geprägt, die der Gegend einen eigentümlichen Reiz verleihen.

Restaurant- und Hotel-Tipp: Leckere Thüringer Spezialitäten, serviert in mittelalterlichem Ambiente, kommen in der Veste Wachsenburg oberhalb von Holzhausen auf den Tisch. Das angeschlossene Hotel bietet angenehme Zimmer und Suiten. Der Parkplatz für Hotelgäste befindet sich innerhalb des Burggeländes. Schöne Aussicht.
Veste Wachsenburg 91, 99310 Holzhausen, Tel. 036 28/742 40, www.veste-wachsenburg.de €€€

Camping-Tipp: Naturnah genießen kann man diesen Landstrich auf dem Campingplatz Drei Gleichen vor Mühlberg. In unmittelbarer Nähe des Platzes liegen zwei Reiterhöfe und ein öffentlicher Golfplatz.
Camping Drei Gleichen, Am Gut Ringhofen, 99869 Mühlberg, Tel. 03 62 56/227 15, www.campingplatz-muehlberg.de €

Tipp: Bratwurstmuseum

Info: Klassik hin, Klassik her: Was wäre Thüringen ohne seine fantastischen Bratwürste? Alles, was man rund um die saftige, sättigende Thüringer Spezialität wissen sollte, erfährt man im 1. Deutschen Bratwurstmuseum in Holzhausen. Guten Appetit!
1. Deutsches Bratwurstmuseum, Hinter dem Gute 2, 99310 Holzhausen, Tel. 036 28/60 44 12, www.bratwurstmuseum.net, Mai–Sept. Di–So 11–17 Uhr, Okt.–Apr. So 11–17 Uhr.

22
11 km
L1045

In Mühlberg links in die Gothaer Straße (L1045) abbiegen und 11 km über Wechmar bis zur Kreuzung mit der B247 südlich von Gotha.

Strecke: *Gerade Landstraße mit ein paar reizvollen Kurven.*

Info: Das Bachstammhaus in Wechmar erinnert an die einzigartige Musikerfamilie Bach. Veit Bach arbeitete im 16. Jahrhundert als Bäcker im thüringischen Örtchen, sein Sohn sowie die Enkel und Urenkel aber machten sich einen Namen als Musiker, vornehmlich als Organisten. Der berühmte Johann Sebastian Bach ist also nur einer von vielen, wenn auch unbestritten der Bedeutendste.

Das Wahrzeichen von Gotha ist das mächtige Schloss Friedenstein. Die frühbarocke Anlage (1643–55) zählt ebenso viele Räume wie das Jahr Tage hat, und ihre Bibliothek umfasst über eine halbe Million Buchbände. Sehenswert ist neben dem Schlossmuseum und seiner Sammlung prächtiger deutscher Gemälde das kleine Ekhof-Theater, dessen Bühnentechnik seit 1683 nahezu unverändert erhalten geblieben ist: Theaterdonner, Windmaschinen und Kulissenschieber.

Bachstammhaus, Bachstraße 4, 99869 Wechmar, Tel. 03 62 56/226 86, www.bach-stammhaus-wechmar.de, Di–So 10–17 Uhr.

Schoss Friedenstein, 99853 Gotha, Tel. 036 21/82 34 51, www.stiftungfriedenstein.de, Mai–Okt. Di–So 10–17 Uhr, Nov.–Apr. 10–16 Uhr.

Schloss Friedenstein in Gotha.

Tipp: Weisser Brunnen

Restaurant- und Hotel-Tipp: Biker sind gern gesehene Gäste im Gasthaus Weisser Brunnen im Zentrum von Gotha. Eine gemütliche Kneipe, ein Restaurant und ein Biergarten laden zum Verweilen. Die angeschlossene Pension bietet preiswerte Zimmer.

Weisser Brunnen, 18.-März-Straße 31, 99867 Gotha, Tel. 036 21/70 44 49, www.weisserbrunnen.de €

23
11 km
B247

Am Gewerbegebiet Gotha-Süd links auf die B247 und 11 km über Schwabhausen bis Ohrdruf.

Strecke: *Am Horizont tauchen wieder die Berge des Thüringer Walds auf.*

Info: Am Tobiashammer in Ohrdruf sollte man nicht einfach vorbeifahren. Das 1482 gegründete Hammerwerk ist noch heute voll funktionsfähig. Außerdem gibt es eine 12 000 PS starke Dampfmaschine zu bestaunen, mit der bis 1974 Metallgefäße produziert wurden.

Tobiashammer, Suhler Straße 34, 99885 Ohrdruf, Tel. 036 24/40 27 92, www.tobiashammer.de, Mai–Okt. Mo–So 9–17 Uhr, Nov.–Apr. Mi–So 9–16 Uhr.

24
20 km
B88

An der Kreuzung vor Ohrdruf rechts auf die B88 Richtung Eisenach, dann 20 km über Georgenthal, Friedrichroda und Tabarz bis zum Abzweig kurz vor Langenhain fahren.

Strecke: *Attraktive Bundesstraße mit sehenswerten Ortschaften.*

25
15 km
B88

Auf freier Strecke vor Langenhain links, weiterhin auf der B88 bleiben und 15 km über Seebach und Thal bis Wutha-Farnroda.

Traumstrecke durch Deutschlands grünes Herz.

26
6 km
B7

In Wutha-Farnroda links auf die B7 und auf der Bundesstraße 6 km zurück nach Eisenach.

***Strecke:** Auf der Klassikerstraße entlang der sagenumwobenen Hörselberge – allerdings mit teils lebhaftem Verkehr.*

Info: Eisenach ist Hort deutscher Kultur und traditionsreiche Autostadt zugleich. Seit 1898 werden hier Pkws in Serie produziert. Heute sind es Opel-Limousinen, früher waren es auch die Viertakt-Motorräder EMW R35 und AWO. Die Klassiker aus dieser Epoche bekommen wir im neuen Fahrzeugmuseum Automobile Welt Eisenach zu Gesicht.

Automobile Welt Eisenach, Friedrich-Naumann-Straße 10, 99817 Eisenach, Tel. 036 91/772 12, www.ame.eisenachonline.de, Di–So 11–17 Uhr.

Zu Klassikerehren haben es auch zwei Pennäler der Stadt gebracht: Martin Luther ging hier zur Schule. Das Lutherhaus zählt neben dem Bachhaus zu den Top-Sehenswürdigkeiten der Stadt. Knapp 200 Jahre später drückte der junge Johann Sebastian Bach ebenfalls in Eisenach die Schulbank. Lange blieben beide nicht, aber Luther kehrte zurück, inkognito als »Junker Jörg«, der auf der Wartburg Zuflucht nahm.

Bachhaus Eisenach, Frauenplan 21, 99817 Eisenach, Tel. 036 91/793 40, www.bachhaus.de, Mo–So 10–18 Uhr.

Lutherhaus, Lutherplatz 8, 99817 Eisenach, Tel. 036 91/298 30, www.lutherhaus-eisenach.de, Mo–So 10–17 Uhr.

Hut ab zum Gebet: das Lutherhaus in Eisenach.

Wo der Adler fliegt

Rund um die Müritz und den Plauer See

16

Ⓐ **Ausgangsort**
Waren (D-17192)

Ⓔ **Zielort**
Waren (D-17192)

194 km ★★★★ ★★★

Straßentypen (in Prozent der Streckenlänge)

50 | 50

- Landstraße/asphaltierte Nebenstraße
- Bundesstraße/Schnellstraße

Diese Tour können Sie mit Route 17 kombinieren.

TVB Mecklenburgische Seenplatte e. V.
Turnplatz 2
D-17207 Röbel/Müritz
Tel. 03 99 31/53 80
info@mecklenburgische-seenplatte.de
www.mecklenburgische-seenplatte.de

(→ *weitere Adressen siehe Seite 278*)

Hoch über der Müritz zieht stolz der Fischadler seine Bahnen. Kaum weniger Freiheit verspürt, wer am Boden mit dem Motorrad auf einsamen Pfaden den Nationalpark Müritz durchstreift. Zwar ist der Belag oft holprig, viele Gewässer erreicht man aber auch bequem auf gut ausgebauten Straßen oder erkundet sie – nicht minder reizvoll – per Boot. Sogar ohne eigene Maschine hat man am Fleesensee die Möglichkeit, den Adler fliegen zu lassen.

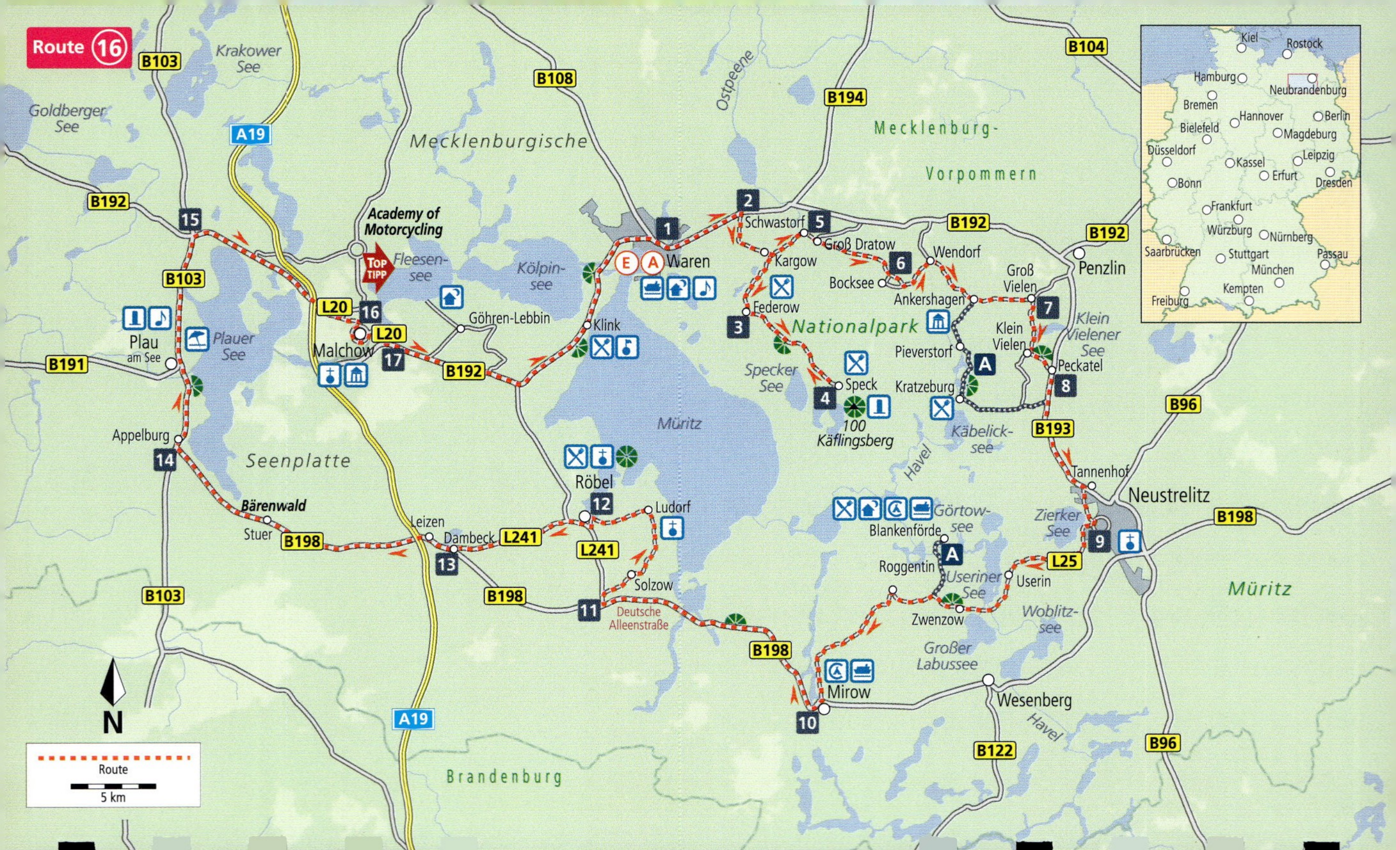

Route 16
B103
Krakower See
Goldberger See
B108
A19
Mecklenburgische
Ostpeene
B194
B104
Mecklenburg-
Vorpommern
B192
15
Academy of Motorcycling
TOP TIPP
Fleesen-see
Kölpin-see
1
2
Schwastorf
5
Groß Dratow
6
Wendorf
Kargow
Bocksee
Ankershagen
Groß Vielen
7
Penzlin
E
A
Waren
B103
L20
16
Göhren-Lebbin
Klink
Federow
3
Nationalpark
Pieverstorf
Klein Vielen
Klein Vielener See
Plau am See
Plauer See
Malchow
L20
17
B192
B191
Specker See
Speck
4
A
Kratzeburg
Peckatel
8
100 Käflingsberg
Müritz
B96
B193
Appelburg
14
Seenplatte
Havel
Käbelick-see
Tannenhof
Röbel
12
Ludorf
Neustrelitz
Bärenwald
Stuer
B198
Leizen
Dambeck
L241
L241
13
Görtow-see
Blankenförde
Zierker See
9
B198
A
Roggentin
Userinner See
Userin
L25
B103
B198
Solzow
11
Deutsche Alleenstraße
Zwenzow
Woblitz-see
Müritz
B198
Großer Labussee
Mirow
10
Wesenberg
Havel
N
A19
B122
B96
Route
5 km
Brandenburg
Kiel
Rostock
Hamburg
Neubrandenburg
Bremen
Hannover
Berlin
Bielefeld
Magdeburg
Düsseldorf
Kassel
Leipzig
Erfurt
Dresden
Bonn
Frankfurt
Würzburg
Nürnberg
Saarbrücken
Stuttgart
Passau
München
Kempten
Freiburg

Tour-Stationen auf einen Blick

Tourlänge: 194 km

Nr.	Ort	PLZ	GPS-Koordinaten
Ⓐ	Waren	D-17192	N 53 31.182 E 12 40.871
02	Abzweig Kargow	-	N 53 31.574 E 12 45.567
03	Federow	D-17192	N 53 28.982 E 12 45.674
04	Speck	D-17192	N 53 26.274 E 12 50.345
05	Schwastorf	D-17192	N 53 31.250 E 12 49.058
06	Bocksee	D-17219	N 53 29.410 E 12 54.267
07	Groß Vielen	D-17217	N 53 28.872 E 13 02.142
08	Peckatel	D-17237	N 53 26.594 E 13 03.033
09	Neustrelitz	D-17235	N 53 21.785 E 13 03.660
10	Mirow	D-17252	N 53 16.483 E 12 48.903

Nr.	Ort	PLZ	GPS-Koordinaten
11	Kreuzung B198/L241	-	N 53 19.792 E 12 37.569
-	Ludorf	D-17207	N 53 22.719 E 12 39.864
12	Röbel	D-17207	N 53 22.240 E 12 36.849
13	Dambeck	D-17209	N 53 21.665 E 12 29.677
14	Appelburg	-	N 53 25.117 E 12 15.541
-	Plau am See	D-19395	N 53 27.455 E 12 16.087
15	Kreuzung B103/B192	-	N 53 31.808 E 12 16.749
16	Malchow	D-17213	N 53 28.846 E 12 25.380
Ⓔ	Waren	D-17192	N 53 31.207 E 12 40.966

Die Tabelle enthält die wichtigsten Stationen der Route – ggf. wurden Orte weggelassen oder zur exakteren Navigation ergänzt; Referenzsystem der GPS-Koordinaten: WGS84

1
6 km
B192

Ⓐ

Von Waren auf der B192 über Schweriner Damm und Strelitzer Straße 6 km Richtung Stavenhagen bis zum Abzweig nach Speck/Kargow fahren.

***Strecke:** Lebhafter Stadt- und Durchgangsverkehr.*

Info: Waren am Müritzsee ist der touristische Brennpunkt der Mecklenburgischen Seenplatte. Am Hafen findet man noch die mächtigen Getreidespeicher aus dem 19. Jahrhundert, in deren Schatten täglich frischer Fisch verkauft wird. Nicht weit entfernt legen auch die Ausflugsschiffe ab, auf denen man über die Müritz schippern kann.

Müritzer Flotte, Strandstraße/Steinmole, 17192 Waren, Tel. 039 91/66 66 64, www.mueritzer-flotte.de

Hotel-Tipp: Ein ehemaliger, umgebauter Getreidespeicher beherbergt das Hotel am Yachthafen in Waren. Die Zimmer sind anspruchsvoll eingerichtet, von der Dachterrasse blickt man auf den Hafen.

Hotel Am Yachthafen, Strandstraße 2, 17192 Waren, Tel. 039 91/672 50, www.am-yachthafen.de €€

Event-Tipp: Immer Ende Mai wird in Waren die noch junge »Müritz Sail« abgehalten, bei der verschiedenste Bootstypen zum sportlichen Wettstreit antreten. Neben den Regatten sorgt ein buntes Rahmenprogramm für gute Unterhaltung (www.mueritzsail.net).

In Waren vibrieren die Fensterscheiben: Die Adler starten zur Rundfahrt um die Müritz.

2
7 km
–

Jetzt rechts Richtung Kargow abbiegen. Nach 3 km hinter Kargow rechts und 4 km bis Federow.

Strecke: *Zunehmend holpriger Straßenbelag.*

Info: Federow ist eines der Tore zum Müritz-Nationalpark mit einer bemerkenswerten Informationsstelle. Von hier kann man per Videokamera direkt in die Kinderstube eines nahe gelegen Fischadlerhorstes blicken. Der Fischadler ist das Wappentier des Nationalparks und nistet in Ermangelung abgestorbener Bäume neuerdings auch auf Strommasten. Videos mit den kleinen gefiederten Stars können in der Informationsstelle auch gekauft werden (www.nationalpark-müritz.de).

Restaurant-Tipp: Ein beliebter Treff für Naturfreunde und Nationalparkbesucher ist der Lebensmittelhandel Kujus in Federow. Hier gibt es auf Bänken vor der Tür Kaffee sowie hausgemachten Kuchen und mittags sogar eine preiswerte Mahlzeit.

Lebensmittel Kujus, Damerower Straße, 17192 Federow.

3
8 km
–

Geradeaus durch Federow und der Straße 8 km bis nach Speck folgen.

Strecke: *Schmale Piste in mäßigem Zustand durch den Nationalpark Müritz. Gas drosseln, Visier auf und die Landschaft genießen.*

4

14 km

–

In Speck umkehren und 12 km auf gleicher Strecke retour nach Kargo. In Kargo diesmal geradeaus und weiter 2 km bis nach Schwastorf fahren.

Info: In Speck endet die Route durch den Müritz-Nationalpark, ab hier geht es nur noch zu Fuß weiter. Nur wenige hundert Meter sind es etwa bis zum Aussichtsturm Käflingsberg. Von der 32 m hohen Aussichtsplattform erlebt man die einzigartige Seenlandschaft des Naturparadieses aus einer neuen, eindrucksvollen Perspektive.

Restaurant-Tipp: Erholen kann man sich von der kleinen Wanderung zum Käflingsbergturm in der romantischen Specker Schmiede. Hier ist auch eine weitere Nationalparkstelle untergebracht, aber auch Essen und Getränke – warm und kalt – werden angeboten.

Im Juni sind die Gewässer der Seenplatte übersät mit zauberhaften weißen Seerosen.

5

7 km

–

In Schwastorf rechts. Nach 2 km in Groß Dratow erneut rechts, 5 km bis zur T-Kreuzung bei Bocksee.

Strecke: *Rustikale Nebenstraße mit Alleebäumen und ein paar Kurven.*

Selbst direkt am Straßenrand geizt die Natur rund um die Müritz nicht mit ihren Reizen.

6
11 km
–

An der T-Kreuzung links, 2 km bis Wendorf. Hier rechts abbiegen und 9 km über Ankershagen bis nach Groß Vielen fahren.

Strecke: *Schmale, gemütliche Nebenstraße durch eine schon recht norddeutsch anmutende Landschaft.*

Info: Ankershagen ist der Heimatort des deutschen Archäologen Heinrich Schliemann, der 1873 im westlichen Anatolien die Reste der antiken Stadt Troja ausgrub. In seinem Elternhaus in Ankershagen hat man dem Forscher ein Museum gewidmet, das auch Kopien aus dem berühmten von ihm entdeckten Schatz des Priamon zeigt.

Heinrich-Schliemann-Museum, Lindenallee 1, 17219 Ankershagen, Tel. 03 99 21/32 52, www.schliemann-museum.de, Apr.–Okt. Di–So 10–17 Uhr, Nov.–März Di–Fr 10–16, Sa 13–16 Uhr.

7
5 km
–

In Groß Vielen rechts und 5 km über Klein Vielen (hier links) bis zur B193 in Peckatel.

Strecke: *Weiterhin unterwegs auf verschwiegener Straße, am von Naturschutzgebieten umringten Klein Vielener See vorbei.*

A Kratzeburg

Strecke: *Von Ankershagen (rechts in die Mühlenstraße) führt ein nicht ausgeschilderter Weg über Piverstorf zum Örtchen Kratzeburg im Herzen des Nationalparks. Allerdings ist die Straße nur teilweise befestigt. Zudem wird der Weg gern von Radfahrern und Wanderern genutzt – also Rücksicht nehmen und die Natur genießen. In Kratzeburg links Richtung Neustrelitz zur B193 fahren.*

Info: Bald hinter Ankershagen liegt am Fahrweg die Havelquelle. Eine Steinsäule markiert den Ursprung des wichtigsten brandenburgischen Flusses.

Restaurant-Tipp: Kaffee, Kuchen und leckere Bratkartoffeln gibt es im netten Café Piccolino in Kratzeburg.

Café Piccolino, Dorfstraße 2, 17237 Kratzeburg, Tel. 03 98 22/296 24.

8
9 km
B193
–

In Peckatel rechts auf die B193 und der Bundesstraße Richtung Neustrelitz folgen. Nach 7 km bei Tannenhof rechts Richtung Userin/Neustrelitz abbiegen und 2 km ins Stadtzentrum hinein.

Strecke: *Nach den vielen Nebenstraßen ist es regelrecht entspannend, wieder geradeaus auf einer Bundesstraße unterwegs zu sein.*

Info: Die Barockstadt Neustrelitz gruppiert sich um den quadratisch angelegten Markt, von dem acht Straßen sternförmig abgehen. Unter den vielen sehenswerten historischen Gebäuden ragt vor allem die Schlosskirche mit ihren beiden neugotischen Spitztürmchen hervor. Sie steht am hübschen Schlossgarten, der zu einem ausgedehnten Spaziergang einlädt (www.neustrelitz.de).

9
25 km
L25

Am großen Rondell in Neustrelitz die 1. Ausfahrt auf die Seestraße (L25) nehmen und 25 km – in Roggentin links halten – bis nach Mirow.

Strecke: *Sehr schöne und gut ausgebaute Landstraße, die durch den südlichen, waldreichen Teil des Nationalparks Müritz führt.*

10
16 km
B198

In Mirow rechts auf die B198 und 16 km bis zur Kreuzung mit der L241 auf freier Strecke.

Strecke: *Unterwegs auf der Deutschen Alleenstraße bei verhältnismäßig wenig Verkehr. Der Blick wird freier: weniger Wald und mehr Wasser.*

Info: In Mirow passiert man die Schleusenbrücke. Von hier kann man fleißige Kanuten, Segler und Motorboote bei ihrem Urlaubstagewerk beobachten. Wer selber zum Paddel greifen möchte, leiht sich an der Kanustation, 2 km weiter an B198, einfach ein Boot aus. Hier gibt es auch einen Campingplatz direkt am See.

Kanustation Mirow, An der Clön 1, 17252 Mirow, Tel. 03 98 33/220 98, www.kanustation.de €

11
11 km
L241
–

An der Kreuzung rechts auf die L241 abbiegen, nach knapp 1 km erneut rechts und 10 km über Solzow und Ludorf bis nach Röbel fahren.

Strecke: *Beschauliche Landschaft mit Äckern, Wiesen und Wäldern.*

Info: Die frühgotische Dorfkirche von Ludorf weist einen ungewöhnlichen, achteckigen Grundriss auf, gekrönt von einem spitz aufragenden Dach, das den Kirchturm ersetzt. Ein Kreuzritter soll den Bau nach dem Vorbild der Grabeskirche in Jerusalem gestiftet haben.

A Fischerhaus Blankenförde

Strecke: *Von der L25 zwischen Zwenzow und Roggentin rechts nach Blankenförde abbiegen. Die Pension liegt hinter dem Ort. Die letzten 300 m sind Sandpiste.*

Restaurant- und Hotel-Tipp: Die Pension Fischerhaus gehört zum Nationalparkort Blankenförde, liegt direkt am Görtowsee und bietet Bikern alles für einen echten Natururlaub. Das Zelt schlägt man unter Kiefern auf dem kleinen Campingplatz auf, es gibt auch gemütliche Zimmer zu mieten. Täglich stehen frische Gerichte auf der Speisekarte, oft mit Fisch aus dem See. Im Bootsschuppen warten Kanus und Kajaks auf Ausflüge in die wunderbar verwinkelte Wasserwelt zwischen dem Käbelicksee und dem Useriner See.

Pension Fischerhaus, Fischerhaus 1, 17252 Blankenförde, Tel. 03 98 29/202 12, www.pensionfischerhaus.de €

12
9 km
–
L241

In Röbel links ins Mühlentor, nach knapp 0,5 km rechts auf die Mirower Straße (L241) und 8,5 km bis zur Einmündung in die B198 in Dambeck.

Info: Am westlichen Ufer der Müritz liegt Röbel, ein idyllisches Backstein- und Fachwerkstädtchen. Hier sollte man seiner Maschine eine Verschnaufpause gönnen und es sich selbst in einem der hübschen Cafés gemütlich machen. Den Überblick über Stadt und See erhält man vom 58 m hohen Turm der neugotischen Marienkirche. Auch lohnt sich ein Blick ins Kircheninnere mit seinem Sterngewölbe und der Mondsichelmadonna auf dem Altar (www.roebel-mueritz.de).

Boxenstopp im beschaulichen Röbel.

13
18 km
B198

Jetzt rechts auf die B198 und 18 km über Leizen und Stuer bis zur B103 bei Appelburg.

***Strecke:** Wir kommen zügig voran und nähern uns dem Plauer See.*

Info: Bei einem Spaziergang durch den Bärenwald Müritz in Stuer hat man beste Chancen, tatsächlich einem echten Braunbären zu begegnen. In dem 8 ha großen Freigehege am Südende des Plauer Sees leben seit 2006 insgesamt zehn Bären – hinter Zäunen versteht sich.

Bärenwald Müritz GmbH, Am Bärenwald 11, 17209 Stuer, Tel. 03 99 24/791 18, www.mueritz.baeren-projekte.org

Wer die Gegend umfassend erkunden will, muss den Gasgriff gegen ein Paddel eintauschen.

14
13 km
B103

Vor Appelburg rechts auf die B103, 13 km über Plau am See bis zur Kreuzung mit der B192.

Strecke: *Auf Tuchfühlung mit dem schönen Plauer See.*

Info: Der Plauer See ist der drittgrößte der Mecklenburger Seen und weist eine durchschnittliche Wassertiefe von nur 6,8 m auf. Sein Wasser ist jedoch sauber und klar und lockt im Sommer zahlreiche Freizeitsportler sowie Erholungssuchende an, die rund um den See mit einer Fülle von Freizeiteinrichtungen bedient werden. Benannt ist der See nach dem an seinem Westufer gelegenen Luftkurort Plau.

Wahrzeichen des Städtchens Plau am See ist der schon von Weitem sichtbare, trutzige Burgturm aus dem 15. Jahrhundert. Schlichte Fachwerkhäuser am Marktplatz prägen das Ortsbild. Durch die Stadt strömt die Elde, der Abfluss des Plauer Sees. An der Eldeschleuse sollte man sich die Plauer Hubbrücke ansehen, sie wurde 1916 errichtet und ist heute ein technisches Denkmal (www.plau-am-see.de).

Event-Tipp: Ein skurriles Highlight im Plauer Veranstaltungskalender ist die Badewannenrallye im Juli. Nicht nur Badewannen dürfen teilnehmen, auf der Elde starten zwischen Schleuse und Hubbrücke auch zahlreiche fantasievoll gestaltete Wasserfahrzeuge. Zudem wird alljährlich eine »Miss Badewanne« gekürt (www.ilovewanne.de).

15
12 km
B192
L20
–

An der Kreuzung rechts auf die B192 und 9 km in Richtung Malchow. An der Autobahn geradeaus auf die L20, nach 1,5 km rechts (Rostocker Straße) und 1,5 km ins Malchower Zentrum fahren.

Info: Malchow liegt ganz besonders reizvoll am Malchower See zwischen Fleesensee und Plauer See. Über eine Drehbrücke gelangt man zur Insel, dem ursprünglichen Siedlungskern. Am gegenüberliegenden Ufer ragt der neogotische Backsteinturm des Malchower Büßerinnenklosters in den Himmel. Sehenswert im Kloster sind die farbigen Apostelnfenster und das Orgelmuseum.

Mecklenburgisches Orgelmuseum, Kloster 26, 17213 Malchow, Tel. 03 99 32/125 37, www.orgelmuseum-malchow.de, Apr.–Sept. 10–17 Uhr, Okt. 10–16 Uhr, Nov.–März Di–Fr 10–15, Sa+So 11–15 Uhr.

16
2 km
L20

Im Kreisel in Malchow die 1. Ausfahrt auf die Friedrich-Ebert-Straße (L20) nehmen. Den folgenden Kreisel über die 4. Ausfahrt verlassen und 1,5 km – hinter der Drehbrücke rechts – bis zur B192.

Strecke: Stadtdurchfahrt Malchow.

Mit entspannter Gashand geht es auf schmalen Pfaden durchs Mecklenburger Seengebiet.

17

21 km

B192

Jetzt links auf die B192 und der Bundesstraße 21 km über Klink zurück nach Waren folgen.

Strecke: *Die Runde schließt sich mit schönen Ausblicken auf die Müritz.*

Hotel-Tipp: Der Robinson Club Fleesensee in Göhren-Lebbin ist weit mehr als ein normaler Ferienclub. Das umfangreiche Freizeitangebot mit Golf, Tennis, Reiten, Segeln, Tauchen hält die Gäste auch bei einem längeren Aufenthalt bei Laune. Besonders spannend für Motorradfahrer ist jedoch die Möglichkeit, den Urlaub auf einer Harley zu verbringen, entweder leihweise oder im Rahmen eines Kurses bei der »Academy of Motorcycling« (siehe Kasten rechts).

Robinson Club Fleesensee, Penkower Straße 2, 17213 Göhren-Lebbin,
Tel. 03 99 32/802 00, www.robinson-fleesensee.de €€€

Restaurant-Tipp: Auf der Landzunge zwischen Kölpinsee und Müritz empfängt uns das märchenhafte Schloss Klink. Es entstand Ende des 19. Jahrhunderts und lehnt sich im Baustil an die französischen Loire-Schlösser an. Heute beherbergt es ein feines Restaurant. Auf der Schlossterrasse kann man die Tour herrlich ausklingen lassen.

Schloss Klink, Schlossstraße 6, 17192 Klink, Tel. 039 91/74 70,
www.schlosshotel-klink.de

E

Tipp: Academy of Motorcycling

TOP TIPP **Info:** Die zwei- oder dreitägigen Kurse der Academy of Motorcycling im Robinson Club Fleesensee richten sich an alle, die nach einer längeren Pause wieder Motorradfahren möchten. Bikes samt Ausrüstung werden gestellt, die Teilnehmer professionell betreut. Für Frauen gibt es das spezielle Fahrtraining »Ladies only« (www.riding-academy.de).

Windflüchter und Leuchtfeuer

Fischland-Darß-Zingst, Rügen

17

ROUTE 17 Vorpommersche Ostseeküste – Windflüchter und Leuchtfeuer

Ⓐ **Ausgangsort**
Rostock (D-18055)

Ⓔ **Zielort**
Stralsund (D-18439)

317 km ★★★★★ ★★

Straßentypen (in Prozent der Streckenlänge)

Landstraße/asphaltierte Nebenstraße	Bundesstraße/Schnellstraße
85	15

Diese Tour können Sie mit Route 16 kombinieren.

Tourismuszentrale Rügen
Bahnhofstraße 15
D-18528 Bergen auf Rügen
Tel. 038 38/807 70
info@ruegen.de
www.ruegen.de

(➔ *weitere Adressen siehe Seite 278*)

Wie ein Schwamm saugen der Darß und Rügen an Wochenenden und während der Hauptsaison die Auto- und Wohnmobilkolonnen auf, und nicht selten wird die Fahrt hier am wohl schönsten deutschen Küstenabschnitt zur Hängepartie. Reichlich belohnt wird jedoch, wer durchhält, endlich in einsame Straßen einbiegt und die atemberaubende Natur- und Kulturlandschaft der Vorpommerschen Boddenlandschaft und Rügens erlebt.

Route 17
Kiel
Rostock
Hamburg
Neubrandenburg
Bremen
Hannover
Berlin
Bielefeld
Magdeburg
Düsseldorf
Leipzig
Kassel
Erfurt
Dresden
Bonn
Frankfurt
Würzburg
Nürnberg
Saarbrücken
Stuttgart
Passau
München
Kempten
Freiburg
O S T S E E
Nationalpark
Vorpommersche
Boddenlandschaft
Wittow
Kap Arkona
Gramtitz
Putgarten
Vitt
Kuhle-Starrvitz
Altenkirchen
Juliusruh
Wiek
Glowe
Stubben-
kammer
Königsstuhl
118
Top Tipp
Wittower Fähre
Baldereck
Großer
Jasmunder
Bodden
Sagard
Lancken
Jasmund
Sassnitz
Hiddensee
Trent
Rügen
Mukran
Ummanz
Tankow
Kluis
Ralswiek
Gingst
Waase
Prora
Hohe
Düne
Pramort
Barhöfter
Kliff
Zingst
Prerow
Wieck
am Darß
Meininger-
brücke
Ahrenshoop
Wustrow
Groß Mohrdorf
Hohendorf
Prohn
Barth
Neu
Lassentin
Stralsund
Bergen
Rasender
Roland
Binz
Sellin
Serams
Deutsche
Alleenstraße
Göhren
Samtens
Putbus
Garz
Biosphären-
reservat
Südost-
Rügen
Rügischer
Bodden
Strelasund
Dierhagen
Barthe
Graal-Müritz
Klockenhagen
Ribnitz-
Damgarten
Recknitz
Mecklenburg-
Vorpommern
Warnemünde
Hinrichshagen
Nienhagen
Greifswalder
Bodden
Peenemünde
Karlshagen
Rostock
Grimmen
Greifswald
Ziese
Wolgast
Trebel
Bergring Teterow
N
Route
10 km
L21
L22
L213
L30
L303
L29
B96
B196
B105
B194
B109
B110
B111
A20

Tour-Stationen auf einen Blick

Tourlänge: 317 km

Nr.	Ort	PLZ	GPS-Koordinaten
(A)	Rostock	D-18055	N 54 05.461 E 12 09.739
-	Rostock-Nienhagen	D-18146	N 54 09.026 E 12 10.525
03	Graal-Müritz	D-18181	N 54 15.354 E 12 15.117
05	Ahrenshoop	D-18347	N 54 22.824 E 12 25.155
06	Zingst	D-18374	N 54 26.404 E 12 38.859
07	Barth	D-18356	N 54 21.407 E 12 43.411
08	Neu Lassentin	D-18442	N 54 20.109 E 12 52.871
09	Groß Mohrdorf	D-18445	N 54 23.426 E 12 57.053
11	Stralsund	D-18435	N 54 17.691 E 13 04.951
13	Garz	D-18574	N 54 19.026 E 13 20.505

Nr.	Ort	PLZ	GPS-Koordinaten
16	Göhren	D-18586	N 54 20.497 E 13 44.249
17	Serams	D-18528	N 54 22.567 E 13 35.187
18	Prora	D-18609	N 54 26.406 E 13 33.995
-	Stubbenkammer	-	N 54 33.914 E 13 36.912
21	Altenkirchen	D-18556	N 54 38.195 E 13 20.548
22	Putgarten	D-18556	N 54 40.273 E 13 24.520
23	Kuhle-Starrvitz	D-18556	N 54 38.835 E 13 17.184
24	Kluis	D-18569	N 54 28.002 E 13 17.815
25	Samtens	D-18573	N 54 21.280 E 13 17.478
(E)	Stralsund	D-18439	N 54 18.614 E 13 05.852

Die Tabelle enthält die wichtigsten Stationen der Route – ggf. wurden Orte weggelassen oder zur exakteren Navigation ergänzt; Referenzsystem der GPS-Koordinaten: WGS84

1
5 km
L22

Ⓐ Rostock-Zentrum über die Rövershäger Chaussee (L22) verlassen und 3 km Richtung Autobahnkreuz Ost. Vor der A19 links in die Dierkower Allee (L22) und 2 km bis zur Hinrichsdorfer Straße.

Restaurant-Tipp: Im urigen, mit viel dunklem Holz ausgekleideten Rostocker Seemannslokal Zur Kogge schmecken Fisch und andere Meeresspezialitäten besonders gut. Begehrt sind die Galerietische im ersten Stock. Hier fühlt man sich wie auf einem alten Piratenschiff.
Zur Kogge, Wokrenterstr. 27, 18055 Rostock, Tel. 03 81/493 44 93, www.zur-kogge.de

2
19 km
L22

Hier rechts, 19 km – weiterhin auf der L22 – über Nienhagen und Hinrichshagen bis Graal-Müritz.

Strecke: *Auf geraden Pfaden durch die flache Rostocker Heide.*

Info: Am Sandstrand des Ostseebads Graal-Müritz bietet sich die erste Bademöglichkeit. Der Strand liegt hinter dem 5 ha großen Rhododendronpark. Im Ostseeklima wachsen die Pflanzen hier bis zu 6 m hoch.

3
9 km
L22

In Graal-Müritz rechts in die Ribnitzer Straße und der L22 weiter folgen, 9 km bis Klockenhagen.

Tipp: Bergring Teterow

Strecke: *Teterow liegt ca. 50 km südlich von Rostock und ist über die B103 und die B108 gut zu erreichen.*

Event-Tipp: Das erste Rennen auf dem Bergring in Teterow wurde 1930 abgehalten. Rasch hatte sich der Kurs den Ruf der schwierigsten Grasbahnrennstrecke weltweit erworben. Er ist 1877 m lang, mit Links- und Rechtskurven übersät und steigt bis 16 Prozent an – bergab sind es immerhin 14 Prozent Gefälle. Jährlich gibt es mehrere Rennveranstaltungen. Im Frühjahr beim Bergpokal und beim Grünen Band des ADAC treten die besten Speedwayfahrer an. Diese Ereignisse der Spitzenklasse locken dann auch die meisten Zuschauer (www.bergring-teterow.de).

4
17 km
L21

In Klockenhagen an der Kreuzung links auf die L21 und 17 km über Wustrow bis Ahrenshoop.

***Strecke:** Mal geradeaus, mal in Kurven über die Nehrung ins Fischland. Links leuchtet die Ostsee, rechts schimmert der Bodden. Schon bald begrüßt uns der Turm der hübschen Backsteinkirche in Wustrow.*

Info: Ende des 19. Jahrhunderts zogen das idyllische Ahrenshoop und die traumhafte umliegende Landschaft viele Künstler magisch an, die sich schließlich zu einer Malerkolonie formierten. Ein Spaziergang zu Fuß durch den Ort lohnt sich. Man kann die eine oder andere Galerie besichtigen oder in einem der Cafés entspannen. In der Saison herrscht allerdings Hochbetrieb (www.ostseebad-ahrenshoop.de).

Nördlich von Ahrenshoop erstreckt sich der Weststrand, kein Badestrand, sondern vielmehr ein urtümliches Gestade, das zum Nationalpark Vorpommersche Boddenlandschaft gehört. Vom Parkplatz an der Straße nach Prerow startet die lange Strandwanderung über Deutschlands wildeste Küste bis zum Leuchtturm an der Nordspitze (www.nationalpark-vorpommersche-boddenlandschaft.de).

Restaurant-Tipp: Halb Kneipe, halb Restaurant überzeugt das Café Buhne in Ahrenshoop mit Meerblick und leckerem Sanddornkuchen.

Café Buhne, Grenzweg 12, 18347 Ahrenshoop, Tel. 03 82 20/232.

Tipp: Bernsteinmuseum

Info: Im Deutschen Bernsteinmuseum in Ribnitz-Damgarten erfährt man alles Wissenswerte über das »Gold der Ostsee«. Zu sehen sind auch Nachbildungen des berühmten Bernsteinzimmers und eine Werkstatt.

Deutsches Bernsteinmuseum, Im Kloster 1–3, 18311 Ribnitz-Damgarten, Tel. 038 21/46 22, www.deutsches-bernsteinmuseum.de, März–Okt. Mo–So 9.30–18 Uhr, Nov.–Feb. Di–So 9.30–17 Uhr.

5
21 km
L21

In Ahrenshoop geradeaus auf der L21. Nach 21 km erreicht man über Prerow die Zufahrt nach Zingst.

Strecke: *Schwungvolle Fahrt durch den Darßer Wald bis Prerow.*

Info: In Prerow reicht der Kiefernwald bis an den Strand, der zu den schönsten der Ostsee zählt. Das Seebad Prerow ist zwar sehr beliebt, hat sich aber seinen altmodischen Charme bewahrt. Östlich von Zingst erstreckt sich dann die gleichnamige, 20 km lange Halbinsel. Von Zingst fährt man 8 km mit dem Motorrad bis zur Nationalpark-Info an den Sundischen Wiesen, dann 8 km mit dem Leihfahrrad bis zum Aussichtspunkt Hohe Düne am Pramort. Hier spürt man regelrecht, wie die Küste vom Meer ständig neu geformt wird (www.zingst.de).

Restaurant-Tipp: Von der Wanderung erholt man sich am besten im Schlösschen Sundische Wiese, bevor es mit dem Bike retour geht.
Schlösschen Sundische Wiese, Landstraße 19, 18374 Zingst, Tel. 03 82 32/81 89.

6
14 km
L21

Geradeaus an Zingst vorbei, auf der L21 bleiben und 14 km bis Barth fahren.

Strecke: *Wir verlassen die Halbinsel Zingst über die Meiningerbrücke, die über die engste Stelle zwischen Barther und Bodstedter Bodden führt.*

Wundervoller Strand bei Ahrenshoop.

7
13 km
L21

In Barth links in die Chausseestraße (L21) Richtung Zentrum, nach 1 km rechts in die Sundische Straße (L21) und 12 km Richtung Neu Lassentin fahren.

8
6 km
L213

Kurz vor Neu Lassentin links auf die L213 abbiegen, dann 6 km bis zur nächsten T-Kreuzung.

Strecke: *Ruhige Straße durch das Hinterland am Bodden – landschaftlich nicht mehr ganz so reizvoll wie eben noch auf dem Darß.*

9
17 km
L213

Hier links und 17 km – weiterhin auf der L213 – über Groß Mohrdorf und Prohn nach Stralsund.

Info: Die Boddenlandschaft dient den Kranichen auf ihrem Vogelzug als Zwischenstation. Im Kranichzentrum Groß Mohrdorf kann man sich über die eindrucksvollen, eleganten Vögel und die besten Beobachtungsplätze informieren. Vom Beobachtungsturm »Kranich Utkiek« bei Hohendorf hat man fast immer gute Chancen, die eleganten, aber scheuen Tiere bei der Nahrungssuche zu beobachten.
Kranich-Infozentrum, Lindenstraße 27, 18445 Groß Mohrdorf, Tel. 03 83 23/805 40, www.kraniche.de, März–Mai Mo–So 10–16 Uhr, Juni+Juli Mo–Fr 10–16.30 Uhr, Aug. Mo–So 10–16.30 Uhr, Sept.+Okt. Mo–So 9.30–17.30 Uhr.

Traditionelle Zeesboote im Barther Bodden.

A Barhöfter Kliff

Info: Einen ungewöhnlichen Blick auf die Boddenlandschaft hat man vom alten Leuchtturm am Barhöfter Kliff. Zu Füßen liegt die Barther Zufahrt, die einzige Verbindung zwischen Bodden und offenem Meer. Im Westen sieht man die Halbinsel Zingst, dann die Inseln Bock und Hiddensee sowie Ummanz, ein Teil von Rügen.

10
3 km
L213

In Stralsund nach den Stadtteichen rechts in den Carl-Heydemann-Ring (L213), dann 3 km bis zum Kreisel hinter der Unterführung der B96.

Strecke: *Stadtdurchfahrt und Stadtautobahn Stralsund.*

Info: Auch die schmucke Stralsunder Altstadt, von Wasser umgeben, zählt zum UNESCO-Welterbe. Im Zentrum stehen die mächtige Nikolaikirche und das gotische Rathaus, natürlich aus Backstein gebaut. Die größte Attraktion der Stadt ist aber inzwischen das neue Ozeaneum, dem die Auszeichnung »Europas Museum des Jahres 2010« zuerkannt wurde. Hier werden Meerestiere und Unterwasserpflanzen in einer den Ozeanen nachempfundenen Szenerie präsentiert. Die Entdeckungsreise unter Wasser beginnt beispielsweise im Stralsunder Hafenbecken, durchwandert den Boden der Ostsee und endet schließlich im Kattegat zwischen Schweden und Dänemark.

Ozeaneum, Hafenstraße 11, 18439 Stralsund, Tel. 038 31/265 06 10, www.ozeaneum.de, Juni–Sept. Mo–So 9.30–21 Uhr, Okt.–Mai Mo–So 9.30–19 Uhr.

Restaurant- und Hotel-Tipp: Gleich neben dem Ozeaneum liegt die Hiddenseer Hafenkneipe, wo man beim Grog auf das Treiben im Hafen blickt. Die Zimmer im dazugehörigen Hotel sind maritim eingerichtet.

Hafenkneipe und Hotel Hiddenseer, Hafenstraße 12, 18439 Stralsund, Tel. 038 31/289 23 90, www.hotel-hiddenseer.de €€

Der Hafen von Stralsund mit dem Windjammer Gorch Fock und dem neu gebauten Ozeaneum.

11
7 km
B96

Hier rechts (1. Ausfahrt) auf die B96 in Richtung Rügen/Bergen und 7 km über die Rügenbrücke bis zur T-Kreuzung nach der Brückenabfahrt.

Strecke: *Auf der neuen Rügenbrücke – 42 m hoch über den Strelasund.*

Info: 2007 wurde die neue Rügenbrücke eröffnet und dem Dauerstau auf dem alten Rügendamm ein Ende gesetzt. Die Brücke besticht durch ihre kühle, moderne Architektur. Sie hat eine Spannweite von 4,1 km und ist mit Schrägseilen an einem 128 m hohen Pylon aufgehängt.

Topmoderner Blickfang: die Rügenbrücke.

12
16 km
L29

Jetzt links, dann gleich wieder links auf die L29, durch die Unterführung und 16 km bis Garz.

Strecke: *Spritziger, kurviger Auftakt durch den Süden Rügens.*

13
10 km
L30
L29

Kurz vor Garz rechts auf die L30 einbiegen, 0,5 km in den Ort hinein fahren. Im Zentrum links in die Lindenstraße, nach 0,5 km rechts auf die L29 und der Landstraße 9 km bis Putbus folgen.

Strecke: *Geradeaus auf der wunderschönen Deutschen Alleenstraße.*

Tipp: Pension Im Grünen

Info: Die ruhige und günstige Stralsunder Pension Im Grünen ist ein ideales Quartier für Biker, die die vorpommersche Küste oder Rügen erkunden wollen. Motorräder können z. T. direkt vor den Zimmern geparkt werden, ein Trockenraum ist vorhanden.

Pension Im Grünen, Rostocker Chaussee 28a, 18437 Stralsund, Tel. 038 31/49 48 68, www.pension-stralsund.de €

14
9 km
L29

In Putbus am Circus rechts in die Lauterbacher Straße (L29) einbiegen, nach 0,5 km rechts in die Binzer Straße, auf der L29 bleiben und 8,5 km bis zur Einmündung in die B196 fahren.

Info: Mit dem Circus, ein von weißen Kavaliershäusern gesäumtes Rondell, an dem die Straßen sternförmig zusammenlaufen, empfängt das klassizistische Putbus Motorradreisende. Fürst Wilhelm Malte I. von Putbus ernannte das Städtchen Anfang des 19. Jahrhunderts zu seiner Residenz. Wegen der vielen weißen Bauwerke gilt es als die »Weiße Perle« Rügens und ist zudem ein kulturelles Zentrum der Insel. Im schönen, mit alten, hochgewachsenen Bäumen übersäten Schlosspark kann man herrlich flanieren. Das Schloss selbst, einst herrschaftlicher Sitz der Fürsten, wurde in den 1960er-Jahren abgetragen. Als Relikte des 19. Jahrhunderts kann man sich aber die Orangerie, den Marstall, das Mausoleum und vor allem die große, dreischiffige Schlosskirche ansehen (www.putbus.de).

Im Juli 1895 nahm die erste Schmalspurbahn Deutschlands von Putbus in Richtung Binz ihren Betrieb auf. Der noch heute mächtig unter Dampf stehende »Rasende Roland« ist nicht nur ein rollendes Museum, sondern auch ein fester Bestandteil des Rügener Nahverkehrsnetzes (www.ruegensche-baederbahn.de).

Auf schönen Alleestraßen rund um Rügen.

Tipp: Jägerhütte Putbus

Restaurant-Tipp: Wildspezialitäten aller Art – in der rustikalen Putbuser Jägerhütte am Stadtrand schmecken sie besonders gut. Aber auch frischen Fisch serviert man hier, im Sommer kann man ihn im Garten essen.

Jägerhütte Putbus, Alleestraße 33, 18581 Putbus, Tel. 03 83 01/510, www.jaegerhuette-ruegen.de

15
12 km
B196

An der B196 rechts und auf der Bundesstraße 12 km über Sellin bis Göhren – in den Ort.

Strecke: *Angenehm zu fahrende Landstraße mit Blick zum Meer.*

Info: Ganz im Südosten Rügens liegt Göhren, ein schmuckes Fischerdorf mit Kopfsteinpflaster und reetgedeckten Häusern. Von Touristenrummel ist hier nicht viel zu spüren (www.goehren-ruegen.de).

16
14 km
–
B196

In Göhren im Kreisel die 3. Ausfahrt nehmen und im Bogen 2 km über die Post- und die Strandstraße zurück zur B196 fahren. Hier rechts und 12 km Richtung Bergen bis Serams.

Strecke: *Zurück auf gleicher Straße.*

Info: Wahrzeichen des eleganten Ostseebads Sellin ist die 394 m lange Seebrücke, die man vom Steilufer aus mit dem Aufzug oder über eine steile Treppe erreicht. Eine Attraktion ist die Tauchgondel, die Touristen für 45 Minuten in die Unterwasserwelt der Ostsee reisen lässt.

Tauchgondel Sellin, Wilhelmstraße 25, 18586 Sellin, Tel. 03 83 03/927 77, www.tauchgondel.de, Juni–Aug. Mo–So 10–21 Uhr, Mai, Sept., Okt. Mo–So 10–18 Uhr, Nov.–Apr. Mi–So 11–16 Uhr.

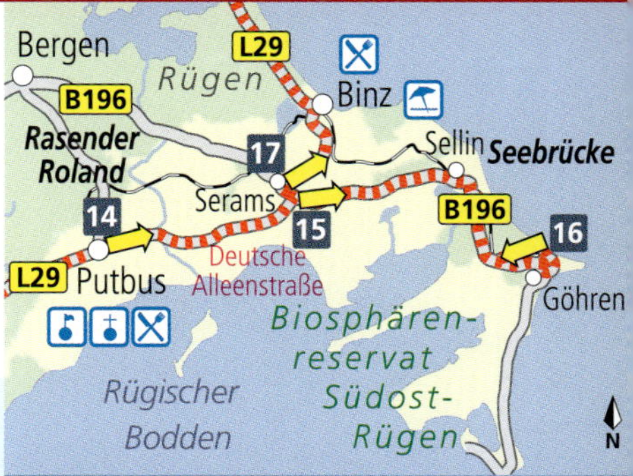

Die berühmte Seebrücke von Sellin am Morgen. Abends ist sie spektakulär beleuchtet.

17
10 km
L29

In Serams rechts auf die L29 abbiegen und 10 km über Binz bis nach Prora fahren.

Info: Binz, das größte Seebad der Insel, liegt an der Prorer Wiek, einer Bucht mit breiten, feinsandigen Stränden, mildem Reizklima und über 1800 Sonnenstunden pro Jahr. Aus den prachtvollen, oftmals denkmalgeschützten Häusern im Stil der traditionellen Bäderarchitektur sind schicke Hotels und Pensionen entstanden, die das Flair der Jahrhundertwende lebendig halten. Am besten das Bike am Kurhaus parken und in Ruhe eine Schaurunde laufen (www.ostseebad-binz.de).

Restaurant-Tipp: Unter Palmen speist man im Münsterteicher an der Binzer Strandpromenade. Spezialitäten sind Pasta und Steaks.

Restaurant Münsterteicher, Strandpromenade 17–18, 18609 Binz, Tel. 03 83 93/143 80 (Vorbestellung empfohlen), www.strandhalle-binz.de

18
10 km
L29
B196a

In Prora rechts abbiegen, durch den Ort und 10 km auf der L29 – später der B196a – bis zur Kreuzung mit der B96 bei Lancken.

Strecke: *Über die Nehrung Schmale Heide zur Halbinsel Jasmund, später vorbei an nicht so ansehnlichen Anlagen des Fährhafens Mukran.*

Tipp: Koloss von Prora

Info: Als Erholungsfabrik von der Nazi-Organisation »Kraft durch Freude« (KdF) geplant, später als Kaserne genutzt, heute denkmalgeschützt: Im Doku-Zentrum erfährt man mehr über dieses beklemmende wie kuriose Kapitel deutscher Geschichte.

Dokumentationszentrum Prora, Objektstraße, Block 3, 18609 Prora, Tel. 03 83 93/139 91, www.dokumentationszentrum-prora.de

Gigantomanie: Nach Kriegsausbruch wurde der Bau des KdF-Seebads Prora gestoppt.

19
18 km
B96
L303

Jetzt rechts auf die B96 und 18 km – ab Sassnitz auf der L303 – bis hinter Baldereck fahren.

Strecke: *Hinter Sassnitz in Schwüngen hinauf in den Buchenwald der Stubbenkammer. Achtung, zeitweise glatter Belag! Auch danach schöne Kurvenstrecke auf der Nordseite der Halbinsel Jasmund.*

TOP TIPP

Info: Die Halbinsel Jasmund behütet das Sinnbild deutschen Gemüts und deutscher Romantik – die Kreidefelsen von Rügen. Sie werfen sich auf einer Länge von 20 km an der Nordostküste auf und sind Nationalparkgebiet. Berühmt wurden sie durch ein Bild des romantischen Malers Caspar David Friedrich aus dem Jahr 1818, das drei Menschen auf dem Steilufer zeigt. Die schönste und mit 118 m höchste Stelle der Kreidefelsen ist der Königsstuhl, der vom Parkplatz Hagen mit einem Shuttlebus zu erreichen ist. Am Königsstuhl informiert das Nationalparkzentrum im 180-Grad-Multivisionskino über Natur und Geologie der Stubbenkammer. Frühaufsteher sollten unbedingt das Morgengrauen über dem Meer erleben, wenn sich die Kreidefelsen langsam bei Sonnenaufgang verfärben. Bis 9 Uhr morgens darf man den Königsstuhl direkt mit dem Bike ansteuern.

Nationalpark-Zentrum Königsstuhl, Stubbenkammer 2, 18546 Sassnitz, Tel. 03 83 92/66 17 66, www.koenigsstuhl.com, Ostern–Okt. Mo–So 9–19 Uhr, Nov.–Ostern Mo–So 10–17 Uhr.

Ewig bestürmt die See die Rügener Kreidefelsen.

20
15 km
L30

An der Einmündung in die L30 rechts und 15 km über Glowe und Juliusruh bis Altenkirchen.

Strecke: *Entspanntes Cruisen zwischen den Dünen und Kiefern auf der langen Nehrung Schaabe.*

Info: Erfrischung gefällig? Zwischen Glowe und Juliusruh erstreckt sich einer der längsten und beliebtesten Badestrände Rügens.

21
6 km
–

Am Ortseingang von Altenkirchen rechts Richtung Ortskern, dann rechts halten und 1 km über die Neue Straße zur Max-Reimann-Straße. Hier rechts und 5 km bis zum Parkplatz Putgarten fahren.

Strecke: *Zur Nordspitze Rügens.*

Info: Nur zu Fuß oder per Touristen-Bimmelbahn kann man das Nordkap Deutschlands vom Parkplatz Putgarten erreichen. Das Umsteigen lohnt sich für den Blick von einem der beiden Leuchttürme. Auch das nur 1 km entfernte und unter Denkmalschutz stehende Bilderbuchfischerdörfchen Vitt ist einen Besuch wert. Die Fischer des Ortes bieten Bootsfahrten um das Kap Arkona an (www.kap-arkona.de).

Tipp: Störtebeker-Festspiele

Event-Tipp: Die alle Besucherrekorde brechenden Störtebeker-Festspiele in Ralswiek sind das erfolgreichste deutsche Open-Air-Theater. In aufwendigen Inszenierungen wird alljährlich im Sommer auf der Seebühne am Ufer des Großen Jasmunder Boddens die Geschichte des Seeräubers und seiner Vitalienbrüder nacherzählt (www.stoertebeker.de).

Boxenstopp am romantischen Fischerhafen.

22
10 km
–

Am Parkplatz Putgarten links und gleich wieder links. Über Gramtitz 10 km bis Kuhle-Starrvitz.

Strecke: *Im Tourengang auf schmaler Straße über die Halbinsel Wittow.*

Restaurant-Tipp: Frischen Fisch direkt am Hafen und mit Blick auf den Bodden genießen: Neptuns Fisch in Kuhle macht es möglich.
Neptuns Fisch, 18556 Dranske-Kuhle, Tel. 03 83 91/87 84.

23
24 km
–
L30

In Kuhle-Starrvitz links und 2 km bis zur L30. Hier rechts und 22 km über Wiek und Trent bis Kluis.

Strecke: *Am einsamen Wieker Bodden entlang, mit kurzer Fährfahrt.*

24
15 km
L30

In Kluis rechts, um auf der L30 zu bleiben, der Landstraße 15 km über Gingst bis Samtens folgen.

25
17 km
B96

In Samtens an der Kreuzung rechts auf die B96 abbiegen und der Bundesstraße 17 km zurück nach Stralsund folgen – Endstation der Tour.

Strecke: *Auf der viel befahrenen Bundesstraße zurück aufs Festland.*

A Ummanz

Strecke: *Von Gingst nach Waase mit anschließender Inselumfahrung auf verkehrsarmen Sträßchen, ca. 28 km.*

Info: Ein Damm verbindet die flache Insel Ummanz mit Rügen, ein Geheimtipp für Biker, die weite Horizonte lieben. Die sehenswerte Marienkirche in Waase ist wegen ihres kunstvollen Antwerpener Schnitzaltars von 1520 weit über Rügen hinaus bekannt.

Restaurant- und Hotel-Tipp: Gleich am Ummanzer Damm in Waase lohnt sich eine Rast im Fischrestaurant Holzerland. Der Fisch wird in der eigenen Räucherei veredelt und auf der Terrasse mit sehr schönem Blick aufs Wasser freundlich serviert. Die Zimmer der Pension sind gemütlich und preiswert.
Holzerland, Am Focker Strom 17, 18569 Ummanz-Waase, Tel. 03 83 05/81 59, www.ummanz-ruegen.de €

Wilde Seen, weißer Strand

Holsteinische Schweiz und Lübecker Bucht

18

ROUTE 18

Schleswiger Ostseeküste – Wilde Seen, weißer Strand

Ⓐ **Ausgangsort**
Neumünster (D-24539)

Ⓔ **Zielort**
Lübeck (D-23552)

120 km ★★★★ ★★★

Straßentypen (in Prozent der Streckenlänge)

Landstraße/asphaltierte Nebenstraße	Bundesstraße/Schnellstraße
50	50

Diese Tour können Sie mit Route 19 kombinieren.

Ostsee-Holstein-Tourismus e. V.
Bahnhofstraße 2
D-23683 Scharbeutz
Tel. 018 05/70 07 08 (0,14 €/min)
info@ostsee-sh.de
www.ostsee-schleswig-holstein.de

(➔ *weitere Adressen siehe Seite 279*)

Bei dieser Tour prallen verschiedenste Welten aufeinander: Von der schwungvollen, hügeligen Holsteinischen Schweiz cruisen wir zu den feinen Sandstränden der Ostsee. Spätestens der erste Blick aufs weite Meer leitet einen wunderbaren Sinnes- und Landschaftswandel ein. Nicht zuletzt bietet auch die Strecke viele spannende Kontraste. Kleine, gemütliche Straßen und herrliche Alleen wechseln sich mit einigen spritzigen Kurven ab.

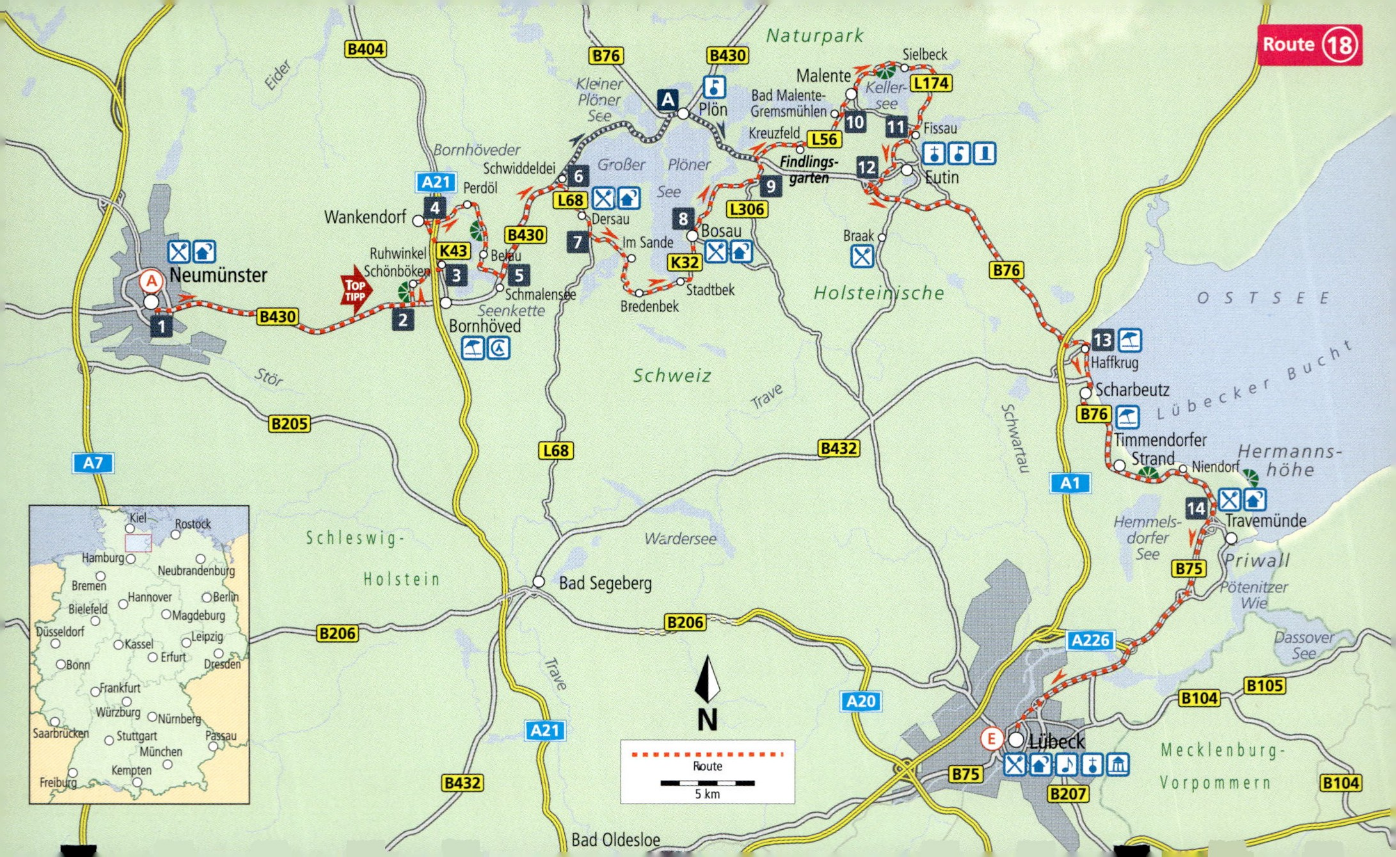
Route 18
Naturpark
Holsteinische
Schweiz
OSTSEE
Lübecker Bucht
Schleswig-
Holstein
Mecklenburg-
Vorpommern
Neumünster
Wankendorf
Perdöl
Ruhwinkel
Schönböken
Belau
Schmalensee
Bornhöved
Bornhöveder
Seenkette
Schwiddeldei
Dersau
Im Sande
Bredenbek
Stadtbek
Bosau
Großer
Plöner
See
Kleiner
Plöner
See
Plön
Malente
Bad Malente-
Gremsmühlen
Sielbeck
Keller-
see
Kreuzfeld
Findlings-
garten
Fissau
Eutin
Braak
Haffkrug
Scharbeutz
Timmendorfer
Strand
Niendorf
Hermanns-
höhe
Travemünde
Hemmels-
dorfer
See
Priwall
Pötenitzer
Wie
Dassower
See
Lübeck
Bad Segeberg
Wardersee
Bad Oldesloe
Eider
Stör
Trave
Schwartau
Top
Tipp
A
E
1
2
3
4
5
6
7
8
9
10
11
12
13
14
A7
A21
A1
A20
A226
B404
B76
B430
B205
B206
B432
B75
B104
B105
B207
L68
L306
L56
L174
K43
K32
N
Route
5 km
Kiel
Rostock
Hamburg
Neubrandenburg
Bremen
Hannover
Berlin
Bielefeld
Magdeburg
Düsseldorf
Kassel
Leipzig
Erfurt
Bonn
Dresden
Frankfurt
Würzburg
Nürnberg
Saarbrücken
Stuttgart
Passau
München
Kempten
Freiburg

Tour-Stationen auf einen Blick

Tourlänge: 120 km

Nr.	Ort	PLZ	GPS-Koordinaten
Ⓐ	Neumünster	D-24539	N 54 04.211 E 09 59.986
02	Bornhöved	D-24619	N 54 04.360 E 10 11.850
03	Ruhwinkel	D-24601	N 54 05.392 E 10 13.209
04	Wankendorf	D-24601	N 54 06.679 E 10 12.535
05	Schmalensee	D-24638	N 54 05.069 E 10 16.263
06	Schwiddeldei	D-24326	N 54 07.737 E 10 19.676
07	Im Sande	D-24326	N 54 06.283 E 10 20.827
08	Bosau	D-23715	N 54 06.271 E 10 25.808
09	Einmündung L306	-	N 54 08.001 E 10 28.720
10	Malente	D-23714	N 54 10.426 E 10 33.539
-	Sielbeck	D-23701	N 54 10.950 E 10 37.235
11	Fissau	D-23701	N 54 09.014 E 10 36.193
12	Neudorf	D-23701	N 54 07.704 E 10 34.561
13	Haffkrug	D-23683	N 54 02.777 E 10 44.990
14	Travemünde	D-23570	N 53 57.946 E 10 50.705
Ⓔ	Lübeck	D-23570	N 53 52.177 E 10 41.230

Die Tabelle enthält die wichtigsten Stationen der Route – ggf. wurden Orte weggelassen oder zur exakteren Navigation ergänzt; Referenzsystem der GPS-Koordinaten: WGS844

1
14 km
B430

Von Neumünster auf der Plöner Straße (B430) stadtauswärts, 14 km in Richtung Bornhöved.

Restaurant- und Hotel-Tipp: Voll und ganz auf Biker eingerichtet ist das MotoRoute Hotel Wittorf in Neumünster. Vor einer Buchung sollte man sich unbedingt über die Spezialangebote informieren. So gibt es etwa ein Wochenend-Special, bei dem die Benutzung der Wellness-Einrichtungen mit Sauna, Dampfbad und Whirlpool inklusive ist.

Hotel Wittorf, Havelstraße 5, 24539 Neumünster, Tel. 043 21/810 11, www.hotel-wittorf.de €€

2
3 km
–

Vor Bornhöved links abbiegen und 3 km durch Schönböken und unter der Autobahn hindurch bis zur Bornhöveder Landstraße (K43).

Strecke: *Traumhafte Alleestraße vor Schönböken.*

TOP TIPP **Info:** Nach Schönböken führt eine der letzten großen Alleen Schleswig-Holsteins. Rund 250 imposante Linden säumen die wunderschöne Traumstraße. Viele der Bäume sind bereits über 150 Jahre alt. Gern und immer wieder wird die Allee daher auch als Kulisse für Fernsehserien oder Werbe- und Spielfilme genutzt.

Vor Schönböken treffen wir auf eine der schönsten Alleen Schleswig-Holsteins.

3
3 km
K43

Hier links auf die K43 und dem Straßenverlauf über Ruhwinkel 3 km bis Wankendorf folgen.

Strecke: *Kurze, aber landschaftlich und fahrerisch reizvolle Etappe.*

4
8 km
–

In Wankendorf rechts in die Plöner Straße abbiegen und 8 km über Perdöl und Belau bis zur Einmündung in die B430 bei Schmalensee fahren.

Strecke: *Traumroute an Belauer See und Schmalensee entlang.*

Info: Belauer See und Schmalensee sind Teil der Bornhöveder Seenkette. Im Freibad am Bornhöveder See, aber auch am schönen Badeplatz des Schmalensees kann man die gute Wasserqualität auskosten.

Camping-Tipp: Naturliebhaber werden sich am Campingplatz mit Restaurant und Biergarten in Bornhöved direkt am See wohlfühlen.
Campingplatz Idyll, Seeweg 7, 24619 Bornhöved, Tel. 043 23/64 27, www.campingplatz-idyll.de €

5
7 km
B430

Links auf die B430 auffahren und der Bundesstraße 7 km in Richtung Plön bis Schwiddeldei folgen.

Stimmungsvoller Blick auf den Schmalensee.

6
3 km
L68

Vor Schwiddeldei rechts auf die L68 und 3 km über Dersau bis zum Abzweig nach Im Sande.

***Strecke:** Der fantastische Große Plöner See rückt ins Blickfeld. Wir sind jetzt im Naturpark Holsteinische Schweiz unterwegs.*

Restaurant- und Hotel-Tipp: Das Hotel Zur Mühle liegt in einem parkähnlichen Grundstück mit Privatstrand direkt am Plöner See. Im Restaurant blickt man ebenfalls auf den See und genießt frisch gefangenen Fisch sowie moderne, leichte Gerichte der Holsteiner Küche.

Hotel & Restaurant Zur Mühle am See, Dorfstraße 47, 24326 Dersau, Tel. 045 26/30 50, www.dersauer-muehle.de €€

7
10 km
–
K32

Hier links abbiegen und 10 km über Bredenbek und Stadtbek – ab hier auf der K32 – bis Bosau fahren.

***Strecke:** Umrundung des Großen Plöner Sees auf den kleinen, entspannt zu fahrenden Straßen am Südufer.*

Restaurant- und Hotel-Tipp: Im gemütlichen Gasthaus Zum Frohsinn in Bosau, am Ostufer des Sees, können Biker gutbürgerlich essen und in den modern eingerichteten Zimmern auch günstig übernachten.

Gasthaus Zum Frohsinn, Bischof-Vicelin-Damm 16–18, 23715 Bosau, Tel. 045 27/269, www.zum-frohsinn.de €

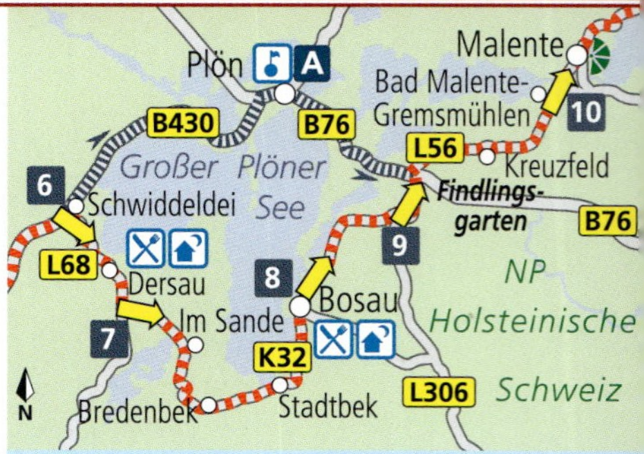

A Plön

***Strecke:** In Schwiddeldei geradeaus bis Plön (B430), Weiterfahrt auf der B76.*

Info: See und Stadt werden vom weithin sichtbaren, dreiflügeligen Schloss beherrscht. Es gehört einer bekannten Optikerfirma, kann aber nach Voranmeldung besichtigt werden.

Schloss Plön, 24306 Plön, Tel. 045 22/80 10, www.fielmann-akademie.com, Führungen: Mi 19–21 Uhr, Do, Sa, So 16.30–18.30 Uhr.

8
5 km
–

In Bosau links auf die Straße Achter de Mur und 5 km bis zur Einmündung in die L306.

Strecke: *Auf schmalem Sträßchen am Vierersee entlang.*

9
7 km
L306
B76
L56

Jetzt links auf die L306, dann nach 1 km links auf die B76 Richtung Plön und gleich wieder rechts auf die L56 abbiegen und der Straße 6 km über Kreuzfeld bis Bad Malente-Gremsmühlen folgen.

Info: Im Findlingsgarten am Kreuzfelder Kieswerk liegen mannsgroße Steinkolosse, von eiszeitlichen Gletschern aus Südschweden nach Holstein transportiert. Der berühmte Wandhoff-Findling wiegt 126 Tonnen, ist 4 m hoch, mehr als 4 m lang – und rund 2 Milliarden Jahre alt!
Findlingsgarten, Plöner Straße, 23714 Malente-Kreuzfeld, www.kieswerk-kreuzfeld.de

10
10 km
L56
L174

Hier links auf die Hindenburgallee (L56) und 1 km bis Malente. An der Bahnhofstraße (L174) in Malente links und 9 km über Sielbeck bis Fissau.

Strecke: *Reizvolle Umrundung des Kellersees auf breiter Straße.*

Import aus Schweden: Gletscher haben die Findlinge einst nach Malente gebracht.

Abendstimmung in der Holsteinischen Schweiz.

Wie Farbkleckse wirken die vielen Seen der Holsteinischen Schweiz auf der Landkarte. Bikern bieten sie tolle Ausblicke und Abwechslung bei der Fahrt.

11
3 km
L174

Hinter Fissau links abbiegen, weiterhin der L174 folgen und 3 km bis zur B76 fahren.

Strecke: *Bequeme Umfahrung der Stadt Eutin.*

Restaurant-Tipp: Das Biker-Café »Back to the Roots« in Braak, wenige Kilometer südlich von Eutin, ist vor allem an Wochenenden bestens besucht. In die Beine geht der ehrlich-erdige Blues-Rock, der hier einmal pro Monat auch live dargeboten wird. Nicht zuletzt halten die zahlreichen hausgemachten Leckereien die Gäste bei Laune.

Back to the Roots, Wilhelm-Wisser-Straße 8, 23701 Braak, Tel. 045 21/401 65 30, www.backtotheroots-braak.de, Mi–Fr ab 17 Uhr, Sa+So ab 10 Uhr.

12
16 km
B76

Jetzt geradeaus und dann rechts auf die B76 Richtung Scharbeutz auffahren, 16 km bis Haffkrug und durch den Ort bis zur Strandallee.

Strecke: *Flotte Etappe Richtung Ostsee – landschaftlicher Szenenwechsel.*

Info: Die Lübecker Bucht ist berühmt für ihre herrlich feinen Sandstrände. Ob in Haffkrug, Timmendorfer Strand oder Travemünde: Überall dürfen heiße Gashände und Schaltfüße abkühlen und sich anschließend ein Sonnenbad genehmigen (www.luebecker-bucht.de).

Tipp: Eutin

Info: Die ehemalige Residenzstadt ist das kulturelle Zentrum der Holsteinischen Schweiz. Sehenswert sind unter anderem das prächtige vierflügelige Barockschloss, der englische Schlossgarten und die kostbar ausgestattete Michaeliskirche. Vom Wasserturm am höchsten Punkt Eutins genießt man einen weiten Blick über die Stadt (www.eutin.de).

13
15 km
–
B76

Der Vorfahrt folgend rechts in die Strandallee. 15 km über Scharbeutz – jetzt auf der B76 –, Timmendorfer Strand und Niendorf bis Travemünde.

Strecke: *Fast immer direkt an der Ostsee entlang; bis Niendorf herrscht allerdings meist ohne Atempause innerörtlicher Verkehr.*

Info: Hinter Niendorf lohnt sich ein Abstecher zur Hermannshöhe oberhalb des 4 km langen Brodtener Steilufers, dem höchsten Ufer der deutschen Ostsee, das bis zu 20 m in den Himmel aufragt. Es handelt sich hierbei um ein sogenanntes aktives Kliff, das durch die Einflüsse von Wasser und Wind immer weiter zurückgedrängt wird. Rund 50 bis 100 cm ringen die Kräfte des Meeres dem Kliff jährlich ab. Über einen Fußweg kann es erkundet werden. Auf der Hermannshöhe befindet sich auch ein Ausflugslokal mit aussichtsreicher Terrasse.

Restaurant- und Hotel-Tipp: Das Strandhotel Maritim in Travemünde residiert im größeren von zwei Hochhäusern des Kurorts. Auf dem Dach des 119 m hohen Maritim befindet sich das höchste Leuchtfeuer Europas. Alle Zimmer sind sehr schön eingerichtet und bieten einen fantastischen Ausblick. Einmalig ist das üppige Frühstücksbüfett.

Maritim Strandhotel, Trelleborgallee 2, 23570 Lübeck-Travemünde, Tel. 045 02/890, www.maritim.de €€€

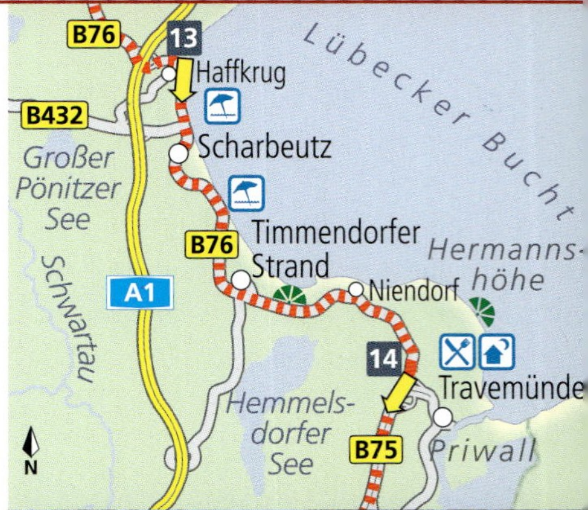

Urlaubsidylle bei Timmendorfer Strand.

14
16 km
B75

Vor Travemünde rechts auf die B75 auffahren, nach 8 km den Schildern »Lübeck-Zentrum« folgen und weitere 8 km auf der B75 bis nach Lübeck.

Strecke: Teilweise gebührenpflichtige Straße.

Restaurant- und Hotel-Tipp: Zwei alte Patrizierhäuser auf der historischen Altstadtinsel Lübecks beherbergen das Ringhotel Jensen. Die vielseitige Küche überzeugt mit heimischen und internationalen Spezialitäten. Ein öffentliches Parkhaus befindet sich ganz in der Nähe.
Hotel Jensen, An der Obertrave 4–5, 23552 Lübeck, Tel. 04 51/70 24 90, www.hotel-jensen.de €€€

Event-Tipp: Das 1986 gegründete »Rider's Café« in Lübeck war ursprünglich ein reinrassiger Motorradtreff, der sich dann aber recht bald zu einem anerkannten Musikklub entwickelte. Bands aus aller Welt bringen hier schweißtreibenden Blues, Pop oder Hardrock auf die Bühne, und seit über 10 Jahren wird auch auf DJ-Partys das Tanzbein geschwungen. Doch die Legende lebt fort, und über das Jahr verteilt finden nach wie vor Veranstaltungen statt, die ganz speziell auf die Bikerszene abzielen. Ein Blick ins Programm lohnt sich.
»Rider's Café«, Leinweberstraße 4, 23556 Lübeck-Buntekuh, Tel. 04 51/89 81 05, www.riders-cafe.de

Tipp: Lübeck

Info: Die Lübecker Altstadt, auf einer Insel in der Trave gelegen, wirkt immer noch, als sei sie die Königin der Hanse. Der historische Stadtkern mit dem berühmten Holstentor, den gotischen Backsteinbauten und den imposanten Kirchen zählt zum Weltkulturerbe der UNESCO. Ansehen sollte man sich das prächtige Rathaus von 1230, das Literaturmuseum Buddenbrookhaus, in dem Thomas Mann seinen Roman »Buddenbrooks« angesiedelt hat, die backsteinerne Marienkirche sowie die mit bedeutenden Kunstschätzen ausgestattete Katharinenkirche. Bei aller hanseatischen Gediegenheit ist Lübeck eine lebendige Stadt, durch die man ohne Langeweile bummeln kann.
Buddenbrookhaus, Mengstraße 4, 23552 Lübeck, Tel. 04 51/122 42 43, www.buddenbrookhaus.de, Apr.–Dez. Mo–So 10–18 Uhr, Jan.–März Mo–So 11–17 Uhr.

Die Farbe Lila

Rundfahrt durch die Lüneburger Heide

19

ROUTE 19 — Lüneburger Heide – Die Farbe Lila

Ⓐ **Ausgangsort**
Hollenstedt (D-21279)

Ⓔ **Zielort**
Hollenstedt (D-21279)

195 km ★★★ ★★

Straßentypen (in Prozent der Streckenlänge)

Landstraße/asphaltierte Nebenstraße	Bundesstraße/Schnellstraße
80	20

Diese Tour können Sie mit Route 18 und 20 kombinieren.

Lüneburger Heide
Wallstraße 4
D-21335 Lüneburg
Tel. 07 00/20 99 30 99
info@lueneburger-heide.de
www.lueneburger-heide.de

(→ *weitere Adressen siehe Seite 279*)

Die Lüneburger Heide ist eine der schönsten Heidelandschaften Deutschlands – besonders im August und September, wenn die Blütenpracht der Heidekräuter die sanften Hügel wie ein riesiger violetter Farbteppich überzieht. Die Strecken dieser Route bieten mehr Richtungswechsel, als man vermuten mag. Hinzu kommen reizvolle Etappen über Alleen und auf verschlungenen Nebenstraßen, die das Touren äußerst kurzweilig machen.

Route 19
Kiekeberg
Hamburg
Drage
SH
L141
K31
K52
Tötensen
Sieversen
K11
A1
Grauen
Eversen
Appel
Hittfeld
Elbe
Hollenstedt
Seevetal
Winsen
B404
L213
Seve
A1
Este
Pattensen
A250
Tostedt
Jesteburg
Brackel
L215
L141
Asendorf
K59
K37
B209
Oste
B75
Welle
L234
Lüneburg
Wümme
B3
Naturschutz-
park
L216
Salzhausen
Luhmühlen
B4
A7
Oerzen
Scheeßel
Wintermoor
Wilseder Berg
169
Wilsede
K10
Melbeck
Embsen
Niedersachsen
L211
Top Tipp
L234
Elbe-Seitenkanal
Rotenburg
(Wümme)
Niederhaverbeck
Amelinghausen
B209
Ilmenau
Behringen
L233
B71
Lüne-
burger
Heide
Bispingen
L211
B4
B440
Neuenkirchen
Töpingen
Hanstedt
Wriedel
L250
Ebstorf
Hermannseck
Brockhöfe
Visselhövede
Soltau
Örtze
Munster
Lintzel
B71
B71
Uelzen
Böhme
N
Route
5 km
Kiel
Rostock
Hamburg
Neubrandenburg
Bremen
Hannover
Berlin
Bielefeld
Magdeburg
Düsseldorf
Kassel
Leipzig
Bonn
Erfurt
Dresden
Frankfurt
Würzburg
Nürnberg
Saarbrücken
Stuttgart
Passau
München
Kempten
Freiburg

Tour-Stationen auf einen Blick

Tourlänge: 195 km

Nr.	Ort	PLZ	GPS-Koordinaten
A	Hollenstedt	D-21279	N 53 22.110 E 09 42.961
02	Grauen	D-21279	N 53 24.166 E 09 44.871
03	Hittfeld	D-21218	N 53 23.110 E 09 58.611
04	Asendorf	D-21271	N 53 17.399 E 10 00.228
05	Brackel	D-21438	N 53 17.917 E 10 02.795
06	Pattensen	D-21423	N 53 19.063 E 10 08.863
07	Pattensen	D-21423	N 53 18.676 E 10 09.976
08	Salzhausen	D-21376	N 53 13.542 E 10 10.154
09	Amelinghausen	D-21385	N 53 07.789 E 10 13.034
10	Oerzen	D-21409	N 53 11.166 E 10 19.846

Nr.	Ort	PLZ	GPS-Koordinaten
11	Melbeck	D-21406	N 53 10.842 E 10 24.324
12	Ebstorf	D-29574	N 53 01.716 E 10 25.109
13	Lintzel	D-29565	N 52 58.983 E 10 15.081
14	Hermannseck	D-29633	N 53 01.041 E 09 59.952
15	Bispingen	D-29646	N 53 05.067 E 09 59.849
16	Wintermoor	D-29640	N 53 11.108 E 09.50.128
17	Welle	D-21261	N 53 14.421 E 09 48.071
18	Tostedt	D-21255	N 53 16.995 E 09 42.926
E	Hollenstedt	D-21279	N 53 22.110 E 09 42.961

Die Tabelle enthält die wichtigsten Stationen der Route – ggf. wurden Orte weggelassen oder zur exakteren Navigation ergänzt; Referenzsystem der GPS-Koordinaten: WGS84

1

5 km

L141

–

Ⓐ

Von Hollenstedt auf der L141 stadtauswärts Richtung Moisburg. Nach 0,5 km rechts in die Estetalstraße, dann 4,5 km über Appel bis Grauen.

Strecke: *Wunderschöne Nebenstraße durch Wälder und vorbei an den Appeler Fischteichen.*

Restaurant-Tipp: Das Deutsche Haus in Appel serviert ab 17 Uhr leckeren, frisch gefangenen Fisch aus den nahen Teichen.
Deutsches Haus, An der Kreisstraße, 21279 Appel, Tel. 041 65/83 25, www.deutsches-haus-appel.de

2

18 km

K31
K52
K11

In Grauen rechts auf die K31 und 1 km bis Eversen. Hier links halten und 17 km – später auf der K52 und K11 – über Sieversen und Tötensen bis Hittfeld.

Strecke: *Durch den Forst Rosengarten und die Harburger Berge.*

Info: Bei den Harburger Bergen, auch Schwarze Berge genannt, handelt es sich eigentlich um recht große, bis zu 155 m hohe Endmoränen der letzten Eiszeit. Der Karlstein bei Sieversen, ein mächtiger Findling, wird seit jeher mit Karl dem Großen in Verbindung gebracht.

Tipp: Freilichtmuseum Kiekeberg

Strecke: *In Sieversen links abbiegen, 6 km über Vahrendorf nach Ehestorf.*

Info: Im Freilichtmuseum am Kiekeberg in Ehestorf kann man hautnah erfahren, wie man hier in der Winsener Marsch und der Lüneburger Heide vor Jahrhunderten lebte und arbeitete. Das Areal umfasst 12 ha und zeigt 30 historische Gebäude. Eine Attraktion ist das Programm »Gelebte Geschichte 1804« des Museums. An ausgewählten Wochenenden bevölkern speziell geschulte Schauspieler in historischer Kleidung einen der Höfe und spielen den Alltag vergangener Tage nach.
Freilichtmuseum am Kiekeberg, Am Kiekeberg 1, 21224 Rosengarten-Ehestorf, Tel. 040/790 17 60, www.kiekeberg-museum.de, März–Okt. Di–Fr 9–17 Uhr, Sa+So 10–18 Uhr, Nov.–Feb. Di–So 10–16 Uhr.

3
14 km
L213

In Hittfeld rechts auf die L213 abbiegen, 14 km über Jesteburg bis zum Abzweig hinter Asendorf fahren.

Strecke: *Durch die Nordheide – hier noch intensiv bewirtschaftet.*

Restaurant- und Hotel-Tipp: Bei Tourenfahrern beliebt ist das Hotel Jesteburger Hof in Jesteburg. Die Küche ist vielseitig, die Zimmer sind komfortabel, und auch für die Maschinen wird aufmerksam gesorgt.
Hotel Jesteburger Hof, Kleckerwaldweg 1, 21266 Jesteburg, Tel. 041 83/20 08, www.hoteljesteburgerhof.de €€

4
3 km
K59

Jetzt links auf die K59 abbiegen und der Straße 3 km bis Brackel folgen.

Strecke: *Sanft schwingend vorbei am ersten Heidekraut.*

5
8 km
L215

In Brackel links auf die L215, nach 0,5 km links in die Hauptstraße, dann gleich wieder rechts in die Bahnhofstraße und 7 km bis Pattensen fahren.

6
2 km
L215
K37

Geradeaus durch Pattensen und 2 km auf der L215/K37 bis zur Kreuzung Winsener Landstraße.

Der Heidezauber lässt noch auf sich warten: unterwegs in der Lüneburger Nordheide.

7
10 km
L234

Hier rechts auf die L234 abbiegen, dann 10 km bis Salzhausen fahren.

Info: Die Kirche St. Johannis in Salzhausen ist eine typische Heidekirche und beeindruckt mit hohen Findlingsmauern und einem mittelalterlichen Rundturm aus Naturstein. In Salzhausen macht auch der nostalgische Heide-Express Station. In Oldtimerzügen aus den 1950er-Jahren geht es auf der 41 km langen Luhebahn-Strecke von Winsen-Süd über Salzhausen nach Hützel (www.heide-express.de).

Event-Tipp: Im Salzhauser Ortsteil Luhmühlen befindet sich eine renommierte Military-Reitbahn, auf der jedes Jahr Mitte Juni ein spannendes Vielseitigkeits-Reitturnier der höchsten Wettkampf-Kategorie ausgetragen wird. Das Preisgeld beträgt 100 000 Euro, am Turnier teilnehmen dürfen nur Pferde, die über viel Erfahrung verfügen und bereits international erfolgreich waren (www.luhmuehlen.de).

8
12 km
L216
L234

In Salzhausen links auf die Hauptstraße (L216). Nach rund 2 km in einer weiten Linkskurve rechts in die L234 abbiegen, 10 km bis Amelinghausen.

Strecke: *Endlich: Wir tauchen in die typische Heidelandschaft ein!*

Ländliche Idylle im kleinen Amelinghausen.

9
11 km
B209

In Amelinghausen links auf die B209 und der Bundesstraße 11 km in Richtung Oerzen folgen.

Strecke: *Flottes Verbindungsstück auf der B209.*

Restaurant- und Hotel-Tipp: Auf der wirklich schönen Terrasse des Gasthauses Schenk im hübschen Amelinghausen sollte man zumindest eine Kaffeepause einlegen. Aber auch die monatlich wechselnden Menüs überzeugen. Wer übernachten möchte, findet in liebevoll eingerichteten Komfortzimmern Ruhe und Entspannung.

Schenck's Hotel & Gasthaus, Lüneburger Straße 48, 21385 Amelinghausen, Tel. 041 32/31 40, www.schencks.de €€

10
6 km
K10

An der Ausfahrt Oerzen/Melbeck rechts von der Bundesstraße abfahren, dann links auf die K10 abbiegen und 6 km über Embsen bis nach Melbeck.

Event-Tipp: Zum Saisonauftakt veranstaltet der ADAC jedes Jahr im April auf dem Gelände des Fahrsicherheitszentrums in Embsen seinen »Start-up-Day«. Motorradfahrer können auf der Strecke die aktuellsten Bikes ausgiebig testen. Für Unterhaltung sorgt ein Rahmenprogramm mit Musik und Stuntshow. Das herbstliche Pendant des Events, »Bye-bye-Bike«, findet im Oktober statt (www.fsz-lueneburg.de).

Spannende Strecke für Testpiloten: das ADAC-Fahrsicherheitszentrum in Embsen.

11
18 km
L233

In Melbeck rechts auf die L233 und 18 km bis nach Ebstorf – in den Ort hinein.

***Strecke:** Ein toller, abwechslungsreicher Surf durch die hügelige Moränenlandschaft zwischen Melbeck und Ebstorf.*

Info: Die Geschichte des einst als Prämonstratenser Chorherrenstift gegründeten Klosters Ebstorf reicht bis ins 12. Jahrhundert zurück. Die heutigen Gebäude stammen überwiegend aus dem 14. Jahrhundert, sind im Stil der norddeutschen Backsteingotik erbaut und vollständig erhalten geblieben, ebenso wie die Hallenkirche mit einer Nonnenempore. Berühmt wurde das Kloster durch die Ebstorfer Weltkarte aus dem 13. Jahrhundert, die hier gefunden und wohl auch hergestellt wurde. Im Kloster kann man eine originalgetreue Kopie besichtigen.

Kloster Ebstorf, Kirchplatz 10, 29574 Ebstorf, Tel. 058 22/23 04, www.ebstorf.de, Apr.–15.Okt. Di–Sa 10–11 Uhr + 14–17 Uhr, So 14–17 Uhr.

12
17 km
L250

An der Kreuzung in Ebstorf rechts auf die Hauptstraße (L250) und 17 km über Hanstedt, Wriedel und Brockhöfe bis nach Lintzel fahren.

***Strecke:** Gelb blühende Rapsfelder versüßen im Frühjahr die Fahrt.*

Heidschnucken sind aus dem Landschaftsbild der Lüneburger Heide nicht wegzudenken.

13
22 km
B71

Jetzt rechts auf die B71 abbiegen und 22 km über Munster bis Hermannseck.

Strecke: *Wir nähern uns nun der eigentlichen Lüneburger Heide.*

14
7 km
L211

In Hermannseck rechts auf die L211 abbiegen und 7 km über Töpingen bis Bispingen fahren.

Strecke: *Kurzweiliges Kurvengeschlängel durch die Heidelandschaft.*

Info: Iserhatsche nennt sich ein vor 100 Jahren entstandener Landschaftspark in Bispingen. Hauptattraktion ist das Montagnetto, ein italienisches Miniaturschloss inmitten terrassenförmig angelegter Seen. Von Zeit zu Zeit bricht tatsächlich ein künstlicher Vulkan aus.
Iserhatsche, Schulz-Ebschbach-Allee 1, 29646 Bispingen, Tel. 051 94/12 06, www.iserhatsche.de, Apr.–Okt. Mo–So 10–18 Uhr, Nov.–März Mo–So 11–16 Uhr.

Lust auf eine Abenteuertour auf vier Rädern im Sand? Keine Angst, wenn schon vier Räder, dann muss es natürlich ein Quad sein. Auf der 300 m langen, hügeligen Sandbahn zwischen Bispingen und Behringen kann man die temperamentvollen, ballonbereiften vierrädrigen Motorräder nach Herzenslust ausprobieren.
Quadbahn Behringen, Am Brunausee, 29646 Bispingen, Tel. 042 84/16 91, Apr.–Juni Mo–So 13–17 Uhr, Juli–Aug. Mo–So 11–20 Uhr, Sept.–Okt. Mo–So 13–17 Uhr.

Tipp: Panzermuseum Munster

Info: Das Deutsche Panzermuseum in Munster zeigt rund 40 neuere Panzer der Bundeswehr und NVA, 40 Originale aus der Zeit zwischen 1934 und 1945 und bietet zudem viele Informationen zur deutschen Militärgeschichte.
Deutsches Panzermuseum Munster, Hans-Krüger-Straße 33, 29633 Munster, Tel. 051 92/25 52, März–Nov. Di–So 10–18 Uhr, www.panzermuseum-munster.de

15
17 km
L211

In Bispingen rechts auf die Hauptstraße, dann gleich links in die Bahnhofstraße (L211) und 17 km über Behringen bis Wintermoor.

Strecke: *Fahrt durch das wunderschöne Naturschutzgebiet Lüneburger Heide, vorbei am Wilseder Berg.*

Info: Von Niederhaverbeck gelangt man – leider nicht mit dem Motorrad – per Pferdekutsche zum Wilseder Berg. Mit 169 m Höhe ist der abgeflachte Moränenhügel die höchste Erhebung der Heide. Die Fahrt zum Berg lohnt sich besonders zwischen Anfang August und Mitte September, wenn die gemeine Besenheide (Calluna vulgaris) aufblüht und die Landschaft in sattem Rot-Violett erstrahlt. Vom Wilseder Berg kann man bei gutem Wetter bis in die Hamburger Innenstadt sehen. Die Kutschfahrt muss allerdings vorab telefonisch gebucht werden.

Anne's Kuschfahrten, Finkenstieg 4, 29646 Bispingen-Behringen, Tel. 051 94/20 75, www.annes-kutschfahrten.de

Restaurant- und Hotel-Tipp: Außergewöhnliches Ambiente bietet das uralte Gasthaus Menke in Niederhaverbeck. Im Restaurant oder im Kaffeegarten werden Spezialitäten aus der Hausschlachterei und Steinofenbrot serviert. Die Zimmer sind gemütlich eingerichtet.

Gasthof Menke, Niederhaverbeck 12, 29646 Bispingen, Tel. 051 98/330, www.gasthof-menke.de €€

Tipp: Lüneburger Heide

TOP TIPP **Info:** Die unter Naturschutz stehende Lüneburger Heide ist das größte Heidegebiet in Mitteleuropa. Es entstand durch die Beweidung mit Schafen, die alles wegfraßen und nur den Wacholder und das Heidekraut verschmähten. Am Osthang des Wilseder Bergs findet man das urige Heidedorf Wilsede mit reetgedeckten Dächern. Hier wurde das Heidemuseum »Dat ole Huus« eingerichtet, das einen Eindruck vom damals harten Leben in der Heide vermittelt. Noch weiter zurück in der Zeit lassen die Reste eines Steinkreises aus der Megalithzeit, »Hannibals Grab« genannt, sowie der Hügel des Fürstengrabes am Weg von Niederhaverbeck zum Wilseder Berg blicken.

Heidemuseum »Dat ole Huus«, Wilsede 9b, 29646 Bispingen-Wilsede, Tel. 041 75/80 29 33.

16
7 km
B3

In Wintermoor rechts auf die B3 fahren und der Bundesstraße 7 km bis Welle folgen.

Strecke: *Kurzes Stück auf einer viel befahrenen Bundesstraße.*

17
8 km
L141

In Welle an der großen Kreuzung links auf die L141 und 8 km bis Tostedt – in den Ort.

18
10 km
B75
L141

In Tostedt rechts auf die B75, dann gleich wieder links auf die L141 abbiegen. Bis Hollenstedt, Ausgangspunkt der Tour, sind es 10 km.

Restaurant- und Hotel-Tipp: Der Hollenstedter Hof ist voll auf Motorradfahrer eingestellt und bietet neben seiner empfehlenswerten Küche zahlreiche Freizeitmöglichkeiten: Bogen- oder Armbrustschießen, Rundflüge, Paddeltouren oder sogar Motocrosstraining – hier wird einem nicht so schnell langweilig.

Hotel-Restaurant Hollenstedter Hof, Am Markt 1, 21279 Hollenstedt, Tel. 041 65/213 70, www.hollenstedterhof.de €€

Eine empfehlenswerte Adresse für Biker: das Motorradhotel Hollenstedter Hof.

Deichgeflüster

Zwischen Emden und Jadebusen

20

Ⓐ **Ausgangsort**
Emden (D-26721)

Ⓔ **Zielort**
Emden (D-26721)

189 km ★★★ ★

Straßentypen (in Prozent der Streckenlänge)

98 | 2

- Landstraße/asphaltierte Nebenstraße
- Bundesstraße/Schnellstraße

Diese Tour können Sie mit Route 19 kombinieren.

Friesland-Touristik Gemeinschaft
Bahnhofsplatz 1
D-26382 Wilhelmshaven
Tel. 044 21/913 00 17
touristik@friesland.de
www.friesland-touristik.de

(➔ *weitere Adressen siehe Seite 279*)

Flaches Land, Dünen und Wattenmeer – für viele ist das allein schon ein außergewöhnliches Motorraderlebnis. Ein großer Teil dieser Route verläuft zudem schmalspurig stets am Deich entlang. Schnell spürt man den ganz besonderen Reiz dieser einsamen Fahrwege, die sogar ein paar interessante Kurven bieten. Immer wieder öffnen sich weite Blicke aufs Meer, und wir passieren hübsche Städte wie Emden und Jever und viele bezaubernde Fischerorte.

Route 20
Niedersächsisches Wattenmeer
Norderney
Baltrum
Juist
Norddeich
Neustadt
Norden
Westermarsch
Greetsiel
Grüne Küstenstraße
Pilsum
Groothusen
Rysum
Störtebekerstraße
Wybelsum
Emden
Ems-Seitenkanal
Uphuser Meer
Riepe
Großes Meer
Ems-Jade-Kanal
Aurich
Osterfeld
Pfalzdorfer Moor
Wiesedermeer
Friedeburg
Wiesmoor
Flumm
Niedersachsen
Apen
Upgant-Schott
Berumerfehnkanal
Ostfriesland
Harlinger Land
Norder Tief
Dornum
Neßmersiel
Dornumersiel
Bensersiel
Benser Tief
Esens
Bettenwarfen
Neuharlingersiel
Top Tipp
Harlesiel
Carolinensiel
Friedrich-Augustengroden
Harle
Wittmund
Jever
Wangerland
Schillig
Horumersiel
Schmidtshörn
Hooksiel
Schortens
Wilhelmshaven
Rispel
Route
5 km
N
Kiel
Rostock
Hamburg
Neubrandenburg
Bremen
Hannover
Berlin
Bielefeld
Magdeburg
Düsseldorf
Kassel
Leipzig
Erfurt
Dresden
Bonn
Frankfurt
Würzburg
Nürnberg
Saarbrücken
Stuttgart
Passau
München
Kempten
Freiburg

Tour-Stationen auf einen Blick

Tourlänge: 189 km

Nr.	Ort	PLZ	GPS-Koordinaten
A	Emden	D-26721	N 53 22.027 E 07 11.528
02	Groothusen	D-26736	N 53 26.065 E 07 04.082
03	Greetsiel	D-26736	N 53 29.818 E 07 06.173
04	Am Leydeich	D-26506	N 53 32.012 E 07 09.232
05	Norden	D-26506	N 53 35.712 E 07 12.151
06	Neustadt	D-26506	N 53 36.441 E 07 10.672
07	Bensersiel	D-26427	N 53 40.337 E 07 34.870
08	Bettenwarfen	D-26427	N 53 41.382 E 07 41.186
09	Carolinensiel	D-26409	N 53 41.428 E 07 48.085
10	Friedreikensiel	D-26434	N 53 41.569 E 07 54.262

Nr.	Ort	PLZ	GPS-Koordinaten
11	Schmidtshörn	D-26434	N 53 38.233 E 08 00.535
12	Jever	D-26441	N 53 34.433 E 07 53.774
13	Rispel	D-26409	N 53 31.013 E 07 47.538
14	Wiesedermeer	D-26446	N 53 28.800 E 07 43.539
15	Brockzetel	D-26605	N 53 29.725 E 07 39.884
16	Aurich	D-26603	N 53 28.115 E 07 28.470
17	Riepe	D-26632	N 53 23.698 E 07 20.856
E	Emden	D-26721	N 53 22.027 E 07 11.528

Die Tabelle enthält die wichtigsten Stationen der Route – ggf. wurden Orte weggelassen oder zur exakteren Navigation ergänzt; Referenzsystem der GPS-Koordinaten: WGS84

1
20 km
–
L2

Ⓐ

Von Emden auf der Larreiter Straße stadtauswärts, 20 km auf der L2 über Wybelsum und Rysum bis Groothusen fahren.

Strecke: *Die Autobahnauffahrt Emden-West passieren und ab hier der ausgeschilderten »Störtebekerstraße« folgen.*

Info: Bekannt ist Emden unter anderem wegen seiner Kunsthalle, ein kostbares Vermächtnis des Publizisten Henri Nannen an seine Heimatstadt. Der deutsche Expressionismus und Werke der Neuen Sachlichkeit sind Schwerpunkte der sehenswerten Sammlung. Ein ganz anderes Museumserlebnis kann man an Bord des Museumsfeuerschiffs Deutsche Bucht erleben, das im Emdener Ratsdelft vor Anker liegt und der Geschichte der Seefahrt und Seezeichentechnik gewidmet ist. Für Fans des Komikers Otto Waalkes ist hingegen »Dat Otto Huus« erste Wahl. Das kleine Schmunzelkabinett erzählt die Geschichte des aus Emden stammenden Witzbolds und seiner Ottifanten.

Kunsthalle Emden, Hinter dem Rahmen 13, 26721 Emden, Info-Tel. 049 21/975 00, www.kunsthalle-emden.de, Di–Fr 10–17 Uhr, Sa+So 11–17 Uhr.

Museumsfeuerschiff Deutsche Bucht, Georg-Breusing-Promenade, 26721 Emden, Tel. 049 21/232 85, www.amrumbank.de, März–Okt. Di–Fr 11–16 Uhr, Sa+So 11–13 Uhr.

Dat Otto Huus, Große Straße 1, 26721 Emden, Tel. 049 21/221 21, www.otto-waalkes.com, Mo–Fr 9.30–18 Uhr, Apr.–Okt. auch So 10–16 Uhr.

2
9 km
K233

In Groothusen links auf die K233 abbiegen, dann 9 km über Pilsum bis nach Greetsiel.

Restaurant-Tipp: Die Alte Brauerei in Pilsum befindet sich in einem denkmalgeschützten Haus aus dem Jahr 1693 und bietet neben Tee und Kuchen wechselnde Gerichte aus der Region an. Unbedingt probieren sollte man den leckeren, gebackenen Pilsumer Ziegenkäse.
Restaurant Alte Brauerei, An der alten Brauerei 2, 26736 Pilsum, Tel. 049 26/91 29 15, www.alte-brauerei-pilsum.de

Farbenfroher Pilsumer Leuchtturm.

3
5 km
L27

In Greetsiel an der Kreuzung hinter der Brücke geradeaus auf die L27 und 5 km bis zur Abzweigung Am Leydeich fahren.

Strecke: *Ab Greetsiel folgt man der Ausschilderung »Grüne Küstenstraße« in Richtung Norden.*

Restaurant-Tipp: »Is Teetied« nennt sich die gemütliche ostfriesische Teestube in Greetsiel gegenüber der Kirche, die ihre Gäste mit Delfter Kacheln, alten Holzmöbeln, selbst gebackenem Kuchen und friesischen Spezialitäten wie Schnippelbohnen empfängt.
Restaurant »Is Teetied«, Hohe Straße 3, 26736 Greetsiel, Tel. 049 26/17 32, www.isteetied-greetsiel.de

Cruisen auf schmalen Straßen hinterm Deich.

4
11 km
L27

Am Leydeich links abbiegen und weiter der L27 11 km bis nach Norden hinein folgen.

Strecke: *Durch die Westermarsch, wo man sogar ein paar interessante Kurven unter die Reifen bekommt.*

5
2 km
B72

In Norden am Markt links auf die B72 einbiegen und 2 km stadtauswärts in Richtung Norddeich fahren.

Info: Ostfrieslands größte mittelalterliche Basilika, die Ludgeri-Kirche, steht auf dem Marktplatz von Norden. Ihr markantes, niedriges Langhaus stammt aus dem 13. Jahrhundert. Im Innern ist die wertvolle vergoldete Orgel sehenswert (www.norden-ludgeri.de).

Norden und Norddeich bilden einen attraktiven Urlaubs- und Kurort. Bei Flut herrschen ideale Bademöglichkeiten. Bei Ebbe und im Winter weicht man ins schicke Erlebnisbad »Ocean Wave« in Norddeich aus.
Ocean Wave, Dörper Weg 23, 26506 Norddeich, Tel. 049 31/98 63 00, www.ocean-wave.de, Mo–Fr 10–21 Uhr, Sa+So 10–20 Uhr.

Restaurant-Tipp: »Minna am Markt« ist ein unkompliziertes, freundliches Restaurant in Norden mit ideenreicher Küche von Pasta bis Fisch.
Minna am Markt, Am Markt 68, 26506 Norden, Tel. 049 31/32 11.

Tipp: Insel Juist

Info: Lust auf Entschleunigung? Dörfliche Idylle sowie weite Sandstrände und Dünenlandschaften findet man auf Juist. Nicht zu Unrecht bezeichnet sich das charmante, autofreie kleine Eiland mit seinen schmucken Reetdachhäuschen als »Zauberland« und lädt zum Baden und zu langen Strandspaziergängen ein. Fährverbindung tidenabhängig ab Norddeich via Norderney (www.juist.de).

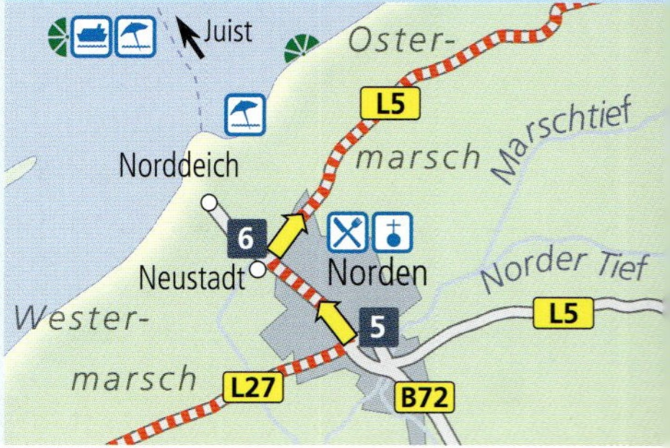

6
31 km
L5

Bei Neustadt vor Norddeich rechts in die Ostermarscher Straße (L5) und 31 km über Dornumersiel bis nach Bensersiel.

Strecke: *Gemütliches Cruisen mit Blick über saftig grüne Wiesen bis zum Deich. In östlicher Richtung geht es stets die Nordseeküste entlang.*

7
7 km
L5

Am Ortsausgang von Bensersiel links auf die L5 Richtung Neuharlingersiel abbiegen, der Straße 7 km bis Bettenwarfen folgen.

Strecke: *Die Gashand sollte man entspannen, denn immer wieder gibt es Möglichkeiten, direkte, weite Blicke auf das Meer zu werfen.*

8
9 km
L6

In Bettenwarfen wieder links auf die L6 und 9 km über Neuharlingersiel bis Carolinensiel fahren.

Event-Tipp: »Dattein« heißt die urige Hafenkneipe in Neuharlingersiel, in der fast täglich Livemusik geboten wird. Oft zeigen hier auch bärtige Seebären ihr Können auf dem schaurig-schönen Schifferklavier.
Café Dattein, Am Hafen West 13, 26427 Neuharlingersiel, Tel. 049 74/91 24 44, www.dattein.de

Tipp: Badestrände

Info: Obgleich oft rau und kühl: Im Sommer ist die Nordsee ein Badeparadies, und im Strandkorb kann man steife Brisen gut aushalten. Die schönsten Sandstrände der ostfriesischen Küste entlang der Route liegen bei Norddeich, Bensersiel, Neuharlingersiel, Carolinensiel und Schillig.

Strandkorbidylle an der Küste bei Bensersiel.

9
8 km
L808
K86

In Carolinensiel am Hafen links auf die L808 abbiegen, 4 km bis Friedrich-Augustengroden. Hier wieder links auf die K86 und dieser 4 km bis zur Einmündung auf die Störtebekerstraße folgen.

Info: Carolinensiel wurde nach der Gattin des Bauherrn Fürst Georg-Albrecht von Ostfriesland benannt, der hier 1729 einen neuen Hafen anlegen ließ. Im 18. Jahrhundert entwickelte er sich zum wichtigsten Hafen Ostfrieslands und ist heute ein sehr beliebtes Nordseebad.

Restaurant- und Hotel-Tipp: Allein schon wegen der schönen Terrasse direkt am Wasser lohnt sich ein Besuch im Haus Hafenblick in Carolinensiel. Die Küche serviert Fisch und Vegetarisches; die preisgünstigen Ferienwohnungen sind gut ausgestattet und ein idealer Ausgangspunkt für Touren entlang der ostfriesischen Nordseeküste.
Hafenblick, Am Hafen West 11, 26409 Carolinensiel, Tel. 044 64/94 22 91, www.carolinensiel-hafenblick.de €

TOP TIPP **Event-Tipp:** Im Hafen von Harlesiel, das zu Carolinensiel gehört, organisieren alljährlich im September die »Wikinger« ein internationales Motorradtreffen. Mit ihren Maschinen starten sie dann zur großen Wikinger-Ausfahrt. Livemusik gibt es ebenso wie eine echtes Wikinger-Bikerfrühstück (www.1000-wikinger-und-meer.de).

10
15 km
K87
L810

Jetzt links und 15 km auf der K87 und der L810 an Horumersiel vorbei Richtung Hooksiel.

Strecke: *Entspanntes Touren durch das sogenannte Wangerland. Immer wieder gibt es auch hier Gelegenheiten, über kleine Straßen noch näher an den Deich und direkt zum Meer zu gelangen.*

11
11 km
L812

In Schmidtshörn vor Hooksiel rechts auf die L812, nach 6,5 km links, um auf der L812 zu bleiben. Noch 4,5 km bis nach Jever.

Strecke: *Auf wunderschönen Alleestraßen hinein ins Landesinnere.*

Info: Jever blickt auf eine fast tausendjährige Geschichte zurück. Unter der Herrschaft der friesischen Häuptlingstochter Fräulein Maria wurde die Stadt nachhaltig geprägt. Im Volksmund wird Jever heute noch »Marienstadt« genannt. Sehenswert ist das Schloss zu Jever mit seinem begehbaren Aussichtsturm und insbesondere das Schlossmuseum, das in rund 60 Räumen untergebracht ist. Die kulturgeschichtlichen, archäologischen und volkskundlichen Exponate erzählen so manch spannende Geschichte über die Region.

Schlossmuseum Jever, Schlossplatz, 26441 Jever, Tel. 044 61/96 93 50, www.schlossmuseum.de, ganzjährig Di–So 10–18 Uhr, Juli/Aug. auch montags geöffnet.

Fahrspaß im Grünen auf Ostfrieslands Alleestraßen.

Tipp: Brauerei Jever

Info: Bikern und Bier-Kennern ist Jever vor allem wegen des gleichnamigen Pils ein Begriff. Wie es entsteht, erfährt man auf einer rund zweistündigen Führung durch das Sudhaus und das Brauereimuseum. Eine Voranmeldung ist jedoch notwendig.

Jever Shop, Schlachtstraße 2, 26441 Jever, Tel. 044 61/137 11, www.jever.de

12
11 km
L813
–

Im Zentrum von Jever nach dem Brauhaus links in die Blaue Straße (L813), nach 2 km rechts auf die Hohewarft abbiegen und 9 km bis Rispel fahren.

Strecke: *Hübsche Strecke durchs ländliche Friesland.*

13
7 km
L11
L12

In Rispel links auf die L11, gleich wieder rechts und 7 km auf der L12 bis Wiesedermeer.

Strecke: *Einsame Straße am Knyphauser Wald entlang.*

14
5 km
L34

In Wiesedermeer rechts in die Radarstraße (L34). Nach 4 km an der T-Kreuzung Zum Kanal rechts fahren und 1 km weiter bis zur Brockzeteler Straße.

15
14 km
L34

Hier links auf die L34 abbiegen, dann 14 km über Osterfeld bis Aurich – in die Stadt.

Strecke: *Wunderschönes Teilstück durchs Pfalzdorfer Moor.*

A Biker Motel Apen

Restaurant- und Hotel-Tipp: Wer den Abend gern mit anderen Bikern verbringen möchte, ist im Biker Motel in Apen bestens aufgehoben. Von Wiesedermeer 32 km südwärts auf der L12. Günstige Preise und Riesenportionen, auch Zelten ist möglich.

Biker Motel, Hauptstraße 717, 26689 Apen, Tel. 044 89/940 91 70, www.biker-motel.de €

Malerische Windmühle am Wegesrand.

16
12 km
L1

In Aurich-Zentrum links in die Oldersumer Straße abbiegen (L1) und der Straße 12 km bis Riepe folgen.

Strecke: *Herrliche Kilometer am Ems-Jade-Kanal entlang.*

Info: Die ehemalige Residenzstadt Aurich hat ihren eigenen Charme, Altes und Neues liegen unmittelbar beieinander. Man sollte einen Boxenstopp einlegen und sich den frei stehenden Lamberti-Glockenturm, das Wahrzeichen der Stadt, das Müllerhaus samt Stiftsmühle sowie das hübsche Schloss aus dem 19. Jahrhundert ansehen.

Restaurant- und Hotel-Tipp: Köhlers Forsthaus liegt ruhig am Auricher Stadtrand, umgeben von Wald und Teichen. Das kulinarische Angebot und die Wellness-Möglichkeiten versprechen einen entspannten Aufenthalt. Bikes können sicher und trocken abgestellt werden.
Köhlers Forsthaus, Hoheberger Weg 192, 26605 Aurich, Tel. 049 41/179 20, www.koehlers-forsthaus.de €€

17
12 km
K137
K39

In Riepe rechts abbiegen und 12 km auf der K137/K39 zurück nach Emden fahren.

Info: Östlich von Uphusen liegt das verträumte Uphuser Meer, ein Binnensee und beliebtes Naherholungsgebiet. Abends kann man am Ufer des Sees oft wunderschöne Sonnenuntergänge genießen.

E

Die ostfriesischen Kanäle werden von »Holländischen Brücken« überspannt.

NÜTZLICHE ADRESSEN

Route 1 (➔ *siehe Seite 10*)

Nationalparkverwaltung Bayerischer Wald
Freyunger Straße 2
D-94481 Grafenau
Tel. 085 52/960 00
poststelle@npv-bw.bayern.de
www.nationalpark-bayerischer-wald.de

Tourist-Information
Neunburg vorm Wald
Schrannenplatz 3
D-92431 Neunburg vorm Wald
Tel. 096 72/920 84 21
tourist-info.stadt@neunburg.de
www.ti-neunburg.de

Tourist-Info Furth im Wald
Schlossplatz 1
D-93437 Furth im Wald
Tel. 099 73/509 80
tourist@furth.de
www.furth.de

Tourist-Information Cham
Propsteistraße 46
D-93413 Cham
Tel. 099 71/80 34 93
tourist@cham.de
www.cham.de

Bodenmais Tourismus
Bahnhofstraße 56
D-94249 Bodenmais
Tel. 099 24/77 81 35
info@bodenmais.de
www.bodenmais.de

Tourist-Information Passau
Rathausplatz 3 (Neues Rathaus)
D-94032 Passau
Tel. 08 51/95 59 80
tourist-info@passau.de
www.passau.de

Route 2 (➔ *siehe Seite 24*)

Tourismusverband München-Oberbayern e. V.
Radolfzeller Straße 15
D-81243 München
Tel. 089/829 21 80
touristinfo@oberbayern.de
www.oberbayern.de

Nationalparkverwaltung Berchtesgaden
Doktorberg 6
D-83471 Berchtesgaden
Tel. 086 52/968 60
poststelle@npv-bgd.bayern.de
www.nationalpark-berchtesgaden.bayern.de

Tourist-Info Bad Reichenhall
Wittelsbacher Straße 15
D-83435 Bad Reichenhall
Tel. 086 51/60 60
info@bad-reichenhall.de
www.bad-reichenhall.com

Tourist-Info Ruhpolding
Hauptstraße 60
D-83324 Ruhpolding
Tel. 086 63/880 60
tourismus@ruhpolding.de
www.ruhpolding.de

Tegernseer Tal Tourismus GmbH
Hauptstraße 2
D-83684 Tegernsee
Tel. 080 22/92 73 80
info@tegernsee.com
www.tegernsee.com

Tourist-Information Bad Tölz
Max-Höfler-Platz 1
D-83646 Bad Tölz
Tel. 080 41/786 70
info@bad-toelz.de
www.bad-toelz.de

Route 3 (➔ *siehe Seite 38*)

Touristikverein Deutsche Alpenstraße
Radolfzeller Straße 15
D-81243 München
Tel. 089/829 21 80
deutschealpenstrasse@oberbayern.de
www.deutsche-alpenstrasse.de

Gemeinde Benediktbeuern
Prälatenstraße 7
D-83671 Benediktbeuern
Tel. 088 57/691 30
info@benediktbeuern.de
www.benediktbeuern.de

Tourist Info Walchensee
Ringstraße 1
D-82432 Walchensee
Tel. 088 58/411
info@walchensee.de
www.walchensee.de

Tourismusgemeinschaft Zugspitz-Region
Richard-Strauss-Platz 1a
D-82467 Garmisch-Partenkirchen
Tel. 088 21/18 04 84
info@zugspitz-region.de
www.zugspitz-region.de

Gästeinformation Bad Hindelang
Am Bauernmarkt 1
D-87541 Bad Hindelang
Tel. 083 24/89 20
info@hindelang.net
www.bad-hindelang.info

Tourist Information Lindenberg
Stadtplatz 1
D-88161 Lindenberg (Allgäu)
Tel. 083 81/803 28
touristinformation@lindenberg.de
www.lindenberg.de

ProLindau Marketing GmbH
Lennart-Bernadotte-Haus
Alfred-Nobel-Platz 1
D-88131 Lindau am Bodensee
Tel. 083 82/260 00
info@prolindau.de
www.lindau-tourismus.de

NÜTZLICHE ADRESSEN

Route 4 (→ *siehe Seite 52*)

Tourist-Information Todtnau
Meinrad-Thoma-Straße 21
D-79674 Todtnau
Tel. 076 71/96 96 95
todtnau@bergwelt-suedschwarzwald.de
www.todtnauer-ferienland.de

Hochschwarzwald Tourismus GmbH
Freiburger Straße 1
D-79856 Hinterzarten
Tel. 076 52/120 60
info@hochschwarzwald.de
www.hochschwarzwald.de

Touristinformation Bonndorf
Martinstraße 5
D-79848 Bonndorf im Schwarzwald
Tel. 077 03/76 07
touristinfo@bonndorf.de
www.bonndorf.de

Tourist-Info Waldshut
Wallstraße 26
D-79761 Waldshut-Tiengen
Tel. 077 51/83 32 00
buergerservice@waldshut-tiengen.de
www.waldshut-tiengen.de

Tourismus GmbH Bad Säckingen
Waldshuter Straße 20
D-79713 Bad Säckingen
Tel. 077 61/568 30
tourismus@bad-saeckingen.de
www.bad-saeckingen-tourismus.de

Tourist-Info Badenweiler
Ernst-Eisenlohr-Straße 4
D-79410 Badenweiler
Tel. 076 32/79 93 00
touristik@badenweiler.de
www.badenweiler.de

Route 5 (→ *siehe Seite 66*)

Verein der Schwarzwaldhochstraße e. V.
Schwarzwaldhochstraße 1
D-72270 Baiersbronn
Tel. 074 49/92 00
www.schwarzwaldhochstrasse.de

Tourist-Information St. Peter
Klosterhof 11, D-79271 St. Peter
Tel. 076 60/91 02 24
tourist-info@st-peter-schwarzwald.de
www.st-peter-schwarzwald.de

ZweiTälerLand Tourismus
Kirchplatz 2
D-79183 Waldkirch
Tel. 076 81/194 33
waldkirch@zweitaelerland.de
www.zweitaelerland.de

Tourist-Information Schiltach
Marktplatz 6
D-77761 Schiltach
Tel. 078 36/58 50
touristinfo@schiltach.de
www.schiltach.de

Tourist-Info Baden-Baden
Schwarzwaldstraße 52
D-76530 Baden-Baden
Tel. 072 21/275 20 01
info@baden-baden.com
www.baden-baden.de

Route 6 (→ *siehe Seite 78*)

Deutsche Weinstrasse e. V.
Martin-Luther-Straße 69
D-67433 Neustadt a. d. Weinstraße
Tel. 063 21/91 23 33
verein@deutsche-weinstrasse.de
www.deutsche-weinstrasse.de

Tourist-Info Neustadt (Weinstraße)
Hetzelplatz 1
D-67433 Neustadt a. d. Weinstraße
Tel. 063 21/92 68 92
touristinfo@neustadt.pfalz.com
www.neustadt.pfalz.com

Tourist-Information Elmstein
Bahnhofstraße 14
D-67471 Elmstein (Pfalz)
Tel. 063 28/234
info@elmstein.de
www.elmstein.de

Tourist-Info Pirmasens
Fröhnstraße 8
Tel. 063 31/239 43 21
tourismus@pirmasens.de
www.pirmasens.de

Tourist-Information Bad Dürkheim
Kurbrunnenstraße 14
D-67098 Bad Dürkheim
Tel. 063 22/93 51 40
info@bad-duerkheim.de
www.bad-duerkheim.com

Tourist Information Kaiserslautern
Fruchthallstraße 14
D-67655 Kaiserslautern
Tel. 06 31/365 23 17
touristinformation@kaiserslautern.de
www.kaiserslautern.de

Route 7 (→ *siehe Seite 92*)

Fremdenverkehrsgesellschaft Wertheim
Gerbergasse 16
D-97877 Wertheim
Tel. 093 42/93 50 90
info@tourist-wertheim.de
www.tourist-wertheim.de

Tourist-Information Miltenberg
Engelplatz 69 (Rathaus)
D-63897 Miltenberg
Tel. 093 71/40 41 19
tourismus@miltenberg.info
www.miltenberg.info

Touristinformation Marktheidenfeld
Luitpoldstraße 17
D-97828 Marktheidenfeld
Tel. 093 91/500 40
info@marktheidenfeld.de
www.marktheidenfeld.de

Odenwald Tourismus GmbH
Marktplatz 1
D-64720 Michelstadt

Tel. 060 61/96 59 70
tourismus@odenwald.de
www.odenwald.de

Gemeinde Hafenlohr
Hauptstraße 29
D-97840 Hafenlohr
Tel. 093 91/39 77
info@hafenlohr.de
www.hafenlohr.de

Route 8 (➔ *siehe Seite 104*)

Tourist-Info Romantisches Franken
Am Kirchberg 4, D-91598 Colmberg
Tel. 098 03/941 41
info@romantisches-franken.de
www.romantisches-franken.de

Fremdenverkehrsgesellschaft Wertheim
Gerbergasse 16
D-97877 Wertheim
Tel. 093 42/93 50 90
info@tourist-wertheim.de
www.tourist-wertheim.de

Rothenburg Tourismus Service
Marktplatz
D-91541 Rothenburg o. d. Tauber
Tel. 098 61/40 48 00
info@rothenburg.de
www.rothenburg.de

Tourist-Info Bad Mergentheim
Marktplatz 1
D-97980 Bad Mergentheim
Tel. 079 31/57 48 15
tourismus@bad-mergentheim.de
www.bad-mergentheim.de

Stadt Tauberbischofsheim
Marktplatz 8
D-97941 Tauberbischofsheim
Tel. 093 41/80 30
info@tauberbischofsheim.de
www.tauberbischofsheim.de

Romantische Straße
Touristik Arbeitsgemeinschaft GbR
Segringer Straße 19
D-91550 Dinkelsbühl
Tel. 098 51/55 13 87
info@romantischestrasse.de
www.romantischestrasse.de

Route 9 (➔ *siehe Seite 116*)

Bamberg Tourismus & Kongress Service
Geyerswörthstraße 5
D-96047 Bamberg
Tel. 09 51/297 62 00
info@bamberg.info
www.bamberg.info

Tourist-Information Gößweinstein
Burgstraße 6
Haus des Gastes
D-91327 Gößweinstein
Tel. 092 42/456
info@goessweinstein.de
www.goessweinstein.de

Tourist-Information Forchheim
Hauptstraße 24 (Rathaus)
D-91301 Forchheim
Tel. 091 91/71 43 37
tourist@forchheim.de
www.forchheim.de

Touristinfo Ebermannstadt
Bahnhofstraße 5
D-91320 Ebermannstadt
Tel. 091 94/506 40
touristinfo@ebermannstadt.de
www.ebermannstadt.de

Route 10 (➔ *siehe Seite 132*)

Tourismus Siebengebirge GmbH
Drachenfelsstraße 51
D-53639 Königswinter
Tel. 022 23/91 77 11
info@siebengebirge.com
www.siebengebirge.com

Tourist-Information Neuwied
Marktstraße 63
Pavillon Luisenplatz
D-56564 Neuwied
Tel. 026 31/802 55 55
tourist-information@neuwied.de
www.neuwied.de

Rhein-Nahe Touristik e. V.
Oberstraße 45
D-55422 Bacharach
Tel. 067 43/91 93 03
info@rhein-nahe-touristik.de
www.rhein-nahe-touristik.de

Koblenz-Touristik
Hauptbahnhof
D-56068 Koblenz
Tel. 02 61/313 04
info-hbf@koblenz-touristik.de
www.koblenz-touristik.de

Tourist-Information St. Goar
Heerstraße 86, D-56329 St. Goar
Tel. 067 41/383
touristinfo@st-goar.de
www.st-goar.de

Tourist-Info Lahnstein
Salhofplatz 3
D-56112 Lahnstein
Tel. 026 21/91 41 71
touristinformation@lahnstein.de
www.lahnstein.de

Tourist-Information Oberwesel
Rathausstraße 3
D-55430 Oberwesel
Tel. 067 44/71 06 24
info@oberwesel.de
www.oberwesel.de

Hunsrück-Touristik GmbH
Gebäude 663
D-55483 Hahn-Flughafen
Tel. 065 43/50 77 00
info@hunsruecktouristik.de
www.hunsruecktouristik.de

NÜTZLICHE ADRESSEN

Route 11 (→ *siehe Seite 144*)

Eifel Tourismus GmbH
Kalvarienbergstraße 1
D-54595 Prüm
Tel. 065 51/965 60
info@eifel.info
www.eifel.info

Tourismusverein Hocheifel-Nürburgring e. V.
Kirchstraße 15
D-53518 Adenau
Tel. 026 91/305 16
tourismusverein@adenau.de
www.hocheifel-nuerburgring.de

Kurverwaltung Bad Neuenahr
Kurgartenstraße 1
D-53474 Bad Neuenahr-Ahrweiler
Tel. 026 41/80 10
info@kurverwaltung-bad-neuenahr.de
www.kurverwaltung-bad-neuenahr.de

Nürburgring Automotive GmbH
Nürburgring Boulevard 1
D-53520 Nürburg
Tel. 026 91/30 20
info@nuerburgring.de
www.nuerburgring.de

Tourist-Info Bad Münstereifel
Werther Straße 15
D-53902 Bad Münstereifel
Tel. 022 53/76 31
touristinfo@bad-muenstereifel.de
www.bad-muenstereifel.de

Route 12 (→ *siehe Seite 154*)

Naturpark Diemelsee
Südring 2, D-34497 Korbach
Tel. 056 31/95 43 58
info@naturpark-diemelsee.de
www.naturpark-diemelsee.de

Touristik & Stadtmarketing Olsberg GmbH
Ruhrstraße 32, D-59939 Olsberg
Tel. 029 62/973 70
touristik@ts-olsberg.de
www.olsberg.de

Naturpark Rothaargebirge
Am Rothaarsteig 1, D-59929 Brilon
Tel. 029 61/94 32 23
naturparke@hochsauerlandkreis.de
www.naturpark-rothaargebirge.de

Tourist-Info Ferienwelt Winterberg
Hauptstraße 10
D-59955 Winterberg
Tel. 029 81/925 00
info@winterberg.de
www.winterberg.de

Tourist-Info Lennestadt & Kirchhundem
Hundemstraße 18 (Bahnhof)
D-57368 Lennestadt-Altenhundem
Tel. 027 23/60 88 00
info@lennestadt-kirchhundem.de
www.lennestadt-kirchhundem.info

Altena Stadtmarketing e. V.
Lüdenscheider Straße 25–27
D-58762 Altena
Tel. 023 52/20 92 95
stadtmarketing@altena.de
www.altena.de

Route 13 (→ *siehe Seite 164*)

TVB Osnabrücker Land e. V.
Krahnstraße 52/53
D-49074 Osnabrück
Tel. 05 41/95 11 10
team@tvosl.de
www.osnabruecker-land.de

Tourist-Info Bielefeld
Niederwall 23, D-33602 Bielefeld
Tel. 05 21/51 69 99
touristinfo@bielefeld-marketing.de
www.bielefeld.de

Tourist-Info Detmold
Rathaus am Markt
D-32754 Detmold
Tel. 052 31/97 73 28
tourist.info@detmold.de
www.stadtdetmold.de

Tourist-Information Bad Driburg
Lange Straße 140
D-33014 Bad Driburg
Tel. 052 53/989 40
info@bad-driburg.com
www.bad-driburg.com

Route 14 (→ *siehe Seite 172*)

Halberstadt Information
Hinter dem Rathause 6
D-38820 Halberstadt
Tel. 039 41/55 18 15
halberstadt-info@halberstadt.de
www.halberstadt.de

Quedlinburg-Tourismus-Marketing
Markt 2
D-06484 Quedlinburg
Tel. 039 46/90 56 24
qtm@quedlinburg.de
www.quedlinburg.de

Tourist- und Kurinformation Blankenburg
Markt 3, D-38889 Blankenburg (Harz)
Tel. 039 44/28 98
touristinfo@blankenburg.de
www.blankenburg.de

Tourist-Information Wernigerode
Marktplatz 10
D-38855 Wernigerode
Tel. 039 43/553 78 35
info@wernigerode-tourismus.de
www.wernigerode.de

Kur- und Touristikbetrieb Bad Lauterberg
Ritscherstraße 4, Haus des Gastes
D-37431 Bad Lauterberg im Harz
Tel. 055 24/920 40
info@badlauterberg-harz.de
www.badlauterberg-harz.de

Tourist-Info Elbingerode
Markt 3, D-38875 Elbingerode
Tel. 03 94 54/894 87
tourist@harzer-hoehlen.de
www.elbingerode.de

NÜTZLICHE ADRESSEN

Tourist-Info Osterode am Harz
Schachtrupp-Villa
Dörgestraße 40
D-37520 Osterode am Harz
Tel. 055 22/68 55
touristinfo@osterode.de
www.osterode.de

Route 15 (➔ *siehe Seite 190*)

Regionalverbund Thüringer Wald e. V.
Krankenhausstraße 12
D-98693 Ilmenau
Tel. 036 77/689 96 20
info@thueringer-wald.com
www.thueringer-wald.com

Eisenach-Wartburgregion Touristik GmbH
Markt 24 (Stadtschloss)
D-99187 Eisenach
Tel. 036 91/792 30
info@eisenach.info
www.eisenach.info

KulTourStadt Gotha GmbH
Hauptmarkt 17
D-99867 Gotha
Tel. 036 21/51 04 30
info@kultourstadt.de
www.kultourstadt.de

Tourist-Information Schmalkalden
Mohrengasse 1a
D-98574 Schmalkalden
Tel. 036 83/40 31 82
info@schmalkalden.de
www.schmalkalden.de

Tourist-Info Meiningen
Markt 14
D-98617 Meiningen
Tel. 036 93/446 50
tourist.info@meiningen.de
www.meiningen.de

Erfurt Tourismus & Marketing GmbH
Benediktsplatz 1
D-99084 Erfurt
Tel. 03 61/664 00
service@erfurt-tourismus.de
www.erfurt-tourismus.de

Route 16 (➔ *siehe Seite 208*)

Nationalparkamt Müritz
Schlossplatz 3
D-17237 Hohenzieritz
Tel. 03 98 24/25 20
poststelle@npa-mueritz.mvnet.de
www.mueritz-nationalpark.de

Tourist Info Plau am See GmbH
Marktstraße 20
D-19395 Plau am See
Tel. 03 87 35/456 78
info@info-plau.de
www.m-vp.de/plau

Touristinformation Neustrelitz
Strelitzer Straße 1
D-17235 Neustrelitz
Tel. 039 81/25 31 19
touristinformation@neustrelitz.de
www.neustrelitz.de

Waren (Müritz) Tourist-Information
Neuer Markt 21
D-17192 Waren (Müritz)
Tel. 039 91/66 61 83
info@waren-tourismus.de
www.waren-mueritz.de

Route 17 (➔ *siehe Seite 222*)

TVB Mecklenburg-Vorpommern e. V.
Platz der Freundschaft 1
D-18059 Rostock
Tel. 03 81/403 05 50
info@auf-nach-mv.de
www.auf-nach-mv.de

Tourist-Information Rostock
Neuer Markt 3
D-18055 Rostock
Tel. 03 81/381 22 22
touristinfo@rostock.de
www.rostock.de

Tourist-Information Warnemünde
Am Strom 59
D-18119 Rostock-Warnemünde
Tel. 03 81/54 80 00
touristinfo@rostock.de
www.rostock.de

TVB Fischland-Darß-Zingst e. V.
Barther Straße 16
D-18314 Löbnitz
Tel. 03 83 24/64 00
info@tv-fdz.de
www.tv-fdz.de

Bernsteinstadt Ribnitz-Damgarten
Am Markt 14
D-18311 Ribnitz-Damgarten
Tel. 038 21/22 01
stadtinfo@ribnitz-damgarten.de
www.ribnitz-damgarten.de

Tourist-Info Graal-Müritz
Rostocker Straße 3
D-18181 Graal-Müritz
Tel. 03 82 06/70 30
touristinformation.tuk@graal-mueritz.de
www.graal-mueritz.de

Kurverwaltung Ahrenshoop
Kirchnersgang 2
D-18347 Ostseebad Ahrenshoop
Tel. 03 82 20/66 66 10
ahrenshoop@t-online.de
www.ostseebad-ahrenshoop.de

Tourist-Info Zingst
Seestraße 56
D-18374 Ostseeheilbad Zingst
Tel. 03 82 32/81 50
info@zingst.de
www.zingst.de

Tourismuszentrale Stralsund
Alter Markt 9
D-18439 Stralsund

Tel. 038 31/246 90
info@stralsundtourismus.de
www.stralsundtourismus.de

Nationalparkamt Vorpommern
Nationalpark Jasmund
Stubbenkammer 2a
D-18546 Sassnitz
Tel. 03 83 92/350 11
poststelle@npa-vp.mvnet.de
www.nationalpark-jasmund.de

Route 18 (→ *siehe Seite 238*)

Tourist-Information Neumünster
Großflecken 34a (Pavillon)
D-24534 Neumünster
Tel. 043 21/432 80
touristinformation@neumuenster.de
www.neumuenster-tourismus.de

Welcome Center Lübeck
Holstentorplatz 1
D-23552 Lübeck
Tel. 04 51/889 97 00
info@luebeck-tourismus.de
www.luebeck-tourismus.de

Tourismus-Service Scharbeutz
Strandallee 134
D-23683 Scharbeutz
Tel. 045 03/77 09 64
info@scharbeutz.de
www.scharbeutz.de

Touristik-Information Bosau
Bischof-Vicelin-Damm 11
D-23715 Bosau
Tel. 045 27/970 44
info@luftkurort-bosau.de
www.luftkurort-bosau.de

Route 19 (→ *siehe Seite 250*)

Samtgemeinde Hollenstedt
Hauptstraße 15
D-21279 Hollenstedt
Tel. 041 65/950
samtgemeinde@hollenstedt.de
www.hollenstedt.de

Tourist-Information Amelinghausen
Marktstraße 1
D-21385 Amelinghausen
Tel. 041 32/92 09 43
tourist-info@amelinghausen.de
www.amelinghausen.de

Bispingen-Touristik e. V.
Borsteler Straße 6
D-29646 Bispingen
Tel. 051 94/398 50
info@bispingen-touristik.de
www.bispingen-touristik.de

Samtgemeinde Tostedt
Schützenstraße 24
D-21255 Tostedt
Tel. 041 82/29 80
info@tostedt.de
www.tostedt.de

Route 20 (→ *siehe Seite 262*)

Die Nordsee GmbH
Olympiastraße 1
Gebäude 6
D-26419 Schortens
Tel. 044 21/956 09 90
kontakt@die-nordsee.de
www.die-nordsee.de

Region Ostfriesland e. V.
Marktpassage 4
D-26603 Aurich
Tel. 049 41/698 25 50
modellregion@ostfriesland.de
www.modellregion-ostfriesland.de

Verkehrsverein Aurich
Norderstraße 32
D-26603 Aurich
Tel. 049 41/44 64
verkehrsverein@aurich.de
www.aurich-tourismus.de

Tourist-Info Emden
Bahnhofsplatz 11
D-26721 Emden
Tel. 049 21/974 00
ti@emden-touristik.com
www.emden-touristik.com

Tourist-Info Jever
Alter Markt 18
D-26441 Jever
Tel. 044 61/710 10
tourist-info@stadt-jever.de
www.stadt-jever.de

Kurverwaltung Juist
Strandstraße 5
D-26571 Juist
Tel. 049 35/80 91 06
info@juist.de
www.juist.de

Tourist-Info Wilhelmshaven
Bahnhofsplatz 1
D-26382 Wilhelmshaven
Tel. 044 21/91 30 00
tourist-info@wilhelmshaven-touristik.de
www.wilhelmshaven.de

REGISTER

REGISTER

REGISTER

Lässiges Cruisen im schönen Moseltal – nur eines von vielen, fantastischen Motorradrevieren, die Deutschland zwischen Alpen und Küsten zu bieten hat.

IMPRESSUM

Autoren

Heinz E. Studt, Stefan Feldhoff (Touren 1–6, 8, 9, 17)
Matthias Hepper, Stefan Feldhoff (Tour 7)
Anne Christine Martin, Stefan Feldhoff (Touren 10, 13, 15, 16)
Hans Michael Engelke, Stefan Feldhoff (Touren 11, 12)
Frank Klose, Stefan Feldhoff (Touren 14, 18–20)

Impressum

Ein ADAC Motorradführer in Zusammenarbeit mit dem Bruckmann Verlag

Projektleitung: Stefan Thurn, Sabine Schulz
Produktmanagement: Jens van Rooij, Claudia Hohdorf
Lektorat: Stefan Feldhoff, Feldhoff & Martin, Merxleben
Covergestaltung: Parzhuber und Partner, München
Layout/Satz: Eva Klaffenböck, grafikatelier luk, München
Kartografie: Anneli Nau, nau-kartoGraphik, München
Repro: Cromika s.a.s., Verona; Herstellung: Anna Katavic
Printed in Italy by Printer Trento S.r.l.
ISBN: 978-3-89905-891-8

Bildnachweis

Coverbild: Hans Michael Engelke
Fotos im Innenteil: Manfred Probst: 10; Stefan Gruber/Landratsamt Schwandorf: 14; Stefan Gruber/Landratsamt Cham: 15(o); Trenckfestspiele Waldmünchen: 15(u); Heinz E. Studt: 16, 17(u), 19–23, 28, 34–38, 46–49, 51, 59, 63, 66, 72, 77–88, 90, 104–111, 113–116, 126, 129, 131, 232, 234, 236; Anne Christine Martin: 17(o), 29, 50, 51, 56, 132–143, 159, 164–172, 172(l+M), 177, 178, 182(u), 184, 185(u), 187–207, 214(o), 218(u), 235; JVR: 24, 32, 33, 43, 223; D. G. Pietsch/Pixelio: 25(M), 30; Josef Türk jun./Pixelio: 31; Rainer Sturm/Pixelio: 58; Christoph Berg: 60, 62, 70; Sven Richter/Pixelio: 73; Tourismus Information Alpirsbach: 75; Wilhelm Schrott/Pixelio: 89; Matthias Hepper: 92–97, 99, 101(o), 121, 123, 128; gpalm/Pixelio: 98; zaubervogel/Pixelio: 101(u); fotonolei/Pixelio: 103; Hartmut910/Pixelio: 120; Nürburgring Automotive GmbH: 144; Hans Michael Engelke: 145–155, 160–163, 107, 284; Sabine Steinert/Frank Klose: 176, 185(o); H. Möer/Pixelio: 180; Peter Reinäcker/Pixelio: 181; Erich Westendarp/Pixelio: 182(o); Harley-Davidson: 208–212, 214(u), 220; bildpixel/Pixelio: 218(o); Ralf Gosch/Fotalia.com: 228; Tourismusverband Fischland-Darß-Zingst: 229; Johannes-Maria Schlorke: 230; Mirko Boy/Pixelio: 231; Thomas Bornschein/Pixelio: 233; Frank Klose: 238–246, 255, 256, 261–267, 271–273; pandi/Pixelio: 248; Lüneburger Heide Tourismus: 250, 258; ADAC Fahrsicherheitszentrum Hansa GmbH & Co. KG: 257; Claus Jordan/Pixelio: 269

Zuschriften an

ADAC Verlag GmbH, 81365 München; tourbooks-motorrad@adac.de

Ferienregion
Münstertal
Staufen
Der Belchen ruft!
1100 Höhenmeter · 3 Pässe · 60 steile Kurven
Ihr Revier im Südschwarzwald
Ferienregion Münstertal Staufen
Wasen 47 • D-79244 Münstertal • Tel.: ++49 (0) 7636 707-30, touristinfo@muenstertal-staufen.de
www.muenstertal-staufen.de